Thomas Dyllick, Jost Hamschmidt

Wirksamkeit und Leistung von
Umweltmanagementsystemen

Eine Untersuchung von
ISO 14001-zertifizierten Unternehmen
in der Schweiz

D1704903

Institut für Wirtschaft und Ökologie

Universität St.Gallen

Hochschulverlag AG
an der ETH Zürich

Centre for Energy Policy and Economics
Swiss Federal Institutes of Technology

ISBN 3 7281 2770 1

Besuchen Sie uns im Internet:
www.vdf.ethz.ch

Herausgeber:

Prof. Dr. Thomas Dyllick	Bereich Betriebswirtschaftslehre
Prof. Dr. Massimo Filippini	Bereich Volkswirtschaftslehre
Prof. Dr. Daniel Spreng	Bereich Energieanalyse

Die Deutsche Bibliothek – CIP-Einheitsaufnahme

Dyllick, Thomas:
Wirksamkeit und Leistung von Umweltmanagementsystemen : eine Untersuchung von ISO 14001-zertifizierten Unternehmen in der Schweiz / Thomas Dyllick ; Jost Hamschmidt. – Zürich : vdf, Hochsch.-Verl. an der ETH, 2000
(Wirtschaft, Energie, Umwelt)

ISBN 3-7281-2770-1

Inhaltsübersicht

Abbildungsverzeichnis

Teil I

Hintergrund und Entwicklung der Zertifizierung von Umweltmanagementsystemen

Teil I enthält in Kapitel 1 eine Einleitung in das Thema des vorliegenden Buchs. Zweck und Anforderungen der ISO 14001 werden kurz erläutert, die Interpretationshilfen des spezialisierten SAPUZ-Komitees Umweltmanagementsysteme vorgestellt und ein Überblick über den Inhalt des Buchs gegeben (SAPUZ: Schweizerischer Ausschuss für Prüfung und Zertifizierung der Schweizerischen Normenvereinigung). Kapitel 2 zeichnet die Entwicklung der UMS-Zertifizierung im internationalen und nationalen Rahmen nach und analysiert sie anhand der vorliegenden Statistiken.

1   Einleitung

Umweltaudits wurden in den 1980er Jahren in der amerikanischen Industrie entwickelt. Zu Beginn handelte es sich hierbei um rein interne Überwachungsinstrumente, die von Unternehmensleitungen eingesetzt wurden, um sich gegenüber bedrohlich zunehmenden Haftungsrisiken abzusichern.[1] Waren es zunächst reine Konformitätsaudits (compliance audits), mit denen die Einhaltung gesetzlicher Auflagen und Firmenrichtlinien überwacht wurde, so entwickelte sich das Instrument in der Folge weiter zu umfassenden, aber immer noch rein internen Managementsystemen. Erst als Anfang der neunziger Jahre die EU-Kommission das Potential dieses Instruments für eine Intensivierung der unternehmerischen Selbstverantwortung im Umweltbereich erkannte und sich an die Entwicklung der EMAS-Verordnung[2] machte, nahm das neuartige Instrument UMS auch eine umweltpolitische und somit öffentliche Dimension an. Noch bevor die EMAS-Verordnung am 13.7.1993 in den Ländern der EU in Kraft treten konnte, machte sich die Internationale Organisation für Normung (International Organization for Standardization: ISO) an die Arbeit, um eine parallele, aber privatwirtschaftliche Norm, ISO 14001 „Umweltmanagementsysteme – Spezifikation mit Anleitung zur Anwendung"[3], zu entwickeln.

Zwischen der Gründung des für die Entwicklung zuständigen Technischen Komitees 207 „Umweltmanagement" im Juni 1993 und der Publikation der definitiven Norm im September 1996 vergingen nur gerade dreiviertel Jahre, ein einmalig schnelles Tempo für die Entwicklung einer komplexen internationalen Norm. Der Wettbewerbsdruck der bereits auf dem Markt befindlichen EMAS-Verordnung war unverkennbar. Heute kann man jedoch feststellen, dass sich die ISO-Norm 14001 international durchsetzen konnte.

- *Zweck und Anforderungen der ISO 14001*

Der **Zweck** der ISO 14001 ist ein dreifacher:[4] Die Norm stellt Organisationen aller Art ein **Instrument unternehmerischer Selbstkontrolle** zur Verfügung, damit sowohl ökologische als auch ökonomische Ziele erreicht werden können. Sie verschafft Organisationen weiter die Möglichkeit, die Wirksamkeit ihres UMS zur Umsetzung einer selbst

---

[1]   Vgl. hierzu Würth (1993), S. 97ff.

[2]   Ihr voller Name lautet: Verordnung (EWG) Nr. 1836/93 des Rates vom 29. Juni 1993 über die freiwillige Beteiligung gewerblicher Unternehmen an einem Gemeinschaftssystem für das Umweltmanagement und die Umweltbetriebsprüfung. Vgl. EMAS-Verordnung (1993).

[3]   Vgl. ISO 14001 (1996)

[4]   Vgl. ISO 14001 (1996), Einführung, S. 3

definierten Umweltpolitik und konkreter Zielsetzungen zu beurteilen, aber auch nach aussen nachzuweisen. Sie bietet somit eine **Grundlage für den Nachweis** eines wirksamen UMS **nach aussen**. Und schliesslich ist das übergeordnete Ziel der Norm, den **Umweltschutz und die Verhütung von Umweltbelastungen** zu fördern. Charakterisieren die ersten beiden Zwecke das UMS als ein Managementinstrument, macht der dritte Zweck deutlich, dass UMS zugleich auch eine übergeordnete umweltpolitische Funktion haben. Das Spannungsfeld zwischen dem UMS als Managementinstrument einerseits und als umweltpolitisches Instrument andererseits existiert somit auch im Falle der ISO 14001, wenn auch die umweltpolitische Dimension im Vergleich zur EMAS-Verordnung deutlich schwächer ausgeprägt ist.

Worin bestehen die **Anforderungen an ein UMS** gemäss ISO 14001? Verlangt wird der Aufbau eines wirksamen UMS für die Umsetzung selbst definierter Umweltziele zur Verhütung von Umweltbelastungen, die mit den Tätigkeiten, Produkten und Dienstleistungen einer Organisation verbunden sind. Das UMS hat im Sinne eines Minimalerfordernisses die **Einhaltung aller gesetzlichen und anderen Forderungen**[5] sicherzustellen, darüber hinaus aber auch eine **kontinuierliche Verbesserung** von UMS und Umweltleistung.

Die Norm erlaubt, dass jede Organisation die relevanten Umweltziele und -programme selbst festlegt, verlangt jedoch, dass sie dies in einem durch die Norm vorgegebenen formalen Rahmen tut, indem z.b. die relevanten Umweltaspekte und die Anliegen interessierter Kreise berücksichtigt werden, und die Vorgaben mit Mitteln und Fristen versehen und überprüfbar sind. Darüber hinaus ist die Norm weitgehend „**inhaltsoffen**", da sie keine absoluten Anforderungen an die zu erreichende Umweltleistung formuliert. Sie enthält aber **Leitplanken**, welche diese Offenheit begrenzen. Diese Leitplanken bestehen in der Anforderung das Umweltrecht und andere Forderungen, zu denen sich die Leitung bekennt, einzuhalten, durch geeignete Massnahmen Umweltbelastungen zu verhüten und eine kontinuierliche Verbesserung von UMS und Umweltleistung sicherzustellen.[6] Wirksam werden diese **Leistungsforderungen der Norm** dadurch, dass sie von der Organisation zu berücksichtigen und von der obersten Leitung regelmässig zu beurteilen sind sowie im Falle einer Zertifizierung durch die Auditoren der Zertifizierungsgesellschaft überprüft werden. Die Norm erlaubt somit einerseits Freiräume für die firmenindividuelle und situationsgerechte Ausgestaltung des UMS, begrenzt diese aber auch durch ihre Leistungsforderungen.

---

[5]   Vgl. SNV (1997), S. 4
[6]   Vgl. hierzu insbesondere SNV (1998b), S. 3

Worin sind die **Wirkungen eines UMS** zu sehen? Zwei grundlegende Wirkungen sind hier zu unterscheiden: Zum einen verlagern UMS die Umweltverantwortung **in die Unternehmen hinein.** UMS schaffen einen Rahmen und Anreiz für die eigenständige, gezielte Wahrnehmung der unternehmerischen Umweltverantwortung und stellen ein systematisches Vorgehen zur Verfügung, um Umweltverantwortung und Umweltleistung transparent zu machen und zu prüfen. Zum anderen wird durch UMS Umweltschutz im Unternehmen **zur Managementaufgabe gemacht.** Dahinter steht die Einsicht, dass wirksamer Umweltschutz mehr erfordert als nur moderne Technologien, sondern ebenso – und vielleicht sogar primär – ein wirksames Umweltmanagement. Indem ISO 14001 ein systematisches Vorgehen gemäss der Logik „Plan" (Analyse der Umweltaspekte, Definition von Zielen und Massnahmen), „Do" (Organisation und Umsetzung), „Check" (Überwachung und Kontrolle), „Act" (Bewertung und Weiterentwicklung) verlangt, werden die üblichen Schritte eines Managementprozesses auch für den Umweltbereich festgelegt.[7]

Wie verhalten sich UMS zum Ziel einer **nachhaltigen Entwicklung?** Indem UMS dazu beitragen, dass Umweltverantwortung in die Unternehmen hinein verlagert wird, unterstützen sie umweltpolitische Bestrebungen zur Internalisierung externer Umweltkosten. In welchem Umfang dabei absolute oder nur relative Entlastungen[8] der Umwelt resultieren, ist eine nur empirisch beantwortbare Frage, auf die im vorliegenden Buch näher eingegangen wird. Weitgehend ausgeklammert bleiben bei UMS jedoch die im Konzept der nachhaltigen Entwicklung ebenfalls enthaltenen sozialen Aspekte, wie sie z.B. im Rahmen von Spezialnormen wie der EKAS-Richtlinie für den Bereich Arbeitsschutz oder der internationalen Norm „Social Accountability 8000"[9] für den Bereich der Mitarbeiter/innenrechte definiert sind.

- *Interpretationshilfen des spezialisierten SAPUZ-Komitees UMS*

Für die Interpretation kritischer Elemente der ISO-Norm 14001 sind im Schosse des für die Begleitung der UMS-Entwicklung in der Schweiz zuständigen **„Spezialisierten Komitees UMS" des SAPUZ** (Schweizerischer Ausschuss für Prüfung und Zertifizierung der Schweizerischen Normenvereinigung - SNV) bisher 4 Themenbereiche im Rahmen breit abgestützter Arbeitsgruppen aufgearbeitet und verabschiedet worden sowie in Form von Richtlinien oder Leitfäden in der **„Schriftenreihe UMS"** der SNV pu-

---

[7]   Die Schritte dieses „Deming-Kreislaufs" stehen für Planen, Durchführen, Prüfen und Verbessern. Sie entsprechen dem, was im Rahmen anderer Ansätze und Denkweisen als „Controllingkreislauf" oder als „Lernkreislauf" bekannt ist.

[8]   Relativ zum Umsatz der Organisation

[9]   Vgl. CEPAA (1997)

bliziert worden. Sie haben dadurch für die UMS-Praxis in der Schweiz eine besondere Bedeutung.

1. Richtlinien zur Einhaltung des Umweltrechts[10]

Diese Richtlinien klären die Normforderung „Verpflichtung zur Einhaltung der gesetzlichen und anderen Forderungen" und machen insbesondere deutlich, dass die Organisation nicht nur alle für sie umweltrelevanten gesetzlichen Vorschriften kennen muss, sondern das UMS die Einhaltung dieser Vorschriften auch gewährleisten muss. Aufgabe der Zertifizierungsstellen ist es zu prüfen, durch Stichproben vor Ort und aufgrund der von der Organisation erhobenen Daten, ob das System geeignet ist und Gewähr bietet, dass die umweltrelevanten Vorschriften tatsächlich eingehalten werden. Darüber hinaus plädieren die Richtlinien für einen aktiven Dialog mit den Vollzugsbehörden.

2. UMS und Ausbildung in der Schweiz[11]

Dieser Bericht klärt die Kompetenzen fünf zentraler Akteure (UMS-Beauftragte, UMS-Verantwortliche, Berater/innen, Auditoren/innen, Leitende Auditoren/innen) für Planung, Aufbau, Umsetzung und Zertifizierung eines UMS. Aufbauend auf den Anforderungen der ISO-Norm 14012 „Qualifikationskriterien für Umweltauditoren" werden insbesondere 6 Kompetenzbereiche definiert und inhaltlich spezifiziert: umweltbezogene Wissenschaft und Technologie, technische und umweltrelevante Aspekte betrieblicher Tätigkeiten, Umweltrecht, UMS und Normen, Managementsysteme und Unternehmensführung[12], Auditverfahren, -prozesse und -techniken. Für die verschiedenen Akteure werden dann – vor dem Hintergrund des bestehenden Bildungsangebots in der Schweiz – empfohlene Ausbildungsnivaus definiert.

3. Forderungen der SN EN ISO 14001 und Hinweise zu deren Umsetzung[13]

Dieser Bericht klärt die materiellen Umweltleistungsforderungen der ISO 14001: Einhaltung des Umweltrechts und anderer Forderungen, Verhütung von Umweltbelastungen und kontinuierliche Verbesserung von UMS und Umweltleistung. Er zeigt detailliert auf, wo die Norm entsprechende Forderungen enthält und gibt Hinweise zu ihrer Erfüllung.

4. Leitfaden zur Integration von Umwelt- und Qualitätsmanagementsystemen[14]

Dieser Leitfaden klärt grundsätzliche Aspekte einer Integration von UMS und QMS und erläutert verschiedene Arten einer Integration. Im Mittelpunkt steht dabei die Integration

---

[10] Vgl. SNV (1997)

[11] Vgl. SNV (1998a)

[12] Dieser Bereich geht über die Vorgaben der ISO 14012 hinaus, wird jedoch für die sich fortentwickelnde Praxis als gleichermassen wichtig angesehen.

[13] Vgl. SNV (1998b)

[14] Vgl. SNV (1998c)

des UMS in ein prozessorientiertes QMS, wie dies im Rahmen der „Revision 2000" der
ISO 9001 festgeschrieben wird.

Der **Arbeitsplan** des Spezialisierten Komitees UMS für 2000/2001 umfasst die ver-
stärkte Einbindung der kantonalen Umweltverwaltungen in die UMS-Aktivitäten, die
Abstimmung der Zertifizierungspraxis der verschiedenen Zertifizierungsstellen, eine
Interpretationshilfe zu Begriff und Bedeutung der kontinuierlichen Verbesserung, die
Zusammenführung von ISO 9001 und 14001 unter dem Aspekt der Revision 2000 sowie
eine Interpretationshilfe für die Umweltberichterstattung.

▪ *Zur vorliegenden Untersuchung der UMS-Praxis in der Schweiz*
Die vorliegende Untersuchung bietet einen empirisch begründeten Einblick in die Anwendung von UMS gemäss ISO 14001 in der Schweiz. Sie stellt die **erste umfassende
Befragung** zu diesem Thema in der Schweiz dar und schafft einen Überblick über ökonomische und ökologische Auswirkungen von UMS in Schweizer Unternehmen. Fragen
wie die folgenden stehen im Vordergrund der Untersuchung: Warum werden UMS von
Unternehmen eingeführt? Welche Wirkungen können aufgrund der Implementierung
von UMS in der Praxis beobachtet werden? Wie sieht die ökologische Erfolgsbilanz
aus? In was für einem Verhältnis stehen ökonomische Kosten und Nutzen von UMS? In
welchen Bereichen erfüllen sich die Wirkungen, in welchen nicht? Werden über die unmittelbaren Wirkungen hinaus in den Unternehmen auch weitergehende Lern- und Inno-
vationsprozesse ausgelöst?

Das Buch ist in drei Teile gegliedert: **Teil I** stellt den Hintergrund und die bisherige
Entwicklung von UMS dar. Es wird ein detaillierter Überblick über Entwicklung und
Stand der Zertifizierung im internationalen und schweizerischen Rahmen gegeben. **Teil
II** ist der Hauptteil des Buches und enthält die detaillierten Ergebnisse der empirischen
Untersuchung zum Stand der UMS-Praxis in der Schweiz. Nach einer einleitenden Dar-
stellung der Grundlagen der Untersuchung werden die Gründe für die UMS-Einführung
erläutert, die im Rahmen von UMS ergriffenen Massnahmen dargelegt, die ökologischen
und ökonomischen Wirkungen herausgearbeitet und wichtige Einzelaspekte wie Integration von UMS, UMS-Zertifizierung und Ansätze zu einer kontinuierlichen Verbesserung verdeutlicht. **Teil III** des Buchs richtet den Blick auf die Zukunft und behandelt
notwendige Weiterentwicklungen von UMS. Drei gleichermassen wichtige Bereiche
werden aufgegriffen: Integration von Managementsystemen, strategischer Einsatz von
UMS sowie die Rolle von UMS im behördlichen Vollzug. Das Buch beschliesst eine
Zusammenfassung und Interpretation der Untersuchungsergebnisse, die auch als **Überblick für den eiligen Leser** dienen kann. Im Anhang finden sich der für die Befragung
verwendete Fragebogen, eine Liste aller am Stichtag der Untersuchung (31.3.1999) ISO
14001-zertifizierten Unternehmen sowie das Literaturverzeichnis.

Die schriftliche Befragung ist Teil eines grösseren Forschungsprojektes am Institut für Wirtschaft und Ökologie der Universität St. Gallen (IWÖ-HSG) zum Thema „Wirksamkeit von Umweltmanagementsystemen". Sie baut auf einer Auswertung vorliegender empirischer Untersuchungen von UMS in Deutschland auf[15] und wird im Rahmen von nachfolgenden Unternehmensfallstudien noch weiter vertieft werden. Das Projekt steht unter der Leitung der Autoren des vorliegenden Buches und wird freundlicherweise unterstützt durch das Bundesamt für Umwelt, Wald und Landschaft (BUWAL). Eine Begleitgruppe hat durch ihre stets konstruktiven Kommentare zum vorliegenden Ergebnis aktiv beigetragen. Sie umfasste: Otti Bisang (Credit Suisse), Paul Gilgen (EMPA St. Gallen), Beat Häfliger (SQS), Ueli Haldimann (Haldimann Consulting), Gabi Hildesheimer (ÖBU) und Antoine Perruchoud (BUWAL).

---

[15] Vgl. hierzu Hamschmidt (1998), Dyllick/Hamschmidt (1999) und Dyllick (1999).

2   Entwicklung der Zertifizierung

Dieses Kapitel zeigt den Stand und die Entwicklung der UMS-Zertifizierung seit den Anfängen auf. Nach einem Blick auf die internationale Entwicklung der Zertifizierung (Kap. 2.1), betrachten wir die Entwicklung der Zertifizierung in der Schweiz bis zum Stichtag der Befragung am 31. März 1999 (Kap. 2.2). Abschliessend soll noch ein Blick über diesen Stichtag hinaus geworfen werden, um die jüngste Entwicklung bis Ende 1999 zu dokumentieren. (Kap. 2.3)

2.1 Internationale Entwicklung der Zertifizierung

Ende März 1999 gibt es weltweit rund 9.600 ISO 14001-Zertifikate. Daneben sind in der EU rund 2.700 EMAS-Zertifikate verliehen worden. An der Spitze der ISO Länderrangliste finden sich mit Japan (1.960), Deutschland (1.300) und Grossbritannien (800) grosse Handelsnationen. Von den total 2.700 EMAS-Zertifikaten fallen nicht weniger als 75% auf ein Land, Deutschland, das hiermit eigentliches "EMAS-Land" ist.

Rang	Land	ISO 14001	EMAS	Rang	Land	ISO 14001	EMAS
1	Japan	1.960		14	Spanien	175	30
2	Deutsch-land	1.300	2020	15	Finnland	160	18
3	Grossbrit.	800	70	16	Belgien	130	9
4	Schweden	520	153	17	Thailand	121	
5	Südkorea	463		18	China/HK.	121	
6	USA	450		19	Italien	120	14
7	Taiwan	423		20	Canada	100	
8	Niederlande	400	22	21	Brasilien	88	
9	Dänemark	350	99	22	Irland	82	6
10	Schweiz	348		23	Malaysia	80	
11	Australien	300		24	Singapur	78	
12	Frankreich	238	32	25	Norwegen	72	52
13	Österreich	200	175		**Total**	**9.600**	**2700**

Abb. 2-1: Stand der weltweiten ISO 14001- und EMAS-Zertifizierungen

(Quelle: R. Peglau, Umweltbundesamt Berlin, Stand: 24.4.1999)

In regionaler Perspektive wird deutlich, dass ISO 14001 vor allem in Europa und Asien Verbreitung gefunden hat, während es in Amerika erst in allerjüngster Zeit langsam Anklang findet.[16] In Europa belegen neben Deutschland und Grossbritannien vor allem Schweden, die Niederlande, Dänemark und die Schweiz die vorderen Ränge, während sich neben dem Spitzenreiter Japan auch noch Südkorea und Taiwan als Vertreter Asiens unter den ersten zehn Ländern finden. In Japan werden ISO 14001-Zertifizierungen aus handelspolitischen Gründen politisch gefördert, um die eigenen Unternehmen vor eventuellen Benachteiligungen im Handel zu schützen. In der EU hat sich die politische Unterstützung vornehmlich auf das hoheitliche EMAS-System konzentriert, ausserhalb Deutschlands jedoch nur mit sehr bescheidenem Erfolg.[17]

Um die relative Attraktivität und Verbreitung von ISO 14001-Zertifizierungen in den verschiedenen Ländern beurteilen zu können, sind die Zertifikate in Relation zur Grösse des Landes zu sehen. Verwendet man hierfür die Bevölkerungsgrösse als Indikator, so ergibt sich das in Abbildung 2-2 dargestellte Bild.

Die Tabelle zeigt, dass unter Berücksichtigung der unterschiedlichen Grösse der Länder nun kleinere Länder an der Spitze der bereinigten Rangliste stehen. Während bzgl. der absoluten Anzahl Zertifikate Japan vor Deutschland und Grossbritannien rangieren, sind es in relativer Betrachtung Dänemark (Platz 1), Schweden (Platz 2) und die Schweiz (Platz 3). Auch auf den folgenden Plätzen folgen mit Finnland, Niederlande, Österreich und Irland kleinere europäische Länder. Demgegenüber finden sich die absoluten Spitzenreiter Japan, Deutschland und Grossbritannien in relativer Betrachtung erst auf den Plätzen 12 bis 14. Auf den letzten Plätzen finden sich hier die grossen Länder USA (Platz 23), Brasilien (Platz 24) und China (Platz 25).

---

[16]   Prakash (1999) begründet die grosse Zurückhaltung amerikanischer Firmen gegenüber ISO 14001 mit dem Aufwand für und den Risiken unabhängiger Auditierungen, vor dem Hintergrund eines traditionell feindlichen Verhältnisses zwischen Unternehmen und Aufsichtsbehörden. Stein des Anstosses sind insbesondere die fehlenden Anwaltsprivilegien von Auditoren und Zertifizierern, was dazu führt, dass im Falle von Strafverfahren auch die Auditergebnisse offen gelegt werden müssen. In jüngster Zeit scheinen nun ISO-Zertifikate aber auch in den USA auf ein zunehmendes Interesse zu stossen, was daraus ersichtlich ist, dass sich die Anzahl der Zertifikate allein in der ersten Jahreshälfte 1999 gegenüber Ende 1998 verdoppelt hat.

[17]   Eine regelmässig aktualisierten Überblick über den Stand der Zertifizierungen nach EMAS und ISO 14001 findet sich unter http://www.iwoe.unisg.ch/forschung/14001/weltweit.htm. Die EU veröffentlicht unter http://europa.eu.int/comm/environment/emas/sites_statistics_1.htm ebenfalls regelmässig Anzahl und Namen der EMAS-zertifizierten Unternehmen.

Land	ISO 14001	Rang	Bevölkerung (1997)	Bevölkerung/ ISO 14001	Rang
Japan	1.960	1	126.200.000	64.388	13
Deutschland	1.300	2	82.100.000	63.154	12
Grossbritannien	800	3	59.000.000	73.750	14
Schweden	520	4	8.900.000	17.115	2
Südkorea	463	5	46.000.000	99.352	16
USA	450	6	267.600.000	594.667	23
Taiwan	423	7	21.700.000	51.300	9
Niederlande	400	8	15.600.000	39.000	5
Dänemark	350	9	5.300.000	15.143	1
Schweiz	348	10	7.100.000	20.402	3
Australien	300	11	18.500.000	61.667	11
Frankreich	238	12	58.600.000	246.218	18
Österreich	200	13	8.100.000	40.500	6
Spanien	175	14	19.300.000	110.286	17
Finnland	160	15	5.100.000	31.875	4
Belgien	130	16	10.200.000	78.462	15
Thailand	121	17	60.600.000	500.826	22
China/Hong Kong	121	18	1.250.000.000	10.330.579	25
Italien	120	19	58.500.000	487.500	21
Canada	100	20	30.300.000	303.000	20
Brasilien	88	21	159.900.000	1.817.045	24
Irland	82	22	3.600.000	43.902	7
Malaysia	80	23	21.700.000	271.250	19
Singapur	78	24	3.700.000	47.436	8
Norwegen	72	25	4.400.000	61.111	10

Abb. 2-2: Bedeutung der ISO 14001-Zertifizierungen in Relation zur Grösse der Bevölkerung

2.2 Entwicklung der Zertifizierung in der Schweiz

In der Schweiz gibt es zum Stichtag unserer Befragung (31. März 1999) **348 ISO 14001-Zertifikate.**[18] Betrachtet man die zeitliche Entwicklung nach Halbjahren, ergibt sich folgendes Bild:

---

[18]   Im Laufe der Folgemonate wurden noch 13 weitere Zertifikate nachgemeldet, so dass die Gesamtzahl der Zertifizierungen tatsächlich bereits bei 361 lag. Da dies zum Zeitpunkt der Befragung nicht bekannt war, und deshalb auch nur 348 Fragebögen verschickt wurden, gehen wir hier von einer Grundgesamtheit der zum Stichtag zertifizierten Unternehmenseinheiten in Höhe von 348 aus.

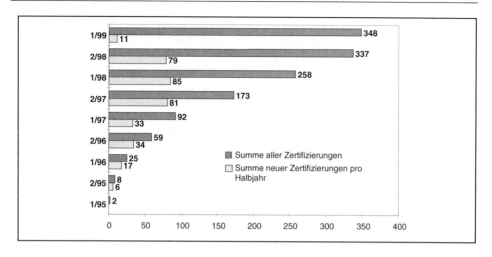

Abb. 2-3: ISO 14001-Zertifizierungen in der Schweiz nach Halbjahren

(Quelle: IWÖ-HSG, Stand: 31.3.1999)

Gab es 1995, basierend auf der damals erst vorliegenden Vor-Norm (DIS), bereits 8 Zertifizierungen, kamen 1996 51 dazu, 1997 kamen noch einmal 114 dazu und 1998 164. Betrachtet man die Entwicklung über diese frühe Phase hinweg, so stellt man ab dem 2. Halbjahr 1998 eine Verlangsamung des Wachstumstempos fest. Dennoch ist das Wachstum beachtlich, wenn man es mit dem anfänglichen Wachstum der ISO 9000-Zertifikate rund 10 Jahre vorher vergleicht. So brauchte es in der Schweiz 5 Jahre ab der erstmaligen Publikation der Norm (1987) bis 350 Qualitätsmanagement-Zertifizierungen gemäss ISO 9001ff. erreicht waren, während es im Fall der jüngeren ISO 14001-Norm lediglich die Hälfte der Zeit (2,5 Jahre, bis März 1999) brauchte, um die selbe Zahl an Zertifizierungen zu erreichen. Die Ausbreitungsgeschwindigkeit ist somit heute bei den UMS deutlich höher, wobei die QMS als Wegbereiter für die Ausbreitung der UMS anzusehen sind.[19]

▪ *Zertifizierungen nach Kantonen*

Betrachtet man die UMS-Zertifizierungen nach Kantonen, so dominiert hier sehr stark die deutschsprachige Schweiz, während die Entwicklung in den anderen Sprachregionen bisher noch sehr zögerlich verläuft.

---

[19] Angesichts von insgesamt 288.170 Unternehmen in der Schweiz, gemäss der Betriebszählung 1995, sind dies 1,2 UMS-Zertifikate pro 1000 Unternehmen (1,2 Promill). Im Falle der rund 4300 QMS-Zertifikate gemäss ISO 9001ff. (Anfang 1999) handelt es sich im Vergleich um 15 QMS-Zertifikate pro 1000 Unternehmen (1,5 Prozent).

Rang	Kanton		ISO 14001		Rang	Kanton		ISO 14001
1	Zürich	ZH	72		14	Zug	ZG	6
2	Aargau	AG	44		15	Genf	GE	5
3	Bern	BE	41		16	Schwyz	SZ	5
4	St. Gallen	SG	37		17	Basel Stadt	BS	5
5	Luzern	LU	25		18	Schaffhausen	SH	5
6	Solothurn	SO	22		19	Wallis	VS	4
7	Basel Land	BL	12		20	Nidwalden	NW	3
8	Freiburg	FR	11		21	Jura	JU	3
9	Tessin	TI	10		22	Glarus	GL	2
10	Thurgau	TG	10		23	Uri	UR	1
11	Waadt	VD	10		24	Appenzell AR	AR	0
12	Neuenburg	NE	8		25	Appenzell IR	AI	0
13	Graubünden	GR	7		26	Obwalden	OW	0
						Total		348

Abb. 2-4: ISO 14001-Zertifizierungen in der Schweiz nach Kantonen

(Quelle: IWÖ-HSG, Stand: 31.3.1999)

Die Verteilung der 14001-Zertifikate ist stark konzentriert. Alleine der Kanton Zürich vereinigt 20% aller Zertifikate auf sich. Die fünf Spitzen-Kantone (ZH, AG, BE, SG, LU) teilen 63% aller Zertifikate unter sich auf. Überraschend tief sind demgegenüber die Zahlen in anderen wirtschaftlich starken Kantonen wie Zug, Genf, Basel Stadt und Schaffhausen.

- *Zertifizierungen nach Branchen*

Die UMS-Zertifikate verteilen sich breit auf viele unterschiedliche Branchen, wie aus nachfolgender Tabelle hervorgeht.

	Branche	EA-Code	ISO 14001
1	Elektrische und optische Ausrüstungen	19	39
2	Verkehr, Lagerungen, Verbindungen	31	37
3	Maschinen und Ausrüstungen	18	33
4	Chemikalien, Chemieprodukte, -fasern	12	29
5	Lebensmittelprodukte, Getränke, Tabak	3	28
6	Sonstige Dienstleistungen	35	25
7	Bauwesen	28	25
8	Grundmetalle, Metallfabrikate	17	22
9	Rezyklieren	24	19
10	Gross- und Einzelhandel, Reparaturen	29	18
11	Druckereibetriebe	9	16
12	Ingenieurdienstleistungen	34	14
13	Zellstoff, Papier, Papierprodukte	7	11
14	Beton, Zement, Kalk, Gips usw.	16	11
15	Holz und Holzprodukte	6	9
16	Nichtmetallische Mineralprodukte	15	6

17	Finanzverm., Grundbesitz, Vermiet.	32	5
18	Bergbau und Steinbruch	2	5
19	Kautschuk, Kunstoffprodukte	14	5
20	Nicht anderswo klass. Fabrikationen	23	4
21	Textilien, Textilprodukte	4	4
22	Gesundheit, Sozialarbeit	38	3
23	Landwirtschaft, Fischerei	1	3
24	Sonstige Transportausrüstungen	22	3
25	Bildung	37	2
26	Informatik	33	2
27	Sonstige	5, 21, 13, 25, 8	5

Abb. 2-5: ISO 14001-Zertifizierungen in der Schweiz nach Branchen

(Quelle: IWÖ-HSG, Stand: 31.3.1999)

Da einige Firmen von den Zertifizierungsgesellschaften zwei oder mehreren Branchen (EA-Codes: European Accreditation) zugeordnet wurden, kommt man auf mehr als 348 Firmen, wenn man die Zertifizierungen addiert.

An der Spitze finden sich Branchen, die auch im Rahmen der Zertifizierung von Qualitätsmanagementsystemen (QMS) vordere Ränge einnehmen (elektrische und optische Ausrüstungen weltweit auf Platz 1 der QMS-Zertifizierungen, Maschinen und Ausrüstungen auf Platz 3 [20]), während im Falle der UMS-Zertifizierungen die umweltintensiven Branchen Verkehr, Chemie und Lebensmittel einen etwas höheren Anteil als bei den QMS-Zertifizierungen aufweisen.

- *Zertifizierungen nach Beschäftigten*

Betrachtet man die Verbreitung der Zertifikate nach Grösse der Unternehmen, so lassen sich zwei sehr unterschiedliche Tendenzen aus der nachfolgenden Tabelle herauslesen:

Beschäftigte	Total Zertifizierte Einheiten	Total Unternehmen Schweiz (1995)
Kleinstunternehmen (KKU): 1-9	28 (8%)	87,9%
Kleinunternehmen (KU): 10-49	109 (31%)	10,1%
Mittlere Unternehmen (MU): 50-249	121 (35%)	1,8%
Grossunternehmen (GU): >=250	90 (26%)	0,3%
Total	**348 (100%)**	**100%**

Abb. 2-6: ISO 14001-Zertifizierungen in der Schweiz nach Beschäftigten

(Quelle: IWÖ-HSG, Stand: 31.3.1999 und Bundesamt für Statistik)

---

[20] Vgl. ISO (1999), S. 5

Einerseits zeigt der Vergleich der zertifizierten Einheiten mit der Grössenverteilung von Unternehmen in der Schweiz insgesamt, dass die Kleinstunternehmen (1-9 Beschäftigte) mit einem Anteil an den zertifizierten Einheiten von 8% gegenüber ihrem Anteil an der gesamten Unternehmenspopulation von 88% massiv unterrepräsentiert sind. Demgegenüber sind alle anderen Grössenklassen im Vergleich mit ihrem Anteil am Total der schweizerischen Unternehmen sehr stark übervertreten. Es gilt dabei in ausgeprägtem Masse: Je grösser die Unternehmen sind, desto ausgeprägter ist ihre Überrepräsentation. Gleichzeitig ist aber auch festzustellen, dass UMS keineswegs nur etwas für Grossunternehmen sind. Vielmehr zeigt sich, dass mit 74% drei Viertel aller zertifizierten Unternehmen KMU (definiert als Unternehmen mit weniger als 250 Beschäftigten) sind. Dies ist eine erstaunlich hohe Zahl, was sich auch bei einem Vergleich mit entsprechenden (EMAS-) Daten aus Deutschland zeigt. So findet man hier nur rund 45% KMU, während 55% Grossunternehmen sind.[21] Es kann somit gefolgert werden, **dass UMS in der Schweiz keineswegs nur etwas für Grossunternehmen sind**, vielmehr dominieren die kleinen und mittleren Unternehmen (mit Ausnahme der Kleinstunternehmen), die nicht weniger als zwei Drittel aller Zertifikate auf sich vereinen. Dieser Anteil dürfte auch im internationalen Vergleich ungewöhnlich hoch sein.

- *Zertifizierungsgesellschaften und ihre Marktanteile*

Der schweizerische Markt für ISO 14001-Zertifizierungen ist sehr stark konzentriert. Er wird von den drei Firmen **SQS** (Schweizerische Vereinigung für Qualitäts- und Management-Systeme), **SGS-ICS** (Société Générale de Surveillance – International Certification Services) und **BVQI** (Bureau Veritas Quality International) beherrscht, deren gemeinsamer Marktanteil nicht weniger als **94%** beträgt. SQS ist mit 52% klarer Marktführer, gefolgt von SGS und BVQI, die beide 21% des Marktes abdecken. Diese Marktanteile haben von Beginn an als relativ stabil erwiesen.[22] Daneben finden sich als weitere bei der Schweizerischen Akkreditierungsstelle (SAS) im Eidg. Amt für Messwesen akkreditierte Zertizierungsgesellschaften TÜV Schweiz, EMPA (St. Gallen), SWISO, AB Conseil und ATAG Ernst & Young, die sich die verbleibenden 6% des Marktes untereinander aufteilen. Die vier grössten Zertifizierungsgesellschaften (incl. TÜV Schweiz), die mit 97% Marktanteil den Gesamtmarkt repräsentieren, kommen aus dem

---

[21]   Vgl. Umweltbundesamt (1999), S. 25 und die Textbox am Ende dieses Kapitels, wo allerdings eine nur z.T. vergleichbare Gliederung der Grössenklassen verwendet wird. Die 20% EMAS-Zertifikate für die Klasse 201-500 Mitarbeiter ist deshalb linear aufgeteilt worden, woraus sich ein Anteil von 3,3% für die Grössenklasse 200-250 Mitarbeiter ermitteln lässt.

[22]   Auch Ende 1999 liegt der gemeinsame Marktanteil der drei dominierenden Zertifizierungsgesellschaften praktisch unverändert bei 93%, wobei SQS 51%, BVQI 23% und SGS 19% des Marktes abdecken. Quelle: IWÖ-HSG ISO14001 Arena: http://www.iwoe.unisg.ch/forschung/14001/14001.htm (Download vom 04.12.1999).

Bereich der Qualitätsmanagementsystem (QMS)-Zertifizierung (ISO 9001ff.), wo sie auch bis heute ihr Hauptgeschäft haben. Es gelang den QMS-Zertifizierungsgesellschaften – vor allem aufgrund ihrer bestehenden Nähe zu den Kunden – auch den neuen Markt der UMS-Zertifizierung rasch und flächendeckend unter sich aufzuteilen. Die UMS-Marktanteile spiegeln somit die Grössenverhältnisse im Markt für QMS-Zertifizierung wider. Der Neueinstieg spezialisierter UMS-Zertifizierungsgesellschaften ist in der Schweiz nicht gelungen: EMPA und AB Conseil sind mit je 1% Marktanteil unbedeutend geblieben.

2.3 Entwicklung der Zertifizierung bis Ende 1999

Blickt man über den Stichtag der empirischen Befragung hinaus, so kann hier auch noch ein zeitnahes, aktuelles Bild des Standes der UMS-Zertifizierung per Ende 1999 gezeigt werden. Während die ISO-Zertifizierungen in den 9 Monaten seit März 1999 um 3.800 bzw. 40% zugenommen haben, beträgt die Zunahme der EMAS-Systeme 460 bzw. 17%. Die zunehmende Dominanz der ISO-UMS zeigt sich somit nicht nur in der rund acht Mal höheren Zunahme der absoluten Zahlen, sondern vor allem in der mit 40% mehr als doppelt so hohen Zuwachsrate.

Nr.	Land	ISO 14001	EMAS	Nr.	Land	ISO 14001	EMAS
1	Japan	2.773		14	Finnland	270	27
2	Deutschland	1.800	2.331	15	Österreich	200	228
3	Grossbritannien	1.014	74	16	Thailand	190	9
4	Schweden	850	176	17	Italien	170	22
5	USA	710		18	Canada	150	
6	Taiwan	652		19	Brasilien	146	
7	Südkorea	463		20	China/ H. K.	85/50	
8	Niederlande	530	26	21	Belgien	130	9
9	Schweiz	475		22	Indien	117	
10	Frankreich	443	35	23	Malaysia	116	
11	Dänemark	350	108	24	Norwegen	104	63
12	Australien	350		25	Irland	96	7
13	Spanien	337	45				
					Total	13.440	3.155

Abb. 2-7: Stand der weltweiten ISO 14001- und EMAS-Zertifizierungen

(Quelle: R. Peglau, Umweltbundesamt Berlin, Stand: 27.12.1999, Zahlen für die Schweiz korrigiert)

Blickt man auf die Rangfolge der Länder, so ergeben sich auf den ersten vier Plätzen keine Veränderungen. Auf Platz 5 findet sich jedoch Ende 1999 bereits die USA, mit

710 Zertifikaten bzw. 58% mehr als neun Monate früher. Getrieben vor allem durch die Furcht, ISO 14001-Zertifikate könnten in Europa und Japan zur Voraussetzung der Lieferfähigkeit gemacht werden, haben sich die UMS-Zertifikate allein in der ersten Jahreshälfte 1999 gegenüber Ende 1998 mehr als verdoppelt. Auch in Frankreich (86%), Schweden (63%) und Taiwan (54%) sind die Zunahmen erheblich. In Deutschland ist die Zuwachsrate der ISO-Zertifizierungen mit 38% leicht unterdurchschnittlich, jedoch deutlich grösser wie diejenige der EMAS-Zertifizierungen (38% vs. 15%). In der Schweiz liegt die Zuwachsrate zwischen März und Dezember 1999 mit 36% knapp unter dem weltweiten Durchschnitt von 40%. Ende 1999 gibt es hier 475 ISO 14001-Zertifikate, allerdings kamen 1999 nur 133 neue Zertifikate hinzu, während es 1998 169 waren. Das Wachstum ist innert Jahresfrist von 98% (1998) auf 39% (1999) deutlich zurück gegangen.

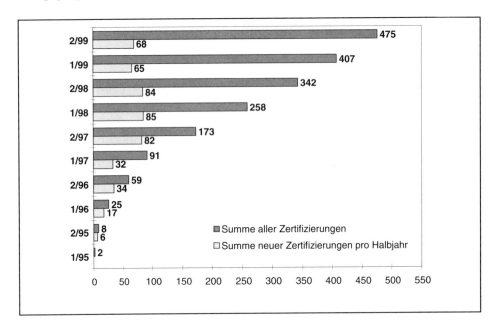

Abb. 2-8: ISO 14001-Zertifizierungen in der Schweiz nach Halbjahren

(Quelle: IWÖ-HSG, Stand: 31.12.1999)

Die aktuelle Verteilung der Zertifizierungen nach Kantonen per 31.12.1999 zeigt, dass nun Bern knapp vor dem Aargau auf Platz 2 steht. Graubünden ist von Platz 19 auf Platz 11 vorgerückt. Und mit den beiden Appenzell sind nun nur noch 2 (Halb-) Kantone ohne zertifizierte UMS. Die grössten absoluten Zuwächse hat Zürich (19) vor Bern (18) und St. Gallen (14) zu verzeichnen.

Nr.	Kanton		ISO 14001	Nr.	Kanton		ISO 14001
1	Zürich	ZH	91	14	Tessin	TI	9
2	Bern	BE	59	15	Genf	GE	9
3	Aargau	AG	56	16	Basel-Stadt	BS	7
4	St. Gallen	SG	51	17	Schwyz	SZ	7
5	Luzern	LU	32	18	Wallis	VS	7
6	Solothurn	SO	26	19	Schaffhausen	SH	6
7	Waadt	VD	19	20	Nidwalden	NW	3
8	Basel Land	BL	19	21	Jura	JU	3
9	Freiburg	FR	16	22	Glarus	GL	2
10	Thurgau	TG	16	23	Uri	UR	2
11	Graubünden	GR	12	24	Obwalden	OW	2
12	Zug	ZG	11	25	Appenzell IR	AI	0
13	Neuenburg	NE	10	26	Appenzell AR	AR	0
					Total		475

Abb. 2-9: ISO 14001-Zertifizierungen in der Schweiz nach Kantonen

(Quelle: IWÖ-HSG, Stand: 31.12.1999)

Die Branchenverteilung Ende 1999 zeigt deutliche absolute Zunahmen in den Bereichen Verkehr (12), Bauwesen und Rezyklieren (beide 10). Es ist aber auch eine Ausweitung der Branchen zu beobachten: So finden sich erstmals zertifizierte Betriebe aus den Bereichen Öffentliche Verwaltung und Hotel-/Restaurantgewerbe.

	Branche	EAC-Code	ISO 14001
1	Verkehr, Lagerungen, Verbindungen	31	51
2	Elektrische und optische Ausrüstungen	19	48
3	Maschinen und Ausrüstungen	18	45
4	Lebensmittelprodukte, Getränke, Tabak	3	38
5	Bauwesen	28	35
6	Chemikalien, Chemieprodukte, -fasern	12	35
7	Sonstige Dienstleistungen	35	33
8	Grundmetalle, Metallfabrikate	17	32
9	Rezyklieren	24	31
10	Gross- und Einzelhandel, Reparaturen	29	22
11	Druckereibetriebe	9	22
12	Ingenieurdienstleistungen	34	19
13	Beton, Zement, Kalk, Gips usw.	16	17
14	Zellstoff, Papier, Papierprodukte	7	14
15	Holz- und Holzprodukte	6	12
16	Nicht anderswo klass. Fabrikationen	23	9
17	Kautschuk, Kunstoffprodukte	14	8
18	Bergbau und Steinbruch	2	7
19	Nichtmetallische Mineralprodukte	15	6
20	Finanzvermittlung, Grundbesitz, Vermiet.	32	6
21	Gesundheit, Sozialarbeit	38	5
22	Textilien, Textilprodukte	4	4
23	Öffentliche Verwaltung	36	4
24	Landwirtschaft, Fischerei	1	3
25	Sonstige Transportausrüstungen	22	3
26	Bildung	37	3
27	Informatik	33	2
28	Stromversorgung	25	2
29	Hotels und Restaurants	30	2
30	Sonstige	5, 21, 13, 39, 8, 27	6

Abb. 2-10: ISO 14001-Zertifizierungen in der Schweiz nach Branchen

(Quelle: IWÖ-HSG, Stand: 31.12.1999)

Da einige Firmen von den Zertifizierungsgesellschaften zwei oder mehreren Branchen (EA-Codes: European Accreditation) zugeordnet wurden, kommt man auf mehr als 475 Firmen, wenn man die Zertifizierungen addiert.

Keine nennenswerten Verschiebungen gibt es bis Ende 1999 bzgl. der Grösse zertifizierter Unternehmen in der Schweiz. Noch immer gilt, dass der Anteil der KMU (weniger als 250 Mitarbeibeitende) mit nun 76% beachtlich hoch ist.

Beschäftigte	Total Zertifizierte Einheiten (Stand: 31.3.1999)	Total Zertifizierte Einheiten (Stand: 31.12.1999)
Kleinstunternehmen (KKU): 1-9	28 (8%)	55 (12%)
Kleinunternehmen (KU): 10-49	109 (31%)	137 (29%)
Mittlere Unternehmen (MU): 50-249	121 (35%)	168 (35%)
Grossunternehmen (GU): >=250	90 (26%)	115 (24%)
Total	**348 (100%)**	**475 (100%)**

Abb. 2-11: ISO 14001-Zertifizierungen in der Schweiz nach Beschäftigten

(Quelle: IWÖ-HSG, Stand: 31.3. 1999 und 31.12.1999)

Bezüglich der Grössenverteilung lässt sich über die Zeit kein Trend aus der Entwicklung herauslesen. Betrachtet man die Grössenverteilung der jedes Jahr neu zertifizierten Unternehmen, so ergibt sich folgendes Bild:

Beschäftigte	1995	1996	1997	1998	1999	Total
Kleinstunternehmen (KKU) 1-9	14%	8%	7%	6%	23%	12%
Kleinunternehmen (KU) 10-49	43%	27%	34%	26%	25%	29%
Mittlere Unternehmen (MU) 50-249	14%	38%	35%	37%	35%	35%
Grossunternehmen (GU) > =250	29%	27%	24%	31%	17%	24%
Total	100% n=7	100% n=52	100% n=115	100% n=167	100% n=134	100% n=475

Abb. 2-12: ISO 14001-Zertifizierungen in der Schweiz nach Beschäftigten im Jahresvergleich *(Quelle: IWÖ-HSG, Stand: 31.12.1999)*

In einer Jahresbetrachtung stellt man zwar Schwankungen fest, aus denen jedoch kein Trend ersichtlich wird. So betragen die KMU-Anteile 1995 71%, 1996 73%, 1997 76%, 1998 69% und 1999 81%. Spiegelbildlich hierzu verläuft der Trend bei den Grossunternehmen. Es lässt sich somit aus der bisherigen Entwicklung der Zertifikate insgesamt auch **kein Trend** der Gestalt erkennen, dass es zunächst Grossunternehmen waren, die ein Zertifikat erworben haben, während es im Zeitablauf dann zunehmend kleinere Unternehmen sind, die dazu kommen, wie dies z.B. anhand der EMAS-Entwicklung in Deutschland festgestellt wird. Dort lag die durchschnittliche Anzahl der Mitarbeitenden 1995 bei 1248, 1996 bei 1009, 1997 bei 447 und 1998 bei 402.[23]

---

[23] Vgl. Umweltbundesamt (1999), S. 26.

EMAS-Zertifikate in Deutschland nach Beschäftigten[24]

Eine Befragung aller Unternehmen, die Ende 1998 ein EMAS-Zertifikat hatten (Rücklaufquote knapp 70%), durch das deutsche Umweltbundesamt kommt zum Schluss, dass das Gros aller teilnehmenden Unternehmen in Deutschland über 500 Mitarbeiter haben dürfte. Der Durchschnitt liegt bei **590 Mitarbeiter** je Unternehmen mit Zertifikat. Die Zahl der Beschäftigten am registrierten Standort wird wie folgt aufgeschlüsselt:

1-10	Mitarbeiter:	5 %	201-500	Mitarbeiter:	20 %
11-50	Mitarbeiter:	14 %	501-1.000	Mitarbeiter:	13 %
51-100	Mitarbeiter:	11 %	1.001-5.000	Mitarbeiter:	13 %
101-200	Mitarbeiter:	12%	über 5.000	Mitarbeiter:	12 %

Angesicht von insgesamt 372.769 Unternehmen in der Schweiz liegt die Durchdringung Schweizer Unternehmen mit UMS Ende 1999 bei 0,13%. Wie aus Abb. 2-13 hervorgeht, bestehen jedoch sehr grosse Unterschiede je nach Unternehmensgrösse: Während die UMS-Durchdringung bei Kleinstunternehmen nur 0,02% beträgt, sind es bei Grossunternehmen 10,3%. Allgemein lässt sich aufgrund der Durchdringungswerte in Abb. 2-13 sagen: Je grösser die Unternehmen, desto grösser ist auch die UMS-Durchdringung.

Beschäftigte	Unternehmen absolut	Unternehmen in %	Zertifikate Absolut	Zertifikate in %	UMS-Durch-dringung
KKU (1-9)	327.688	87,9%	55	12%	**0.02%**
KU (10-49)	37.652	10,1%	137	29%	**0.36%**
MU (50-249)	6.710	1,8%	168	35%	**2.50%**
GU (>=250)	1.118	0,3%	115	24%	**10.29%**
Total	**372.769**	**100%**	**475**	**100%**	**0.13%**

Abb. 2-13: UMS-Durchdringung nach Unternehmensgrösse

(Quellen: Bundesamt für Statistik, Unternehmensstatistik 1995 und IWÖ-HSG, Stand: 31.12.1999)

---

[24]   Vgl. Umweltbundesamt (1999), S. 25

Teil II

Umweltmanagementsystem-Praxis in der Schweiz: Ergebnisse einer empirischen Untersuchung

Im Frühjahr 1999 ist vom IWÖ-HSG eine schriftliche Befragung bei allen am 31.3.1999 ISO 14001-zertifizierten Unternehmen durchgeführt worden, um erstmalig auf breiter Basis den Stand der UMS-Praxis in der Schweiz zu untersuchen. Die Ergebnisse dieser Untersuchung sind nachfolgend dokumentiert. Zunächst werden die methodischen Grundlagen der Untersuchung dargelegt (Kap. 3), bevor auf die inhaltlichen Ergebnisse eingegangen wird. Diese umfassen: die Gründe für die Einführung von UMS (Kap. 4), die von den Unternehmen im Rahmen von UMS ergriffenen Massnahmen (Kap. 5), die feststellbaren ökologischen und ökonomischen Wirkungen von UMS (Kap. 6 und 7) sowie Fragen der Integration von UMS, der Zertifizierung und der kontinuierlichen Verbesserung (Kap. 8).

3 Grundlagen der Untersuchung

Um die Grundlagen der durchgeführten Untersuchung darzulegen, werden zunächst die Zielsetzung und Methodik der schriftlichen Befragung dargelegt (Kap. 3.1). Dann werden die Struktur des Rücklaufs im einzelnen (Kap. 3.2) sowie die durchgeführten Teilauswertungen erläutert (Kap. 3.3).

3.1 Zielsetzung und Methodik

Die vorliegende Untersuchung dient der Gewinnung empirischer Erkenntnisse über die Wirksamkeit von UMS nach ISO 14001 in schweizerischen Unternehmen. Ausgehend von den Erkenntnissen bisheriger empirischer Untersuchungen[25], zielt sie in erster Linie auf Erkenntnisse über **ökologische und ökonomische Wirkungen** sowie durch UMS geförderte **ökologische Entwicklungsprozesse in Unternehmen** ab. Daneben sollen unterschiedliche **Ausprägungsformen** sowie **Entwicklungen von UMS** in der Schweiz empirisch erfasst und analysiert werden. Der Aufbau des Fragebogens geht aus Abb. 3-1 hervor und findet sich als Ganzes im Anhang.

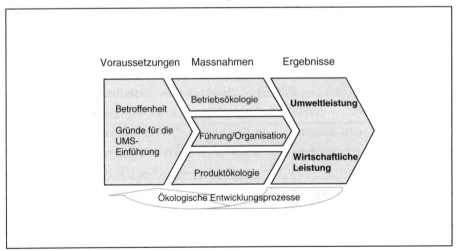

Abb. 3-1: Struktur und Inhalte der vorliegenden Befragung

---

[25]   Vgl. z.B. Prehn, M. et al. (1998), Forschungsgruppe FEU (1998), UNI-ASU (1997), Berrett, S./Poltermann, G. (1998), Hessisches Ministerium für Wirtschaft, Verkehr und Landesentwicklung (Hrsg.) (1995)

Das der Befragung zugrundeliegende Modell unterscheidet die drei Kategorien Voraussetzungen, Massnahmen und Ergebnisse des Umweltmanagements. Als Voraussetzungen werden allgemeine Wahrnehmungen zu Umweltfragen, die Betroffenheit durch Anspruchsgruppen und Umweltaspekte sowie die Gründe für die UMS-Einführung erfasst. Der Bereich Massnahmen umfasst die Beurteilung der faktischen ökologischen Betroffenheit von Unternehmen (umweltrelevante Aspekte) und die daraus abgeleiteten Aktivitäten in den Bereichen Betriebsökologie, Produktökologie sowie Führung und Organisation. Und die Kategorie Ergebnisse betrifft ökologische und ökonomische Wirkungen des UMS. Die im Modell als Feedback-Schlaufe dargestellten ökologischen Entwicklungsprozesse treten im Zeitablauf auf, wenn Erfahrungen und Ergebnisse des Umweltmanagements zu veränderten Umweltwahrnehmungen und -massnahmen bei den betroffenen Akteuren im Unternehmen führen. Der Fragebogenaufbau ist an diesem Prozessmodell ausgerichtet.

Grundlagen für die Entwicklung des Fragebogens waren darüber hinaus Arbeitsthesen, die im Rahmen einer Vorstudie entwickelt wurden. Der Fragebogen wurde mit einer **Projektbegleitgruppe** diskutiert und einem Pre-Test in verschiedenen Unternehmen unterzogen. Der Fragebogen wurde an alle zum Zeitpunkt der Erhebung in der Schweiz zertifizierten Unternehmen versendet. Da ca. 90% der zertifizierten Unternehmen in der deutschsprachigen Schweiz angesiedelt sind, wurde auf eine Übersetzung des Fragebogens verzichtet.[26] In der Regel wurde der UMS-Beauftragte der obersten Leitung persönlich angeschrieben. Die Befragung fand zwischen **April und Juni 1999** statt. Die Auswertung erfolgte mit Hilfe von SPSS und EXCEL. Es wurden verschiedene Teilauswertungen durchgeführt, die in Kapitel 3.3 erläutert werden.

3.2 Struktur des Rücklaufs

Zum **Stichtag der Erhebung (31.03.1999)** waren **348 Unternehmenseinheiten** zertifiziert.[27] In dieser Zahl sind Mehrfachzertifikate von Konzernunternehmen enthalten. So verfügen Grossunternehmen wie ABB, Swisscom, Siemens, Leica oder Von Roll über mehrere zertifizierte Managementsysteme für jeweils unterschiedliche Standorte oder

---

[26]   Von der Grundgesamtheit (348 zertifizierte Unternehmenseinheiten) entfielen 10 Zertifikate auf das Tessin, 56 Zertifikate auf die zweisprachigen Kantone Bern (41) Freiburg (11) und Wallis (4) sowie 26 Zertifikate auf die französischsprachigen Kantone Waadt (10), Neuenburg (8), Genf (5), Jura (3).

[27]   13 weitere Unternehmenseinheiten wurden in den Folgemonaten noch nachgemeldet, so dass eigentlich schon 361 Zertifikate erteilt worden waren. Da dies jedoch zum Zeitpunkt der Erhebung nicht bekannt war, gehen wir hier von 348 aus. Eine Liste mit allen 348 zertifizierten Unternehmenseinheiten, die zum Stichtag der Untersuchung bekannt waren, findet sich im Anhang dieses Buchs. Eine jederzeit aktuelle Liste findet sich auf der Homepage des IWÖ-HSG: www.iwoe.unisg.ch

Geschäftsbereiche, während andere Grossunternehmen wie z.B. Credit Suisse Group ein den Gesamtkonzern umfassendes Managementsystem unterhalten. Berücksichtigt man die Mehrfachzertifikate[28], so unterhielten im Frühjahr 1998 gut 290 Schweizer Unternehmen eines oder mehrere zertifizierte UMS.

	CH Total	D-CH	F-CH	I-CH
Zertifizierte Unternehmenseinheiten	361	312	26	10
Rücklauf (Anzahl Fragebögen)	158	148	7	2
Rücklauf (in Prozent)	45%	47%	27%	20%

Abb. 3-2: Rücklauf der Befragung insgesamt und nach Sprachregionen (D-CH: deutschsprachige Schweiz, F-CH: französischsprachige Schweiz, I-CH: italienischsprachige Schweiz)

In die Untersuchung gingen **158** ausgefüllte Fragebögen ein, was einem Rücklauf von gut **54% der zertifizierten Unternehmen** bzw. **45% aller zertifizierten Unternehmenseinheiten** entspricht. Angesichts des umfangreichen Fragebogens spiegelt die hohe Rücklaufquote das grosse Interesse der Unternehmen an der Untersuchung. Während der Rücklauf in der deutschsprachigen Schweiz mit 47% leicht über dem Durchschnitt liegt, sind die französischsprachige Schweiz mit 27% Rücklauf und die italienischsprachige Schweiz mit 20% Rücklauf deutlich unterrepräsentiert.[29]

- *Branchenzugehörigkeit*

Abb. 3-3 stellt die Branchenverteilung der 158 Unternehmen dar, die als Basis der vorliegenden Auswertung dienen. Die Stichprobe bildet das breite Spektrum der Tätigkeiten Schweizer Unternehmen ab.

Ein Vergleich der Branchenanteile in der Stichprobe mit den Anteilen in der Grundgesamtheit aller zertifizierten Unternehmenseinheiten zeigt, dass die grössten Branchen in beiden Fällen auf den vorderen Rängen liegen. Mit 13% der antwortenden Unternehmen ist die Elektrotechnik wie in der Grundgesamtheit die Branche mit den meisten Zertifizierungen. Auch Nahrungs- und Genussmittel, Papier, Druck, Graphik, Maschinenbau, Chemie-, Bau- und Metallindustrie sind in beiden Ranglisten stark vertreten. In der Stichprobe unterrepräsentiert ist jedoch die Transportbranche.[30]

---

[28]   Allein Swisscom, ABB und von Roll verfügten im Frühjahr 1999 in der Schweiz über 42 Einzelzertifikate nach ISO 14001

[29]   Dies hängt vor allem damit zusammen, dass der Fragebogen nur auf Deutsch verschickt wurde.

[30]   Die Brancheneinteilungen weichen geringfügig voneinander ab, weshalb z.B. die Verpackungsindustrie in der Grundgesamtheit gemäss EAC-Code nicht separat ausgewiesen ist und sich die entsprechenden

	Branche	Anzahl (n=158)	Anteil (in %) (n=158)	Grundges. (n=348)
1	Elektrische und optische Ausrüstungen	20	13%	11%
2	Sonstige Dienstleistungen	17	11%	7%
3	Sonstige Industrie und Gewerbe	15	10%	1%
4	Nahrungs- und Genussmittel	13	8%	8%
5	Papier, Druck, Graphik	13	8%	8%
6	Maschinenbau	12	8%	10%
7	Chemie	10	6%	8%
8	Bau	10	6%	7%
9	Metallindustrie	10	6%	6%
10	Verpackungsindustrie	6	4%	-
11	Transport	6	4%	11%
12	Textilien	5	3%	1%
13	Handel	5	3%	5%
14	Holz	4	2%	3%
15	Kunststoff	4	2%	1%
16	Steine und Erden	3	2%	5%
17	Beratung	2	1%	4%
18	Mineralöl, Kernbrennstoffe	1	1%	0,3%
19	Transportausrüstungen	1	1%	1%
20	Banken, Versicherungen	1	1%	1%

Abb. 3-3: Branchenverteilung der befragten Unternehmen

- *Unternehmensgrösse*

Mit 62% ist der Anteil der Klein- und Mittelunternehmen (KMU) an der Stichprobe sehr gross. (Abb. 3-4) Bezogen auf die Grundgesamtheit aller zertifizierten Unternehmenseinheiten sind sie dennoch unterrepräsentiert. Hier entfielen zum Zeitpunkt der Erhebung 74% auf KMU. Dementsprechend sind die Grossunternehmen in der Stichprobe überrepräsentiert (38% gegenüber 26% in der Grundgesamtheit).[31]

Insgesamt beschäftigen die antwortenden Unternehmen gut 76.000 Mitarbeiter in den zertifizierten Unternehmenseinheiten. Dies entspricht 2,9% aller Beschäftigten in der Schweiz[32]. Betrachtet man die Gesamtzahl zertifizierter Unternehmen und die jüngsten

---

Unternehmen wohl vor allem auf die Papier- und Kunststoffindustrie verteilen. Auch weichen die genauen Benennungen leicht voneinander ab.

[31] Die höhere Rücklaufquote von Grossunternehmen ist ein in schriftlichen Umfragen oft anzutreffendes Phänomen. Vermutlich resultiert sie aus dem Umstand, dass Grossunternehmen einerseits öffentlich stärker exponiert sind, andererseits auch grössere Kapazitäten zur Beantwortung externer Anfragen bereitstellen können.

[32] Die Beschäftigungsstatistik der Schweiz, 1. Quartal 1999, geht von 2,61 Mio. Beschäftigten in der Schweiz aus.

Zertifizierungen von Grossunternehmen wie z.b. der UBS[33] sowie Unternehmen, die zwar ein UMS in Anlehnung an die Norm unterhalten, dieses aber nicht zertifizieren lassen[34], so werden bei einer Trendfortschreibung bis zum Jahr 2000 gut 10% aller Schweizer Beschäftigten mit einem UMS in Berührung gekommen sein. Die Zahl verdeutlicht einerseits, dass UMS **trotz ansehnlicher Wachstumsraten** immer noch eine **beschränkte Rolle** in der Schweizer Wirtschaft spielen. Andererseits gilt jedoch auch, dass bereits wenige zertifizierte Unternehmen in einer Branche zu einer wahrnehmbaren Bedeutungszunahme ökologischer Aspekte beitragen können. Dies gilt insbesondere, wenn grosse und einflussreiche Branchenvertreter ein UMS haben, wie im Falle der Banken mit den beiden führenden Grossbanken Credit Suisse und UBS, die beide ISO 14001-zertfiziert sind, oder der Swisscom, bei der alle Unternehmenseinheiten zertifiziert sind. Neben brancheninternen Ausstrahlungseffekten sind hier insbesondere auch Auswirkungen auf die Lieferanten und Auftragnehmer festzustellen.

Unternehmensgrösse	Kleinunter-nehmen 1-49 MA	Mittelunter-nehmen 50-249 MA	Grossunter-nehmen >= 250 MA
Anzahl in Stichprobe (n=158)	43	57	56
Anteil an Stichprobe (n=158)	28%	34%	38%
Anteil an Grundgesamtheit (n=348)	39%	35%	26%

Abb. 3-4: Mitarbeiterzahlen der antwortenden Unternehmen im Vergleich mit der Grundgesamtheit aller zertifizierten Unternehmen

Die **Grössenverteilung** der Unternehmen ist bei den verschiedenen **Branchen** sehr unterschiedlich. Während in der Gesamtstichprobe der Anteil der Grossunternehmen bei 38% liegt, beträgt er bei den Unternehmen der Metallindustrie 60%, der Elektrotechnikbranche 79% und der Maschinenbaubranche sogar 83%. Demgegenüber sind im Falle der Bauindustrie mit 80% und der Chemieindustrie mit 89% die Anteile der KMU deutlich über dem Wert der Gesamtstichprobe von 62%. Es ist somit zu beachten, dass die Branchen Maschinenbau, Elektrotechnik und Metall in der Stichprobe durch Grossunternehmen dominiert werden, die Branchen Chemie und Bau dagegen durch KMU. Die Branchen Lebensmittel und Papier/Druck/Graphik entsprechen dem Gesamtdurchschnitt der Stichprobe.

---

[33] Die UBS AG beschäftigt in der Schweiz über 32.000 Mitarbeiter. Vgl. Handelszeitung (1999): Die grössten Unternehmen in der Schweiz via http://www.handelszeitung.ch/aktuell/chtop/banken.html. (Download vom 01.11.1999)

[34] Eine Reihe Schweizer Unternehmen unterhält nicht zertifizierte UMS. Hierzu zählen unter den Grossunternehmen beispielsweise die Schweizer Post und Swiss Re. KMU mit nicht zertifiziertem UMS sind beispielsweise Flumroc (Dämmstoffe), Held (Reinigungsmittel) sowie Knecht & Müller (Optik). Vgl. hierzu die Liste Schweizer Unternehmen mit Umweltberichten via http://www.iwoe.unisg.ch/forschung/reporting.htm

- *ÖBU-Mitgliedschaft*

31% der Stichprobe sind Mitgliedsfirmen der Schweizerischen Vereinigung für ökologisch bewusste Unternehmensführung (ÖBU)[35]. Bzgl. der Grösse ist festzustellen, dass Grossunternehmen überdurchschnittlich häufig ÖBU-Mitglieder sind (41% aller Unternehmen mit 250 Beschäftigten und mehr), während mittelgrosse Unternehmen (50-249 Beschäftigte) lediglich zu 21% ÖBU-Mitglieder sind. Die Kleinunternehmen (weniger als Beschäftigte) liegen mit 30% im Durchschnitt. Bei der Gruppe der „alten" UMS (Zertifizierung vor 1998) machen die ÖBU-Mitgliedsfirmen 39% aus, bei der Gruppe der „jungen" UMS (Zertifizierung 1998 oder 1999) demgegenüber nur 24%. Hieraus kann abgeleitet werden, dass die ÖBU-Mitglieder eine UMS-Zertifizierung im Schnitt früher erworben haben als die übrigen Unternehmen. Und in der Gruppe von Unternehmen, die zum Zeitpunkt der Zertifizierung bereits über Vorerfahrungen mit einem systematischen Umweltmanagement verfügten, sind die ÖBU-Mitglieder mit 44% Anteil ebenfalls überrepräsentiert, während sie bei den Unternehmen ohne Vorerfahrungen mit 26% unterrepräsentiert sind.

- *Ertragskraft der Unternehmen*

Die Einschätzung der wirtschaftlichen Situation im Vergleich zum Branchendurchschnitt fällt bei der Mehrheit der antwortenden Unternehmen positiv aus, wie aus Abb. 3-5 hervorgeht:

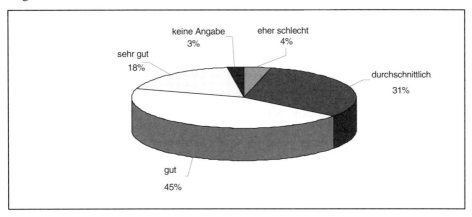

Abb. 3-5: Einschätzung der Ertragskraft der befragten Unternehmen im Vergleich zum Branchendurchschnitt (n=158)

---

[35] Die 1989 gegründete Schweizerische Vereinigung für ökologisch bewusste Unternehmensführung (ÖBU) umfasst mehr als 300 Schweizer Unternehmen und versteht sich als Unternehmensnetzwerk zur Weiterentwicklung der Schweizer Wirtschaft nach den Grundsätzen der Nachhaltigkeit. Informationen über aktuelle Projekte und Arbeitskreise finden sich unter http://www.oebu.ch

Während die Option „schlecht" gar nicht in den Nennungen auftaucht, schätzen 63% die Ertragskraft ihres Unternehmens im Vergleich zum Branchendurchschnitt „gut" oder „sehr gut" ein. Ein weiteres knappes Drittel sieht keine Unterschiede der Ertragskraft im Vergleich mit Konkurrenzunternehmen – nur 4% beurteilen die Ertragskraft eher schlecht. Diese Selbsteinschätzungen decken sich mit Ergebnissen jüngerer Untersuchungen, die eine positive Korrelation von aktivem Umweltmanagement und ökonomisch erfolgreicher Unternehmensführung feststellen[36]. Betrachtet man die grösseren Branchenstichproben, so schätzen sich nur die Firmen der Chemie- und Metallindustrie als unterdurchschnittlich ertragskräftig ein, während die übrigen Branchen dem Durchschnitt entsprechen. Zwischen den unterschiedlichen Grössenklassen, aber auch zwischen den „alten" und „jungen" UMS sind demgegenüber keine nennenswerten Unterschiede bezüglich der Ertragskraft erkennbar.

- *Exportorientierung*

Hinsichtlich der Exportorientierung geben die meisten Unternehmen sehr **geringe Exportquoten** an. Bei 59% der Unternehmen beträgt der Exportanteil am Umsatz weniger als 10%. Nur gut 20% erzielen 50% und mehr ihres Umsatzes im Ausland. Der Mittelwert der Gesamtstichprobe liegt bei **22%**. Hier finden sich aber bedeutende Unterschiede zwischen den Branchen und Grössenklassen der Unternehmen in der Stichprobe. Während der Exportanteil bei Maschinenbau (48%) und Elektrotechnik (45%), Chemie (31%) und Metallindustrie (27%) sehr hoch liegt, ist er bei Papier, Druck, Graphik (18%), Nahrungs- und Genussmittel (8%) und Bau (1%) sehr tief. Je grösser die Unternehmen sind, desto höher ist auch ihre Exportquote: Liegt sie bei den Kleinunternehmen (bis 50 Mitarbeitende) bei 9%, so beträgt sie bei den mittelgrossen Unternehmen (bis 250 Mitarbeitende) 20% und bei den Grossunternehmen (über 250 Mitarbeitende) 33%. Die Unterschiede zwischen den Exportquoten der „alten" (20%) und „jungen" UMS (24%) sind klein. Die manchmal angesprochene Notwendigkeit zertifizierter UMS zur Sicherung internationaler Geschäftsbeziehungen ist angesichts dieser geringen Exportquoten der beteiligten Unternehmen insgesamt – bisher zumindest – in Frage zu stellen. Bezogen auf einzelne Branchen und Unternehmen ist ein solcher Zusammenhang jedoch festzustellen, und mit zunehmender Diffusion der Norm dürfte er auch an Bedeutung gewinnen.

- *„Alte" und „junge" UMS*

Die Untersuchung ist auch auf Entwicklungsprozesse ausgerichtet. Zur Identifikation von Ansätzen ökologischer Entwicklungsprozesse werden hierfür zwei Gruppen von Unternehmen mit unterschiedlich langen UMS-Erfahrungen gebildet. Die Gruppe der

---

[36]   Vgl. Butz, C./Plattner, A. (1999), Schaltegger, S./Müller, K. (1997)

„alten" UMS setzt sich aus 78 bis einschliesslich 1997 zertifizierten Unternehmen zusammen, die Gruppe der „jungen" UMS aus 80 in den Jahren 1998 (77) und 1999 (3) zertifizierten Unternehmen. Da diese beiden Gruppen mit einem Anteil von **49%** bzw. **51%** an der Stichprobe nahezu gleich gross sind, können hier auf einer soliden statistischen Basis Vergleiche gezogen werden. Die Gruppen spiegeln auch exakt die tatsächliche Alterszusammensetzung der UMS aller zertifizierten Unternehmenseinheiten der Grundgesamtheit wider: Von den 348 bis Ende März 1999 zertifizierten Unternehmenseinheiten wurden 175 (50,3%) seit 1998 zertifiziert, 173 (49,7%) haben sich bis einschliesslich 1997 zertifizieren lassen.

Es lassen sich bedeutende Grössenunterschiede zwischen den Unternehmen beider Gruppen feststellen. So beträgt die durchschnittliche Anzahl von Beschäftigten bei den „alten" 823, bei den „jungen" UMS aber nur 338. Da bzgl. der Grundgesamtheit aller zertifizierten Unternehmenseinheiten in der Schweiz bereits festgestellt wurde, dass über die Zeit keine Entwicklung in Richtung kleinerer Unternehmenseinheiten festzustellen ist, handelt es sich hierbei um eine Anomalie der Stichprobe. Keine Unterschiede bestehen demgenüber bzgl. der Vorerfahrungen mit einem systematischen Umweltmanagement. **Man kann somit nicht sagen, dass zunächst solche Firmen durch die Möglichkeit der Zertifizierung angelockt wurden, die bereits als Öko-Pioniere über grosse Vorerfahrungen verfügt haben.** Der Mix von erfahrenen und unerfahrenen Unternehmen blieb vielmehr über die ersten Jahre hinweg konstant.

- *Vorerfahrungen im Umweltmanagement*

Es wurde gefragt, inwieweit die Unternehmen bereits vor Einführung und Zertifizierung ihres UMS über ein systematisches Umweltmanagement verfügten. Die Ergebnisse sind überraschend: Nicht weniger als 73% der befragten Unternehmen geben an, vor der UMS-Zertifizierung keine Vorerfahrungen gehabt zu haben. Und dieser Prozentsatz bleibt auch über die Zeit konstant: Er beträgt sowohl bei der Gruppe der „alten" als auch der „jungen" UMS 73%.

Mit der Entscheidung für ein systematisches UMS betreten demnach **drei Viertel aller zertifizierten Unternehmen Neuland in Sachen Umweltmanagement.** ISO 14001 ist somit kein System, das vornehmlich von Öko-Pionieren genutzt wird, sondern ganz überwiegend ein System für Neueinsteiger ins Umweltmanagement. Damit leistet die Norm ISO 14001 einen bedeutenden Beitrag für die Diffusion eines systematischen Umweltmanagements bei Firmen, die noch über keine entsprechenden Vorerfahrungen verfügen.

Zwischen den Unternehmen mit und ohne systematische Vorerfahrungen im Umweltmanagement gibt es beträchtliche Grössenunterschiede. Während die Ersteren im Durchschnitt 1.001 Mitarbeitende haben, sind es bei den Letzteren nur 425. Mit anderen Worten: **Die Unternehmen mit Vorerfahrungen im Umweltmanagement sind deutlich grösser als die Unternehmen ohne solche Erfahrungen.** Zudem sind 44% der Unternehmen mit Vorerfahrungen **Mitglieder der ÖBU.** Bei den Unternehmen ohne Vorerfahrungen sind es nur 26%. Hier bestätigt sich, dass die ÖBU als schweizerische Vereinigung ökologisch erfahrener Pionierunternehmen angesehen werden kann.

▪ *Zertifizierungsgesellschaften*

Der Gesamtmarkt der UMS-Zertifizierungen in der Schweiz wird von den drei Gesellschaften SQS, SGS-ICS und BVQI beherrscht, wobei die SQS eindeutig dominiert. Wie verteilen sich die befragten Unternehmen der Stichprobe auf die Zertifizierungsgesellschaften? Abb. 3-6 gibt hierzu Auskunft.

	Anzahl n=158	Anteil n=158	Grundgesamtheit n=361
SQS	97	61%	52%
SGS-ICS	27	17%	21%
BVQI	25	16%	21%
Andere	9	6%	6%

Abb. 3-6: Verteilung der befragten Unternehmen der Stichprobe nach Zertifizierungsgesellschaften und Vergleich mit der Grundgesamtheit

61% der befragten Unternehmen in der Stichprobe sind durch die SQS zertifiziert worden, 17% durch die SGS-ICS und 16% durch BVQI. Die restlichen 6% verteilen sich auf 7 andere Gesellschaften.[37] Damit ist die Verteilung in der Stichprobe im Vergleich zur schweizerischen Grundgesamtheit leicht zugunsten der Marktführerin verzerrt. Die Grössenrelationen im schweizerischen Zertifzierungsmarkt kommen dennoch gut zum Ausdruck.

3.3 Durchgeführte Teilauswertungen

Neben einer Gesamtauswertung werden auch eine Reihe von Teilauswertungen durchgeführt, um relevante Merkmale und Unterschiede der zertifizierten Unternehmen erkennen zu können. Folgende Unterschiede werden hierfür betrachtet:

▪ **Branchenspezifische Unterschiede:** Um branchenspezifische Unterschiede erkennen zu können, werden für die Branchen mit mehr als 10 Vertretern in der Stichprobe Teilauswertungen durchgeführt. Dies sind: Elektrotechnik (n=20, 13%); Nah-

---

[37]   TÜV Schweiz, EMPA, Det Norske Veritas, SWISO, AB Conseil, LGA Intercert Nürnberg, British Standards Institute

rungs- und Genussmittel (n=13, 8%); Papier, Druck und Graphik (n=13, 8%); Maschinenbau (n=12, 8%); Chemie (n=10, 6%); Bau (n=10, 6%); Metallindustrie (n=10, 6%). Die „Sonstigen Dienstleistungen" und die „Sonstigen aus Industrie und Gewerbe" sind von ihrer Zusammensetzung her so heterogen, dass ihre Auswertung keine sinnvollen Aussagen zulässt.

- **Grössenspezifische Unterschiede:** Um grössenspezifische Unterschiede erfassen zu können, werden Teilauswertungen für folgende Grössenklassen durchgeführt: Kleinunternehmen (1-49 Beschäftigte), Mittelunternehmen (50-249 Beschäftigte) und Grossunternehmen (250 Beschäftigte und mehr). Ihre Anteile an der Stichprobe betragen 28%, 34% bzw. 38%.

- **ÖBU-Mitgliedschaft:** Die Mitgliedsfirmen der ÖBU können als ökologisch besonders engagierte Unternehmen angesehen werden. Es ist interessant herauszufinden, inwiefern sich dies im Einsatz des UMS niederschlägt. 31% der Firmen in der Stichprobe sind ÖBU-Mitglieder, 67% sind Nicht-Mitglieder.

- **„Alte" und „junge" UMS:** Um Lerneffekte und Entwicklungen der Wirksamkeit von UMS erfassen zu können, werden „alte" und „junge" UMS getrennt ausgewertet und verglichen. Ihre Anteile an der Stichprobe sind praktisch gleich gross und betragen 49% bzw. 51%.

- **Vorerfahrungen im Umweltmanagement:** UMS werden von Unternehmen aufgebaut und betrieben, die sich auf einem sehr unterschiedlichen Entwicklungsstand bzgl. ihres Umweltmanagements befinden. Um die Auswirkungen hieraus erkennen zu können, werden die Unternehmen mit Vorerfahrungen (25%) und die ohne Vorerfahrungen im Umweltmanagement (73%) miteinander verglichen.[38]

- **Beurteilung nach Zertifizierungsgesellschaft:** Die befragten Unternehmen sind von verschiedenen Zertifizierungsgesellschaften zertifiziert worden. Um die Wirkung und Rolle der Zertifizierung beurteilen zu können, werden die Ergebnisse auch getrennt nach Zertifizierungsgesellschaft verglichen.

---

[38] Die fehlenden 2% der Firmen haben keine Angaben gemacht.

4   Entscheidungsgründe für die UMS-Einführung

Was weiss man aufgrund bisheriger Untersuchungen zu den Entscheidungsgründen für die Einführung eines UMS? (Kap. 4.1) Wie nehmen die Vertreter zertifizierter Unternehmen ökologische Problemen wahr? (Kap. 4.2) Durch welche Akteure gewinnen Umweltfragen Einfluss auf zertifizierte Unternehmen? (Kap. 4.3) Wo liegen die ökologischen Kernprobleme der Unternehmen? (Kap. 4.4) Warum entscheidet sich ein Unternehmen für die Einführung und Zertifizierung eines UMS? (Kap. 4.5) Auf diese Fragen finden sich je nach unternehmensspezifischer Situation unterschiedliche Antworten, die für die Ausgestaltung des UMS von Bedeutung sind. Sie sollen nachfolgend anhand der Untersuchungsergebnisse verdeutlicht werden.

4.1 Stand der Erkenntnis

UMS sind vielseitig einsetzbare und gestaltbare **Breitbandinstrumente.** Ihre Implementierung ist dementsprechend je nach Zweck und Ausrichtung der Instrumente mit ganz unterschiedlichen Nutzenpotentialen für die Unternehmen verbunden. Allgemein kann man zwischen internen und externen Nutzenpotentialen unterscheiden, die zur Begründung und Motivation eines UMS-Aufbaus typischerweise angeführt werden.

Interne Nutzenpotentiale	Externe Nutzenpotentiale
• Systematisierung bestehender Umweltmassnahmen	• Verbessertes Image in der Öffentlichkeit
• Erhöhung der Mitarbeitermotivation	• Stärkung der Wettbewerbsfähigkeit
• Risikovorsorge und Haftungsvermeidung	• Erleichterungen bei Banken und Versicherungen
• Erkennen von Kostensenkungspotentialen	• Verbesserung der Beziehungen zu Behörden

Abb. 4-1: Nutzenpotentiale von Umweltmanagementsystemen

(Quelle: Dyllick et al. 1996, S. 8)

Und wie sehen die Erkenntnisse bisheriger Studien zu den effektiven Gründen aus? Die Forschungsgruppe Betriebliche Umweltpolitik um Jürgen Freimann an der Universität Kassel zeigte schon in einer sehr frühen Begleitstudie zur EMAS-Implementierung in Hessen auf, dass UMS vorwiegend für die Erreichung rechtlicher Handlungssicherheit und die aktenmässige Dokumentation umweltrelevanter Anforderungen eingesetzt werden. Daneben erweisen sie sich aber auch als geeignete Rationalisierungsinstrumente, insbesondere um Einsparungspotentiale bzgl. des Ressourcenverbrauchs zu erschliessen. Dabei gehe es vor allem um Systematisierung und Konsolidierung bestehender Aktivitäten und Leistungen im betrieblichen Umweltschutz, weniger um die Entwicklung weitergehender oder innovativer Ansätze.[39] Eine andere frühe Studie der IHK Dortmund/Umweltakademie Fresenius findet ebenfalls höhere Rechtssicherheit und ein verringertes Haftungsrisiko als wichtigste Gründe für den UMS-Aufbau, während ein Nutzen für das Marketing im Hintergrund bleibt.[40]

Die umfassendste und zugleich aktuellste Studie zu den Gründen für die Teilnahme am EMAS-System ist die des deutschen Umweltbundesamts (UBA). Sie findet als wichtigsten Grund die **kontinuierliche Verbesserung des betrieblichen Umweltschutzes** (8,7)[41]. Rund drei von vier der befragten Unternehmen sehen dieses Motiv als wichtig an. Folgende Gründe finden sich auf den weiteren Plätzen:

- Erkennen von Schwachstellen und Potentialen im Energie-/Ressourceneinsatz (8,3)
- Motivation der Mitarbeiter (8,3)
- Imagegewinn (8,0)
- Erhöhung der Rechtssicherheit (8,0)
- Verbesserung der Betriebsorganisation (7,8)
- Aufdeckung und Minimierung von Umwelt- und Haftungsrisiken (7,8)
- Verringerung unternehmensspezifischer Umweltwirkungen (7,2)
- Kosteneinsparungen (6,8)
- Erhöhte Anforderungen von Kunden und anderen Anspruchsgruppen (4,9)
- Entdecken ökologischer Produkt- und Verfahrensinnovationen (4,7)

Überraschend ist die tiefe Einstufung der Kosteneinsparungen. Nur für 47% der Befragten ist dies ein wichtiges Teilnahmemotiv. Grössenabhängige Unterschiede können kaum ausgemacht werden. Dafür seien die Unterschiede zwischen den Branchen z.T. durchaus bedeutsam. So wird insbesondere auf deutlich höhere Bedeutungswerte der Nahrungsmittelbranche im Vergleich zur Chemie hingewiesen.

Während somit in den früheren Studien Rechtssicherheit und Haftungsvermeidung besonders betont werden, stehen bei der UBA-Studie die Verbesserung von Umweltschutz und Ressourcenmanagement im Vordergrund. Rechtssicherheit und Haftungsvermeidung finden sich eher im Mittelfeld. Die Vielfalt unterschiedlicher Motive und die wechselnden Rangplätze in den verschiedenen Untersuchungen verweisen darauf, dass

---

[39] Vgl. Hessisches Ministerium (1995), S.73; Schwaderlapp (1999), S. 161

[40] Vgl. IHK Dortmund/Umweltakademie Fresenius (1996)

[41] Vgl. Umweltbundesamt (1999), S. 29ff. Bei den Zahlenwerten gilt: 10 „wichtiges Motiv", 5 „teils/teils" und 0 „unwichtiges Motiv".

einerseits viele und unterschiedliche Motive eine Rolle beim UMS-Aufbau spielen, andererseits aber auch je nach Situation und Intention des jeweiligen Unternehmens andere Prioritäten gesetzt und verfolgt werden. Wie sehen vor diesem Hintergrund die schweizerischen Befunde aus?

4.2 Wahrnehmung und Beurteilung von Umweltfragen

Zu Beginn wurden den Unternehmensvertretern vier Thesen zur Beurteilung vorgegeben. Mit den Thesen wurden Einstellungen und Wahrnehmungen in Bezug auf ökologische Herausforderungen erfasst. Abb. 4-2 gibt einen Überblick über die Beurteilung dieser Thesen.

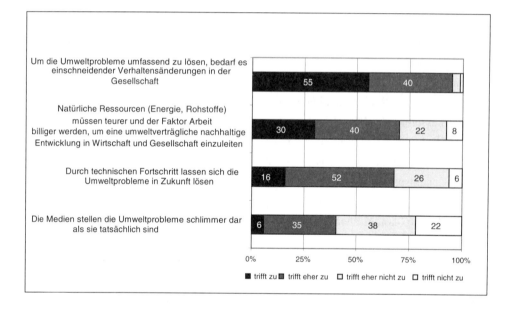

Abb. 4-2: Aussagen zur Umweltproblematik (in %, n=158)

Die Thesen sind in Anlehnung an das Umweltmanagement-Barometer Schweiz 1997/98[42] formuliert worden, um einen Vergleich mit den Ergebnissen dieser 1,5 Jahre früher durchgeführten Studie zu ermöglichen. Somit können die Antworten ISO-

---

[42]   Vgl. Baumast, A./Dyllick, Th. (1998): Umweltmanagement-Barometer Schweiz 1997/98, IWÖ-Diskussionsbeitrag Nr. 59, St. Gallen, S. 12. Befragt wurden hier jedoch nur Unternehmen mit mehr als 50 Mitarbeitenden. 12% dieser Unternehmen hatten ein UMS; lediglich 6% waren ISO 14001-zertifiziert.

zertifizierter Unternehmen mit denen eines repräsentativen Durchschnitts Schweizer Unternehmen verglichen werden.

Wie auch beim Umweltmanagement-Barometer Schweiz erhält die Forderung nach einschneidenden Verhaltensänderungen der Gesellschaft zur umfassenden Lösung der Umweltprobleme die grösste Zustimmung. Mit 95% der Befragten fällt die Zustimmung hier aber noch stärker aus. Die geringste Zustimmung erfährt die These "Die Medien stellen die Umweltprobleme schlimmer dar als sie tatsächlich sind", die von 60% der Befragten abgelehnt wird. Hier sind keine signifikanten Unterschiede zum Umweltmanagement-Barometer feststellbar.

Eine im Vergleich zum Schweizer Umweltmanagement-Barometer wesentlich **stärkere Zustimmung erhält die Forderung nach einer Verteuerung natürlicher Ressourcen** bei gleichzeitiger Verbilligung des Faktors Arbeit, um eine nachhaltige Entwicklung in Wirtschaft und Gesellschaft einzuleiten. Diese Grundidee einer aufkommensneutralen ökologischen Steuerreform wird von gut zwei Dritteln der Befragten unterstützt, während sie beim Umweltmanagement-Barometer Schweiz eine Zustimmung von weniger als 50% erfuhr. Vielleicht ist der Grund hierfür in der zeitlichen Differenz der beiden Befragungen und den inzwischen in der Schweiz breit diskutierten gesetzlichen Entwicklungen in Richtung ökologische Lenkungsabgaben zu sehen? Wahrscheinlicher ist jedoch, dass energieeffiziente Unternehmen zunehmend realisieren, dass sie aufgrund von relativen Effizienzvorteilen im Vergleich mit Wettbewerbern bei einer Verschiebung der Steuerbelastung vom Faktor Arbeit auf Energie Wettbewerbsvorteile erzielen würden.

Interessant ist auch das Ergebnis, dass gut zwei Drittel der befragten Unternehmen ein hohes Vertrauen in den technischen Fortschritt zur Lösung von Umweltproblemen beweisen. Mit 68% Zustimmung liegt dieser Wert sogar noch etwas über dem Wert des Umweltmanagement-Barometers, wo 65% der Befragten dieser These zustimmten. Dieser Befund belegt eine überraschend grosse Zuversicht der Befragten in technologische Innovationen zur Erhöhung der Umweltverträglichkeit.

Insgesamt machen die Antworten deutlich, dass ISO 14001-zertifizierte Unternehmen ein spürbar **höheres Umweltbewusstsein** aufweisen als durchschnittliche schweizerische Unternehmen (ohne UMS).

4.3 Ökologische Betroffenheit durch Anspruchsgruppen

Ökologische Anspruchsgruppen sind Gruppen, durch die das Thema Umwelt in die Unternehmen hineingetragen wird. Es kann davon ausgegangen werden, dass Art und Ausmass der wahrgenommenen ökologischen Betroffenheit durch Anspruchsgruppen entscheidend sind für die Ausgestaltung des UMS und die ergriffenen Massnahmen. Ein Vergleich der Mittelwerte mit den Ergebnissen des Umweltmanagement-Barometers Schweiz zeigt: Unternehmen mit UMS nehmen Einflüsse von Anspruchsgruppen **wesentlich stärker** wahr als Unternehmen ohne UMS[43]. Abb. 4-3 zeigt die Ergebnisse im Überblick.

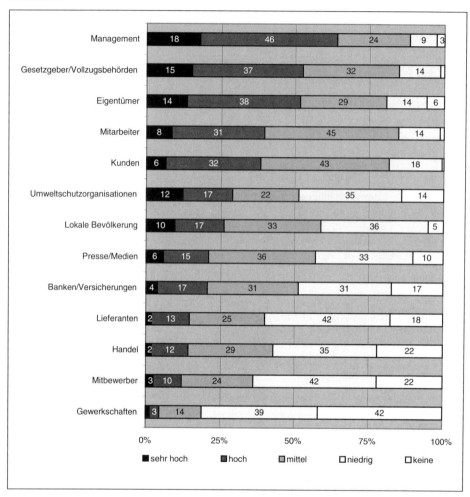

Abb. 4-3: Ökologische Betroffenheit durch Anspruchsgruppen (in %, n=158)

---

[43] Die Mittelwerte fallen durchgehend höher aus: So liegen die Mittelwerte der fünf bedeutendsten Anspruchsgruppen in der vorliegenden Untersuchung bei einer Skala von 1 (keine Betroffenheit) bis 5 (sehr hohe Betroffenheit) jeweils deutlich über 3 (mittlere Betroffenheit): Management 3,7, Gesetzgeber/Behörden 3,5, Eigentümer 3,4, Mitarbeiter und Kunden 3,3. Beim Umweltmanagement-Barometer lag einzig der Wert für das Management als wichtigste Anspruchsgruppe mit 3,1 über diesem Mittel.

Die stärksten ökologischen Impulse zur Integration von Umweltaspekten in die Unternehmensführung gehen vom eigenen **Management** aus, gefolgt von Gesetzgeber/Behörden und den Eigentümern. 64% der Befragten nehmen eine hohe oder sehr hohe Betroffenheit durch das Management wahr (Mittelwert 3,7)[44], 52% sind es bei Gesetzgeber/Behörden (Mittelwert 3,5) und Eigentümern (Mittelwert 3,4). Mitarbeiter (39% hohe oder sehr hohe Betroffenheit/Mittelwert 3,3) und Kunden (38%/3,3) folgen auf den Plätzen 4 und 5. Unterscheidet man allgemein zwischen internen Anspruchsgruppen (Management, Eigentümer, Mitarbeiter) und externen Anspruchsgruppen (Gesetzgeber, Kunden, Umweltorganisationen etc.) so bestätigt sich, wie auch beim Umweltmanagement-Barometer Schweiz, eine **Dominanz interner Anspruchsgruppen**, trotz der hohen Bedeutung von Gesetzgeber/Behörden, die als wichtigste externe Anspruchsgruppe auf Platz 2 steht.

Die starke **Betroffenheit durch Eigentümer** erscheint überraschend. Hierbei handelt es sich nur zu einem kleinen Teil um ökologische Pionierunternehmer. Wichtiger ist hier wohl der Druck von Grossunternehmen, die ihren Töchtern den Aufbau eines UMS oftmals „verordnen", aber auch die Tatsache, dass vor allem bei Kleinunternehmen Eigentümer und Management zumeist identisch sind. Die **Wirkung des Marktes** bleibt insgesamt eher **schwach**. Die ökologische Betroffenheit durch Kunden rangiert zwar auf Platz 5 und noch leicht über dem Mittelwert, andere marktliche Anspruchsgruppen (Banken/Versicherungen, Lieferanten, Handel, Mitbewerber) spielen dagegen keine nennenswerte Rolle.

Zu fragen ist, ob eine **Branchenbetrachtung** zu anderen Einschätzungen führt? Abb. 4-4 zeigt die Rangfolge der jeweils 5 wichtigsten Anspruchsgruppen für die 7 ausgewerteten Hauptbranchen im Vergleich zum Total der Stichprobe.

Wie aus Abb. 4-4 hervorgeht, sind die Verschiebungen in der Rangfolge aber auch die Unterschiede in den Wichtigkeitsmassen zwischen den verschiedenen Branchen nur klein. Gesetzgeber/Behörden stehen in der Chemiebranche auf Platz 1. In der Elektrotechnikbranche rangieren die Kunden schon auf Platz 3, während die Eigentümer erst auf Rang 5 liegen. In der Lebensmittelbranche figurieren die Bevölkerung und der Handel unter den ersten fünf Anspruchsgruppen. In der Baubranche erscheinen Presse/Medien unter den fünf wichtigsten Anspruchsgruppen, in der Metallindustrie Banken/Versicherungen.

---

[44]   Für die Berechnung der Mittelwerte gilt: 1=keine Betroffenheit, 2=niedrige Betroffenheit, 3=mittlere Betroffenheit, 4= hohe Betroffenheit, 5=sehr hohe Betroffenheit.

	Total-Stichprobe (n=158)	Elektrotechnik (n=20)	Nahrungsmittel (n=13)	Papier, Druck, Graphik (n= 13)	Maschinenbau (n=12)	Chemie (n=10)	Bau (n=10)	Metallindustrie (n=10)
1	Management (3,7)	Management (3,5)	Management (3,5)	Management (3,8)	Management (3,6)	Gesetzg./Behörd. (4,0)	Management (3,7)	Management (3,6)
2	Gesetzg./Behörd. (3,5)	Gesetzg./Behörd. (3,5)	Gesetzg./Behörd. (3,3)	Eigentümer (3,6)	Gesetzg./Behörd. (3,3)	Management (3,9)	Gesetzg./Behörd. (3,6)	Eigentümer (3,5)
3	Eigentümer (3,4)	Kunden (3,4)	Bevölkerung (3,1)	Gesetzg./Behörd. (3,3)	Mitarbeiter (3,3)	Eigentümer (3,8)	Eigentümer (3,5)	Gesetzg./Behörd. (3,4)
4	Mitarbeiter (3,3)	Mitarbeiter (3,3)	Mitarbeiter (3,3)	Mitarbeiter (3,3)	Eigentümer (3,1)	Mitarbeiter (3,7)	Mitarbeiter (3,3)	Kunden (3,0)
5	Kunden (3,3)	Eigentümer (2,9)	Handel (3,3)	Kunden (3,0)	Kunden (3,1)	Kunden (3,3)	Presse/Medien (3,0)	Banken/Versich. (2,9)

Abb. 4-4: Rangfolge der branchenspezifischen Betroffenheit durch Anspruchsgruppen *(Mittelwerte in Klammern: 5=sehr hohe Betroffenheit, 4=hohe Betroffenheit, 3=mittlere Betroffenheit, 2=niedrige Betroffenheit, 1=keine Betroffenheit)*

	Total Stichprobe	Kleinunternehmen (9-19 MA, n=43)	Mittelunternehmen (50-249 MA, n=57)	Grossunternehmen (>=250 MA, n=56)
1	Management (3,7)	Management (3,9)	Management (3,6)	Management (3,6)
2	Gesetzgeber/ Behörden (3,5)	Eigentümer (3,7)	Eigentümer (3,6)	Gesetzgeber/ Behörden (3,4)
3	Eigentümer (3,4)	Gesetzgeber/ Behörden (3,6)	Gesetzgeber/ Behörden (3,6)	Kunden (3,3)
4	Mitarbeiter (3,3)	Mitarbeiter (3,6)	Mitarbeiter (3,3)	Mitarbeiter (3,2)
5	Kunden (3,3)	Kunden (3,4)	Kunden (3,1)	Eigentümer (3,0)

Abb. 4-5: Rangfolge der grössenspezifischen Betroffenheit durch Anspruchsgruppen *(Mittelwerte in Klammern: 5=sehr hohe Betroffenheit, 4=hohe Betroffenheit, 3=mittlere Betroffenheit, 2=niedrige Betroffenheit, 1=keine Betroffenheit)*

Betrachtet man die unterschiedlichen Grössenklassen, so stellt man insgesamt eine leicht **abnehmende Gesamtbetroffenheit** durch Anspruchsgruppen fest **je grösser die Unternehmen** sind. Mit anderen Worten: Mittelgrosse Unternehmen fühlen sich schwächer betroffen als Kleinunternehmen, und Grossunternehmen schwächer als Mittelunternehmen. Dieses Ergebnis ist überraschend, da man aufgrund der grösseren öffentlichen Exponiertheit von Grossunternehmen hier auch eine grössere wahrgenommene Betroffenheit erwartet hätte. Aber offenbar ist die **Sensibilität um so grösser, je kleiner das Unternehmen ist.** Betrachtet man die Rangfolge, so stellt man fest, dass bei den Grossunternehmen der Einfluss der Kunden relativ stärker ist (Platz 3) als bei den KMU (Platz 5), während bei diesen die deutlich einflussreichere Rolle der Eigentümer hervorsticht (Platz 2). Der Grund hierfür ist vor allem darin zu sehen, dass bei den Mittelunternehmen und in vermehrtem Masse noch bei den Kleinunternehmen das Management im Besitz der Mehrheit des Kapitals ist, somit Management und Eigentümer identisch sind. Während dies bei den Grossunternehmen nur bei 32% der Unternehmen der Fall ist, gilt dies für 40% der Mittel- und 63% der Kleinunternehmen. Im Hinblick auf andere Aspekte lassen sich keine nennenswerten Unterschiede in der Betroffenheit durch Anspruchsgruppen feststellen.

4.4 Umweltrelevante Aspekte

Wo liegen die ökologischen Kernprobleme der befragten Unternehmen? Die UMS-Massnahmen hängen nicht nur von Anspruchsgruppenforderungen ab, sondern auch von den umweltrelevanten Aspekten. Aus diesem Grund wurden die Unternehmen nach der Bedeutung allgemeiner umweltrelevanter Kategorien für ihr Unternehmen befragt. Diese wurden in Anlehnung an die Ökoeffizienz-Kriterien des World Business Council for Sustainable Development (WBCSD) gebildet und umfassen: Materialverbrauch, Energieverbrauch, Einsatz von Gefahrstoffen, Abfallaufkommen sowie produktspezifische Umweltbelastungen auf vor- bzw. nachgelagerten Stufen.[45] Die Befragten konnten jeweils angeben, ob sie dem Aspekt eine geringe, mittlere oder grosse Bedeutung beimessen. Abb. 4-6 zeigt die Einschätzungen.

Die grösste Bedeutung weisen die Befragten dem **Energieverbrauch** zu. Für 63% hat er grosse Bedeutung und für ein weiteres Drittel mittlere Bedeutung. Dies ergibt einen Mittelwert von 2,6.[46] Energie wird somit praktisch durchgehend eine grosse Bedeutung beigemessen. Blickt man nur auf die grosse Bedeutung, so liegen alle anderen Bereiche deutlich tiefer als der Energieverbrauch (zwischen 43% und 32%). Nimmt man die mittlere Bedeutung mit hinzu, so erscheinen die Unterschiede zwischen den verschiedenen Umweltaspekten jedoch eher als klein. Folgende Mittelwerte ergeben sich: Abfallaufkommen 2,3, Materialverbrauch 2,2, produktspezifische Umweltbelastungen 2,1 und

---

[45] Vgl. de Simone/Popoff (1997), S. 56f.

[46] Für die Berechnung der Mittelwerte gilt: 3=grosse Bedeutung, 2=mittlere Bedeutung, 1=geringe Bedeutung.

Gefahrstoffe 2,0. Bemerkenswert ist insbesonders, dass auch den produktspezifischen Umweltbelastungen auf vor- und nachgelagerten Stufen und ausserhalb des direkten Einflussbereichs der Unternehmen (z.B. bei Vorproduktion, Konsum oder Entsorgung) eine relativ hohe Bedeutung beigemessen wird. Drei Viertel der Befragten weisen ihnen eine grosse oder mittlere Bedeutung zu, womit sie für einmal nicht als „Stiefkinder" erscheinen. Ein Branchenvergleich ergibt unterschiedliche Einschätzungen der Umweltaspekte.

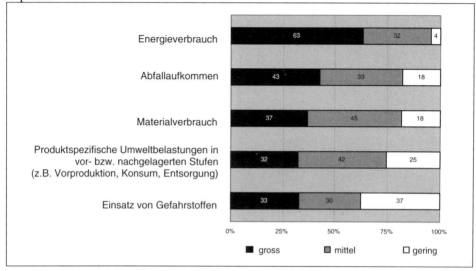

Abb. 4-6: Bedeutung umweltrelevanter Aspekte für Unternehmen (in %, n=158)

Der Branchenvergleich ergibt vor allem bzgl. der Chemie eine deutlich abweichende Bedeutungseinschätzung. Hier kommt den Gefahrstoffen die überragende Bedeutung zu, dem Energieverbrauch demgegenüber nur die kleinste. Auch den produktspezifischen Umweltbelastungen wird von der Chemie wie auch der Maschinenbauindustrie eine deutlich höhere Bedeutung zugemessen.

Aus dem Grössenvergleich, der ÖBU-Mitgliedschaft und dem Alter der UMS ergeben sich keine nennenswerten Abweichungen. Unternehmen mit systematischen Vorerfahrung im Umweltmanagement schätzen jedoch die Bedeutung des Energie- und Materialverbrauchs sowie des Abfallaufkommens – nicht aber die Bedeutung der Produkte und des Gefahrstoffeinsatzes – etwas höher ein als die Unternehmen ohne Vorerfahrungen. Hieraus kann ein unerwartetes Ergebnis abgeleitet werden: die Bedeutungseinschätzung der Umweltaspekte **Energieverbrauch, Materialverbrauch und Abfallaufkommen nimmt mit zunehmender Erfahrung im Umweltmanagement zu.** Offenbar gelingt es ökologisch fortgeschrittenen Firmen in verstärktem Masse Effizienzpotentiale zu er-schliessen.

	Total-Stich-probe (n=158)	Elektro-technik (n=20)	Nah-rungs-mittel (n=13)	Papier, Druck, Graphik (n= 13)	Maschi-nenbau (n=12)	Chemie (n=10)	Bau (n=10)	Metallin-dustrie (n=10)
1	**Energie** **(2,2)**	Energie (2,7)	Energie (2,6)	Energie (2,7)	Energie (2,6)	Gefahr-stoffe (2,8)	Energie (2,4)	Energie (2,6)
2	**Abfall** **(2,3)**	Abfall (2,3)	Abfall (2,5)	Material-verbr. (2,6)	Produkte (2,2)	Abfall (2,5)	Abfall (2,2)	Abfall (2,5)
3	**Material-verbr.** (2,2)	Material-verbr. (2,2)	Material-verbr. (2,3)	Abfall (2,3)	Abfall (2,1)	Produkte (2,4)	Material-verbr. (2,1)	Material-verbr. (2,4)
4	**Produkte** **(2,1)**	Produkte (2,2)	Produkte (2,3)	Produkte (2,1)	Material-verbr. (1,9)	Material-verbr. (2,2)	Produkte (1,6)	Gefahr-stoffe (2,0)
5	**Gefahr-stoffe** **(2,0)**	Gefahr-stoffe (1,9)	Gefahr-stoffe (1,9)	Gefahr-stoffe (1,8)	Gefahr-stoffe (1,9)	Energie (2,1)	Gefahr-stoffe (1,6)	Produkte (1,9)

Abb. 4-7: Bedeutung umweltrelevanter Aspekte in branchenspezifischer Betrach-tung *(Mittelwerte in Klammern: 3=grosse Bedeutung, 2=mittlere Bedeutung, 1=geringe Bedeutung)*

4.5 Gründe für die Einführung von UMS

Bei der Beurteilung der Bedeutung von Gründen für die Einführung eines UMS fällt auf, dass zum einen sehr **hohe Erwartungen** mit der Einführung von UMS verbunden sind. Zum anderen wird ersichtlich, dass **fast alle** der vorgegebenen Gründe als wichtig bzw. eher wichtig eingestuft werden. Offenbar gibt es nicht nur einen oder wenige Gründe für die Einführung eines UMS, sondern viele und unterschiedliche Gründe, wie aus Abb. 4-8 hervorgeht.

Wichtigster Grund für die UMS-Einführung ist die **Verbesserung des Images in der Öffentlichkeit**. 46% der Befragten stufen diesen Grund als „wichtig" ein, weitere 43% als „eher wichtig". Der Mittelwert liegt bei 3,3.[47] Dicht dahinter folgen die Erlangung des ISO 14001-Zertifikats (44% wichtig/Mittelwert 3,3) auf Platz 2, die Systematisie-rung bestehender Umweltmassnahmen (42%/3,3) auf Platz 3, Risikovorsorge und Haf-

---

[47] Für die Berechnung der Mittelwerte gilt: 1=unwichtig, 2=eher unwichtig, 3=eher wichtig, 4=wichtig.

tungsvermeidung (40%/3,2) sowie Verbesserung der Marktposition/Gewinnung von Neukunden (37%/3,2) auf den Plätzen 4 und 5. Das Erkennen von Kostensenkungspotentialen (32%/2,9) findet sich überraschenderweise erst auf Platz 7 der wichtigen Gründe. Mit deutlichem Abstand am Ende und somit klar als unwichtig wird das Erreichen besserer Konditionen bei Banken und Versicherungen gesehen (7%/2,1).

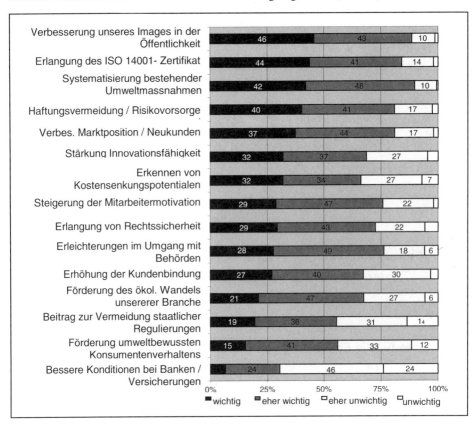

Abb. 4-8: Bedeutung von Gründen für die UMS-Einführung (in %, n=158)

Wie lassen sich diese Ergebnisse interpretieren? Sie zeigen, dass UMS vor allem aus Gründen der Imagebildung und wegen des angestrebten Zertifikats eingeführt werden. Man erhofft sich somit für seine Leistungen vor allem einmal eine **Anerkennung von aussen.** Interne Wirkungen, wie die Systematisierung bestehender Massnahmen und Risikovorsorge/Haftungsvermeidung, sowie Wirkungen auf dem Markt folgen als weitere wichtige Gründe dahinter. Die hohe Bewertung ganz unterschiedlicher Gründe macht aber auch deutlich, dass UMS offenbar für sehr verschiedenartige Zwecke eingesetzt werden. Die Ergebnisse belegen, was einleitend bereits vermutet wurde: UMS werden nicht als klar umrissene, eng definierte Spezialinstrumente angesehen, sondern als ausgesprochene **Breitbandinstrumente**.

	Total Stichprobe (n=158)	Elektrotechnik (n=20)	Nahrungsmittel (n=13)	Papier, Druck, Graphik (n= 13)	Maschinenbau (n=12)	Chemie (n=10)	Bau (n=10)	Metallindustrie (n=10)
1	Imageverbesserung (3,3)	Erlangen Zertifikat (3,5)	Systemat. Umweltmassn. (3,5)	Systemat. Umweltmassn. (3,5)	Erlangen Zertifikat (3,3)	Systemat. Umweltmassn. (3,4)	Imageverbesserung (3,8)	Systemat. Umweltmassn. (3,4)
2	Erlangen Zertifikat (3,3)	Systemat. Umweltmassn. (3,3)	Imageverbesserung (3,4)	Imageverbesserung (3,4)	Systemat. Umweltmassn. (3,2)	Risikovorsorge/ Haftungsvermeid. (3,4)	Erlangen Zertifikat (3,6)	Erleichter. Behördenumgang (3,3)
3	Systematisier. Umweltmassn. (3,3)	Imageverbesserung (3,2)	Erlangen Rechtssicherheit (3,3)	Risikovorsorge/ Haftungsvermeid. (3,4)	Risikovorsorge/ Haftungsvermeid. (3,2)	Erlangen Zertifikat (3,3)	Stärkung Innovationsfähigk. (3,3)	Imageverbesserung (3,1)
4	Risikovorsorge/ Haftungsvermeid. (3,2)	Risikovorsorge/ Haftungsvermeid. (3,1)	Risikovorsorge/ Haftungsvermeid. (3,2)	Erlangen Rechtssicherheit (3,3)	Verbess. Marktposition (3,2)	Erlangen Rechtssicherheit (3,2)	Systemat. Umweltmassn. (3,2)	Verbess. Marktposition (3,1)
5	Verbess. Marktposition (3,2)	Erleichter. Behördenumgang (3,1)	Erlangen Zertifikat (3,1)	Verbess. Marktposition (3,3)	Erlangen-Rechtssicherheit (3,2)	Imageverbesserung (3,1)	Verbess. Marktposition (3,0)	Stärkung Innovationsfähigk. (3,1)

Abb. 4-9: Rangfolge der branchenspezifischen Bedeutung von Gründen für die UMS-Einführung *(Mittelwerte in Klammern: 4=wichtig, 3=eher wichtig, 2=eher unwichtig, 1=unwichtig)*

Aus dem Branchenvergleich ergeben sich einige interessante Unterschiede. So nimmt das Erlangen von Rechtssicherheit bei Nahrungsmitteln, Papier, Druck und Graphik, Chemie und Maschinenbau eine überdurchschnittlich hohe Bedeutung ein und erscheint unter den wichtigsten fünf Gründen. Erleichterungen im Umgang mit Behörden haben vor allem für die Metallindustrie, aber auch die Elektrotechnische Industrie eine überdurchschnittliche Bedeutung. Die Stärkung der Innovationsfähigkeit figuriert vor allem in der Bau- (Platz 3!) und Metallindustrie auf den vorderen Plätzen. Hier ist der ökologische Innovationsdruck offenbar besonders spürbar. Überraschend ist im Falle der Chemieindustrie, dass die Imageverbesserung erst auf Platz 5 der Gründe landet. Da hier mit dem Responsible Care-Programm des Chemieverbandes eine Alternative in der Branche verbreitet ist, welche spezifisch auf die Imageverbesserung ausgerichtet ist, verspricht man sich diesbezüglich vermutlich weniger von der Imagewirkung eines ISO-Zertifikats. Angesichts der prominenten Rolle ökologischer Aspekte auf dem Nahrungsmittelmarkt (Bio-Produkte, regionale Produkte) erstaunt hier das Fehlen marktbezogener Gründe.

Betrachtet man die anderen Teilauswertungen, so ist festzustellen, dass ÖBU-Mitgliedsunternehmen die Markt- und Innovationsaspekte, aber auch die Mitarbeitermotivation etwas höher gewichten als Nicht-Mitglieder. Dafür spielen die Erlangung des Zertifikats und die Risikoverminderung eine kleinere Rolle. Keine nennenswerten Unterschiede ergeben sich bzgl. der Unternehmensgrösse, der alten bzw. jungen UMS sowie der Vorerfahrungen im Umweltschutz.

5   UMS-Massnahmen

Die im Rahmen von UMS ergriffenen Massnahmen lassen sich systematisch in drei Bereiche einteilen.[48] Die **Betriebsökologie** umfasst alle Aktivitäten zur technischen Optimierung der betrieblichen Prozesse innerhalb des Unternehmens. Betriebsökologische Massnahmen sind überwiegend intern orientiert und setzen primär in den Bereichen Produktion, Anlagen, Infrastruktur, Logistik und Entsorgung an. Die **Produktökologie** hat ihren Schwerpunkt bei der ökologischen Optimierung der angebotenen Produkte und Dienstleistungen sowie der Entwicklung ökologischer Produktinnovationen. Ziele sind dabei die Minimierung von Produktrisiken über den gesamten Produktlebenszyklus sowie die Erzielung positiver Markteffekte. Angesprochen sind hier vor allem die Funktionsbereiche Forschung & Entwicklung, Produktmanagement, Marketing und Vertrieb. **Führung und Organisation,** schliesslich, umfassen die Managementprozesse im Unternehmen. Betriebs- und Produktökologie werden durch Veränderungen der Führungsprozesse und Organisationsstrukturen zu **Managementaufgaben**, die im Rahmen von UMS mittels Zielsetzungen und Massnahmenprogrammen verwirklicht werden.

Das vorliegende Kapitel ist der Frage gewidmet: Welche Massnahmen werden von den Unternehmen im Rahmen ihrer UMS ergriffen? Was weiss man hierzu aufgrund bisheriger Erkenntnisse? (Kap. 5.1) Wo haben die befragten Unternehmen die Mittel schwergewichtig eingesetzt? (Kap. 5.2) Welche Massnahmen und Trends sind in den Bereichen Betriebsökologie (Kap. 5.3), Führung und Organisation (Kap. 5.4) sowie Produktökologie (Kap. 5.5) festzustellen?

5.1 Stand der Erkenntnis

Während die Motive für einen UMS-Aufbau und die UMS-Wirkungen in praktisch allen durchgeführten empirischen Untersuchungen erhoben und analysiert worden sind, entnimmt man diesen Untersuchungen nur sehr allgemeine Erkenntnisse zu den ergriffenen Massnahmen. Dies ist deshalb erstaunlich, weil UMS als „inhaltsoffene Systeme" konzipiert sind, die zwar Managementstrukturen und -prozesse definieren, es jedoch den Unternehmen überlassen, die konkreten Ziele und Massnahmenprogramme festzulegen. Mit anderen Worten: Die Norm gibt nur einen systematischen Rahmen vor und verlangt dessen Ausfüllung, überlässt es jedoch weitestgehend dem einzelnen Unternehmen, wie

---

[48]   Vgl. zur Entwicklung dieser systematischen Einteilung des Umweltmanagements in ökologische Handlungsfelder Dyllick (1992), S. 404f., sowie ders. (1995)

dies erfolgt. Ohne genauere Kenntnis der UMS-Ziele und -Massnahmen dürfte es jedoch kaum möglich sein, die Wirksamkeit von UMS zu beurteilen. Die Untersuchung der UMS-Ziele und -Massnahmen ist diesbezüglich als unverzichtbare intervenierende Variable anzusehen, die zwischen die Motive des UMS-Aufbaus und die Beurteilung seiner Wirksamkeit tritt. Ihre Kenntnis ist entscheidend dafür, um die Wirksamkeit des UMS beurteilen zu können.

Eine von den Autoren durchgeführte Bestandsaufnahme der wichtigsten empirischen Studien aus Deutschland zu den Wirkungen von UMS führt zum Ergebnis einer **deutlichen Dominanz betriebsökologischer Aspekte** sowie einer ausgeprägten **internen Orientierung**.[49] Es dominiert, mit anderen Worten, eine Fokussierung auf die Beherrschung umweltrelevanter interner Prozesse. Demgegenüber spielen produktbezogene und strategische Massnahmen insgesamt keine besondere Rolle, trotz einzelner Gegenbeispiele. Damit verbunden ist zumeist eine Konzentration auf kurzfristig realisierbare Möglichkeiten der Kosten- und Ressourceneinsparung sowie der Effizienzsteigerung. Damit stellt sich jedoch auch die Frage, ob Umweltschutz nach Ausschöpfen der kurzfristig erzielbaren Einspar- und Effizienzsteigerungspotentiale nicht unvermeidlich einen Rückschlag und Bedeutungsverlust erleiden wird?[50] Doch wie sehen hier die Ergebnisse aus der Schweiz aus?

5.2 Eingesetzte Mittel

In welchem der drei ökologischen Handlungsfelder Betriebsökologie, Produktökologie sowie Führung und Organisation liegen die Schwerpunkte der UMS-Massnahmen? Und welche Verlagerungen lassen sich allenfalls absehen? Die Unternehmen wurden gebeten, die Bedeutung der drei Bereiche anhand ihres Mitteleinsatzes (klein, mittel, gross) für die getätigten Massnahmen zu gewichten. Dabei wurde sowohl nach dem bisherigen wie auch nach dem geplanten zukünftigen Mitteleinsatz gefragt.

Abb. 5-1 veranschaulicht den **bisherigen Mitteleinsatz**. Es ist erkennbar, dass für ein gutes Drittel der Unternehmen ein grosser Mitteleinsatz im Bereich der **Betriebsökologie** erfolgt. Die Bedeutung der Produktökologie und der Führung und Organisation wird – gemessen am Mitteleinsatz – deutlich geringer eingeschätzt. Gemessen an den Mittelwerten liegt der Bereich Betriebsökologie mit 2,2 vor dem Bereich Führung und Organisation mit 1,8 und der Produktökologie mit 1,7.[51]

---

[49]   Vgl. Dyllick/Hamschmidt (1999)

[50]   Vgl. zu dieser These pointiert Jäger/Wellhausen/Birke/Schwarz (1998), S. 37

[51]   Für die Berechnung der Mittelwerte bzgl. des Mitteleinsatzes gilt 3=gross, 2=mittel, 1=gering.

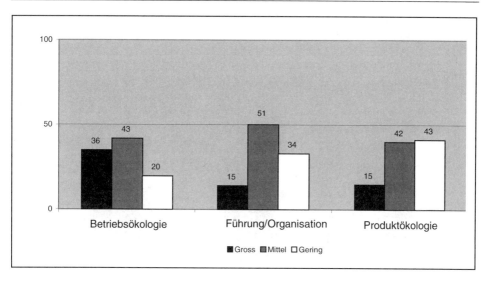

**Abb. 5-1: Handlungsschwerpunkte des Umweltmanagements:
Bisher eingesetzte Mittel (in %, n=158)**

Betrachtet man den **zukünftig geplanten Mitteleinsatz** und die daraus ersichtliche Bedeutung der Handlungsbereiche, so gehen die befragten Unternehmensvertreter von einem **höheren Mitteleinsatz** für das Umweltmanagement aus. In allen drei Handlungs-
feldern ergeben sich höhere Mittelwerte: So steigt der Mittelwert für den Bereich Betriebsökologie geringfügig von 2,2 auf 2,3 an, der für Führung und Organisation deutlich
von 1,8 auf 2,2 und der für Produktökologie ebenfalls deutlich von 1,7 auf 2,1. Neben
der Erhöhung sind somit gleichzeitig auch beträchtliche **Verschiebungen im Mitteleinsatz** vorgesehen.

Auffällig ist der überproportionale Bedeutungszuwachs der Produktökologie und des
Bereichs Führung/Organisation. Ihnen steht ein moderater Anstieg des Bereichs Betriebsökologie gegenüber. Wie realistisch solche Einschätzungen sind, bzw. wie sehr sie
auch Ausdruck eines gewissen Wunschdenkens auf seiten der Umweltverantwortlichen
sind, lässt sich naturgemäss nur schwer beurteilen. Dennoch stellen sie interessante
Richtungsanzeiger dar.

Die Ergebnisse stützen folgende **These**: Der Schwerpunkt der Umweltaktivitäten liegt in
der Aufbauphase von UMS im Bereich der **Betriebsökologie** mit Schwergewicht Produktion und Prozesse. Der Aktionsradius von UMS weitet sich im Zuge der Entwicklung
jedoch aus und umfasst neben der – nach absoluten Werten immer noch dominierenden

– Betriebsökologie zunehmend auch die Bereiche **Produktökologie** sowie **Führung und Organisation**.

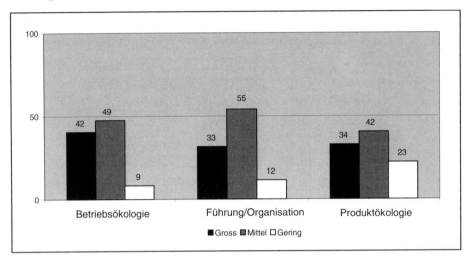

Abb. 5-2: Handlungsschwerpunkte des Umweltmanagements:
Zukünftig geplanter Mitteleinsatz (in %, n=158)

Welche Veränderungen der Handlungsschwerpunkte ergeben sich im **Branchenvergleich**? Während im Maschinenbau – immer gemäss Selbsteinschätzung – bisher ein durchwegs überdurchschnittliches Niveau des Mitteleinsatzes vorliegt, liegen Elektrotechnik und Nahrungsmittel auf einem eher unterdurchschnittlichen Niveau. Deutlich überdurchschnittliche Mitteleinsätze im Bereich der Betriebsökologie finden sich in den Branchen Papier/Druck/Graphik und Metall; im Bereich von Führung und Organisation bei Papier/Druck/Graphik und Chemie; und im Bereich der Produktökologie in der Metallindustrie.

Aus dem Grössenvergleich der Unternehmen ergeben sich keine nennenswerten Unterschiede. **ÖBU-Mitglieder** stufen den bisherigen Mitteleinsatz im Bereich Produktökologie höher ein als die Nicht-Mitglieder (Mittelwert 1,9 vs. 1,6). Diese Werte sollten sich jedoch zukünftig wieder annähern (2,2 vs. 2,1). Durchwegs höher werden die bisher eingesetzten Mittel von den **Unternehmen mit systematischen Vorerfahrungen** im Umweltmanagement eingeschätzt. Auch hier dürfte sich der Abstand zukünftig jedoch wieder verringern Zwischen jungen und alten UMS finden sich keine Unterschiede. Die einzelnen Massnahmen und Entwicklungstrends in den drei Bereichen werden nun der Reihe nach behandelt.

5.3 Massnahmen und Trends: Betriebsökologie

Gefragt wurde, wie stark durch das UMS im Unternehmen Massnahmen im Bereich Betriebsökologie ausgelöst wurden und inwiefern zukünftig weitere Massnahmen geplant sind? Acht Bereiche wurden vorgegeben. Als Antwortkategorien standen „nein", „ansatzweise" und „weitgehend" zur Auswahl. Abb 5-3 zeigt die Ergebnisse, wobei nur die Antwortkategorien „weitgehend" und „ansatzweise" berücksichtigt werden.

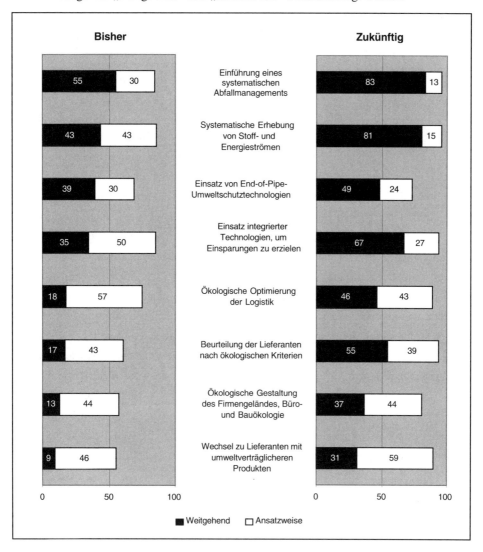

Abb. 5-3: Durch UMS ausgelöste und geplante Massnahmen im Bereich der Betriebsökologie (in %, n=158)

Bei den betriebsökologischen Massnahmen stehen in der Wahrnehmung der befragten Unternehmen die **Einführung eines systematischen Abfallmanagements** (55% weitgehende Massnahmen/Mittelwert 2,4)[52] und die **systematische Erhebung von Stoff- und Energieströmen** (43%/2,3) an der Spitze der bislang durch das UMS ausgelösten Aktivitäten. Für die Zukunft planen sogar über 80% der Befragten in diesen Bereichen (beide Mittelwerte 2,8) weitere Massnahmen. Dagegen haben bisher nur 9% einen Lieferantenwechsel aufgrund ökologischer Aspekt vorgenommen (Mittelwert 1,6). Zukünftig planen dies 31% der befragten Unternehmen (Mittelwert 2,2).

Betrachtet man nur die „weitgehenden" Massnahmen bzgl. der Umweltschutztechnologien, dann dominieren bisher noch die End-of-Pipe-Technologien mit 39% gegenüber 35% bei den integrierten Umweltschutztechnologien[53]. Stellt man jedoch auf die Mittelwerte ab, die auch die ansatzweise ausgelösten Massnahmen berücksichtigen, dann liegen die integrierten Technologien mit einem Mittelwert von 2,2 gegenüber 2,1 knapp vorne. Für die Zukunft planen deutlich mehr, nämlich 67% (Mittelwert 2,6) der Unternehmen einen weitgehenden Einsatz integrierter Technologien und verdrängen damit die End-of-Pipe-Technologien (49%/2,2) deutlich auf den zweiten Platz.

Die weiteren Massnahmenbereiche wurden nur von relativ wenigen Unternehmen weitgehend umgesetzt. So haben bisher 18% (1,9) der befragten Unternehmen ihre Logistik aufgrund des UMS ökologisch optimiert. Für die Zukunft planen dies 46% (2,4). Auch die Lieferantenbeurteilung nach ökologischen Kriterien ist zwar ansatzweise von 43% der Befragten durchgeführt worden, eine systematische Lieferantenbeurteilung haben dagegen erst 17% (1,8) vorgenommen. Für die Zukunft planen hier nicht weniger als 55% der Unternehmen (2,5) eine umfassende Lieferantenbeurteilung. Nicht überraschend ist der wesentlich tiefere Prozentsatz von tatsächlich vollzogenen Lieferantenwechseln. In Bezug auf die ökologische Gestaltung des Firmengeländes sowie der Büro- und Bauökologie geben 13% (1,7) der Unternehmen an, dass durch das UMS weitgehende Massnahmen initiiert wurden. Zukünftig sollen dies 37% (2,2) werden.

Die Ergebnisse zeigen, dass die ökologischen Potentiale der Betriebsökologie bislang bei weitem noch nicht ausgeschöpft sind. Insgesamt sowie in allen Bereichen ist eine **massive Verstärkung der Aktivitäten** geplant. Der durchschnittliche Mittelwert aller

---

[52]   Um einen strengen Massstab an die Beurteilung anzulegen, werden hier einerseits nur „weitgehende" Massnahmen betrachtet. Andererseits werden für die Berechnung der Mittelwerte jedoch alle Antwortkategorien gemäss folgender Punkteverteilung berücksichtigt: 3=weitgehend, 2=ansatzweise, 1=nein.

[53]   End-of-Pipe-Technologien (EOP) bezeichnen Umweltschutztechnologien, die Emissionen und Abfälle aus Produktionsprozessen nach ihrem Entstehen behandeln und ihr ökologisches Schädigungspotential abschwächen. Sie sind vielfach unproduktiver als integrierte Technologien, die darauf abzielen, Umweltbelastungen von vornherein zu verhindern oder zu minimieren.

Massnahmenbereiche soll von bisher 2,0 auf zukünftig 2,5 hinaufgetrieben werden. Ein höherer Aktivitätsgrad ist dort festzustellen, wo ökonomische und ökologische Ziele parallel laufen. Massnahmen, die keinen **unmittelbaren ökonomischen Nutzen** erwarten lassen, werden weniger häufig ergriffen. Blickt man auf die Bedeutungszunahme integrierter Technologien, so lässt sich einerseits eine **Integrationstendenz** feststellen. Blickt man auf die beträchtliche Zunahme von Massnahmen, die im Bereich der ökologischen Lieferantenbeurteilung und des Lieferantenwechsels geplant sind, so steht hier andererseits auch eine **Ausweitung des Aktionsradius** an, der über die bereits zertifizierten Unternehmen hinaus reicht. Sie tragen das Potential einer verstärkten **Ökologisierung der Lieferkette** in sich.

Beispiele für konkrete Massnahmen im Bereich der Betriebsökologie

Welche konkreten Massnahmen wurden durch UMS im Bereich der Betriebsökologie ergriffen? Einige Beispiele verdeutlichen Art und Umfang der Umweltmassnahmen. Ein Unternehmen der Lebensmittelbranche konnte durch unterschiedliche Massnahmen den Wasserverbrauch um 20% senken und damit jährliche Kostensenkungen von CHF 80.000 realisieren. Ein Hersteller von Investitionsgütern verdoppelte durch die Modernisierung der Lackiererei (Spritzanlage) den Produktionsausstoss bei gleichbleibenden Kosten und senkte gleichzeitig die absolute Umweltbelastung. Ein Büromöbelhersteller reduziert durch die Umstellung auf Wasserlacke das Sondermüllaufkommen um 90%. Eine Spedition spart durch die Einführung des Dieselölrecyclings ca. 25% des gesamten Dieselverbrauchs und ca. CHF 800.000 jährlich ein. Ein anderes Unternehmen erzielte durch die Optimierung der Vertriebslogistik Einsparungen in Höhe von CHF 300.000 jährlich. Ein mittelständisches Chemieunternehmen erwirkt durch die Überprüfung und Optimierung des Abfallkonzeptes jährliche Einsparungen von CHF 80.000 Eine Reihe von Unternehmen berichten von zusätzlichen Erlösen dank Abfalltrennung und vermehrtem Absatz von Altstoffen.

Aus dem Branchenvergleich geht hervor, dass sich **Papier/Druck/Graphik** bzgl. betriebsökologischer Massnahmen fast durchwegs auf einem überdurchschnittlichen Aktivitätsniveau befindet, während sich Maschinenbau, Elektrotechnik und Chemie als unterdurchschnittlich einstufen. Bzgl. der geplanten Massnahmen sind die Ausweitungen des Aktivitätsniveaus bei **Chemie** und **Bau** besonders gross. Beide planen überdurchschnittliche Zunahmen in vier der acht Massnahmenbereiche. Der Grössenvergleich der Unternehmen ergibt keine nennenswerten Unterschiede bzgl. der betriebsökologischen Massnahmen. Deutlich höher sind jedoch praktisch überall die bisherigen und zukünftig geplanten Massnahmen bei den **ÖBU-Mitgliedsunternehmen**. Auch bei den Unternehmen mit **systematischen Vorerfahrungen** im Umweltmanagement und den Unternehmen mit einem **alten UMS** gehen die Massnahmen in fast allen Bereichen deutlich weiter. Hieraus wird deutlich, dass sich Vorerfahrung und Lernprozesse in ausgeprägtem Masse auf die Betriebsökologie ausgewirkt haben.

5.4 Massnahmen und Trends: Führung und Organisation

Führung und Organisation sind in Bezug auf den Mitteleinsatz der zweitwichtigste Bereich für Massnahmen. Der ISO-Norm 14001 liegt als Kernidee eine kontinuierliche Verbesserung der Umweltleistung durch Einführung und Umsetzung eines Plan-Do-Check-Act-Kreislaufs[54] zugrunde. Hierdurch sollen die selbstgesetzten Umweltziele des Unternehmens effektiv und effizient erreicht, aber auch weiter entwickelt werden. Dies verlangt eine Strukturierung und Systematisierung der betrieblichen Umweltaktivitäten. UMS sind hier als **organisatorische Innovation** zu sehen, wodurch Organisationsstrukturen, Verantwortlichkeiten, Prozesse und Mittel zur Erreichung der Umweltziele definiert werden. Der Aufbau eines wirksamen UMS verlangt damit immer auch das Überdenken bestehender Routinen im Bereich Führung und Organisation. Gefragt wurde, wie stark durch das UMS Massnahmen im Bereich Führung und Organisation ausgelöst wurden und inwiefern zukünftig weitere Massnahmen geplant sind? Zehn Bereiche wurden vorgegeben. Als Antwortkategorien standen zur Auswahl: nein, ansatzweise und weitgehend. Abb. 5-4 gibt einen Überblick über die ausgelösten und geplanten Massnahmen, wobei auch hier nur die Antwortkategorien „weitgehend" und „ansatzweise" berücksichtigt werden.

Bei den abgefragten Aktivitäten steht mit 38% die weitgehend **verwirklichte Verankerung der Umweltschutzverantwortung in der Linie** an erster Stelle (Mittelwert 2,2)[55]. An zweiter Stelle folgen Massnahmen im Bereich **Schulung**, in dem bei 32% (2,2) der befragten Unternehmen weitgehende Massnahmen durch das UMS ausgelöst wurden. Wenn man bedenkt, dass die Forderung nach Schulung ein explizites Erfordernis der Norm darstellt, die Verankerung der Umweltverantwortung in der Linie zumindest ein

---

[54]   Der aus dem Total Quality Management bekannte PDCA-Kreislauf umfasst die Stufen: Planen, Durchführen, Prüfen, Verbessern. Er entspricht im übrigen den analogen Vorstellungen eines Controlling-Kreislaufs oder eines Lernzirkels, die in anderen Bereichen gebräuchlich sind. Die Forderungen der ISO-Norm 14001 lassen sich direkt diesen Stufen zuordnen: Planen (Umweltpolitik und Planung gemäss ISO 14001. 4.2 und 4.3), Durchführen (Implementierung und Durchführung gemäss ISO 14001: 4.4), Prüfen (Überwachung und Korrekturmassnahmen gemäss ISO 14001: 4.4), Verbessern (Bewertung durch die oberste Leitung gemäss ISO 14001: 4.6).

[55]   Für die Berechnung der Mittelwerte gilt: 3=weitgehend, 2=ansatzweise, 1=nein.

implizites, so ist das hier deutlich werdende Ausmass der bisherigen Verwirklichung nicht nur erstaunlich niedrig, sondern **beunruhigend niedrig**. Offenbar begnügen sich die Unternehmen und Zertifizierungsauditoren zu einem überwiegenden Teil mit lediglich ansatzweise verwirklichten Schulungsmassnahmen und bauen im übrigen auf geplante Verbesserungen.

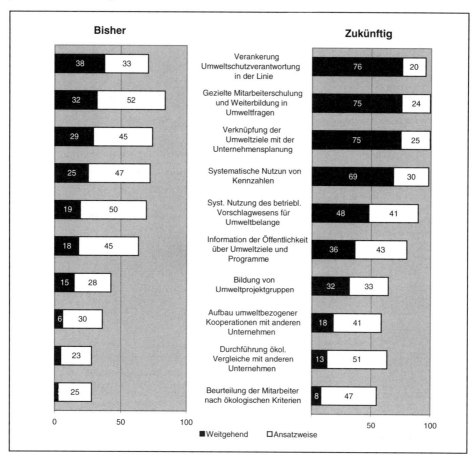

Abb. 5-4: Durch UMS ausgelöste und geplante Massnahmen im Bereich Führung und Organisation (in %, n=158)

Ein knappes Drittel der befragten Unternehmen (29%/2,0) integrieren ihre Umweltziele mit der allgemeinen Unternehmensplanung und jedes vierte Unternehmen (25%/2,0) gibt an, bislang systematisch mit Umweltkennzahlen zu arbeiten. Auch hier fallen die Prozentsätze überraschend niedrig aus, wenn auch festzustellen ist, dass in den abgefragten Bereichen in vielen Unternehmen durch das UMS zumindest ansatzweise Massnahmen ausgelöst wurden. Nicht einmal ansatzweise wurden jedoch Massnahmen im

Hinblick auf eine Beurteilung der Mitarbeiter nach ökologischen Kriterien bewirkt. Dieser wichtige Integrationsaspekt steht mit einem Mittelwert von bisher gerade einmal 1,3 ganz am Ende der Liste. Auch die geplanten Massnahmen versprechen hier keine Verbesserung (1,6).

Blickt man auf die zukünftig geplanten Massnahmen, so ist festzustellen, dass die befragten Unternehmen **grosse Verbesserungspotentiale** sehen. Anders sind die unerwartet grossen Prozentsätze nicht zu erklären. So planen jeweils mehr als zwei Drittel der befragten Unternehmen zukünftig weitgehende Massnahmen bei der Mitarbeiterschulung in Umweltfragen (Mittelwert 2,8), der systematischen Kennzahlennutzung (2,7), der Integration der Umweltziele in die Unternehmensplanung (2,7) und der Verankerung der Umweltschutzverantwortung in der Linie (2,7). Sehr begrenzt sind dagegen Ansätze eines ökologischen Benchmarkings. Nur 5% der Unternehmen geben an, weitgehende ökologische Vergleiche mit anderen Unternehmen durchgeführt zu haben (1,3). Auch der Aufbau umweltbezogener Kooperationen mit anderen Unternehmen spielt nur in 6% der befragten Unternehmen eine wesentliche Rolle (1,4). Diese Ergebnisse bestätigen die These, **dass UMS bislang in stark ausgeprägtem Masse auf interne Prozesse und Strukturen ausgerichtet sind.**

Ein Branchenvergleich zeigt, dass sich **Papier/Druck/Graphik** – in vermindertem Masse auch die **Metallindustrie** – auf einem durchwegs überdurchschnittlichen Aktivitätsniveau befinden, während Nahrungsmittel und Bau durchwegs unterdurchschnittliche Aktivitätswerte aufweisen. Elektrotechnik, Maschinenbau und Chemie befinden sich im Mittelfeld. Mit überdurchschnittlichen Aktivitätszunahmen in 6 der 10 Bereiche hat sich die **Nahrungsmittelindustrie** besonders viel für die Zukunft vorgenommen. Einen starken Ausbau plant ebenfalls die Chemie (überdurchschnittliche Zunahmen in 5 Bereichen) und die Elektrotechnik (4 Bereiche), während die Papier- und Metallindustrie – angesichts ihres bereits hohen Aktivitätsniveaus – nur noch je in einem Bereich überdurchschnittliche Ausweitungen planen.

Der Grössenvergleich der Unternehmen fördert bzgl. der Massnahmen in Führung und Organisation keine grösseren Unterschiede zutage. Im Hinblick auf die anderen Teilauswertungen, lassen sich jedoch klare Unterschiede feststellen: **ÖBU-Mitgliedsfirmen** weisen sowohl bzgl. des bisherigen als auch bzgl. des zukünftig geplanten Massnahmenniveaus ein durchgängig höheres Niveau auf als die Nicht-Mitglieder. Die Firmen mit **systematischen Vorerfahrungen** im Umweltmanagement haben gegenüber denen ohne solche Erfahrungen ebenfalls einen deutlichen, jedoch etwas kleineren Vorsprung als im Falle des Vergleichs bzgl. der ÖBU-Mitgliedschaft. Und die Firmen mit einem **alten UMS** bewegen sich auf einem leicht höheren Niveau als die mit einem jungen UMS.

- *Umweltbericht*

Eine besondere Massnahme im Bereich Führung und Organisation ist die Herausgabe eines Umweltberichts, als Dokumentation der ergriffenen Massnahmen und erzielten Leistungen, aber auch als Instrument aktiver Kommunikation mit Anspruchsgruppen. ISO 14001 verlangt nicht – anders als die EMAS-Verordnung – die Veröffentlichung eines Umweltberichts. Dennoch ist es jedem Unternehmen frei gestellt, dies zu tun. Die Frage stellt sich, wie verbreitet ein Umweltbericht unter den zertifizierten Unternehmen ist? Auf eine entsprechende Frage gaben **50 Unternehmen** an einen Umweltbericht veröffentlicht zu haben, was einem Anteil von rund **einem Drittel (32%)** an der Stichprobe entspricht. Weitere **40 Unternehmen (25%)** planen eine Veröffentlichung. Gibt es hier Unterschiede aufgrund der Teilauswertungen?

	Total Stich- probe (n=158)	Elektro- technik (n=20)	Nah- rungs- mittel (n=13)	Papier, Druck, Graph. (n= 13)	Maschi- nenbau (n=12)	Chemie (n=10)	Bau (n=10)	Metallin- dustrie (n=10)
Erfolgt (Anzahl)	50	12	5	3	1	1	0	3
Erfolgt (%)	32%	*60%*	*39%*	23%	8%	10%	0%	30%
Geplant (Anzahl)	40	5	2	5	6	3	1	3
Geplant (%)	25%	25%	15%	*39%*	*50%*	*30%*	10%	*30%*

Abb. 5-5: Erfolgte und geplante Veröffentlichung eines Umweltberichts im Branchenvergleich *(Die fett und kursiv gedruckten Zahlen verweisen auf überdurchschnittlich hohe Werte.)*

Wie aus Abb. 5-5 hervorgeht, ist die Berichtshäufigkeit der Branchen **Elektrotechnik** (60%) und **Nahrungsmittel** (39%) überdurchschnittlich hoch, während diejenige von Chemie, Maschinenbau und Bau nahe bei Null ist. Grosse Unterschiede ergeben sich auch aufgrund der anderen Teilauswertungen. Überdurchschnittlich hoch ist die Berichtshäufigkeit bei **Grossunternehmen**. Sie beträgt 48% im Vergleich zu 21% bzw. 23% bei den Mittel- und Kleinunternehmen. **Die ÖBU-Mitgliedsfirmen** liegen mit einem Anteil von 41% deutlich über dem der Nicht-Mitglieder (29%). Von den **Unternehmen mit systematischen Vorerfahrungen** im Umweltmanagement publizieren 58% einen Umweltbericht, von denen ohne Erfahrungen sind es nur 22%. Nur leicht überdurchschnittlich sind die Unternehmen mit einem **alten UMS** (35%) im Vergleich zu denen, mit einem jungen UMS (29%).

5.5 Massnahmen und Trends: Produktökologie

Produktökologische Massnahmen haben bisher noch die geringste Bedeutung unter den UMS-Massnahmen. Ihre Bedeutung soll jedoch gemäss den Angaben der befragten Umweltmanager zukünftig stark zunehmen. Gefragt wurde auch hier, wie stark durch das UMS Massnahmen im Bereich Produktökologie ausgelöst wurden und inwiefern zukünftig weitere Massnahmen geplant sind? Zehn Bereiche wurden vorgegeben. Als Antwortkategorien standen zur Auswahl: nein, ansatzweise und weitgehend. Abb. 5-6 gibt einen Überblick über die ausgelösten und geplanten Massnahmen, wobei nur die Antwortkategorien „weitgehend" und „ansatzweise" berücksichtigt werden.

Das Aktivitätsniveau ist insgesamt wesentlich niedriger als im Bereich der Betriebsökologie, aber auch etwas tiefer als im Bereich von Führung und Organisation. Die **Eliminierung umweltgefährdender Produkte bzw. Produktbestandteile** steht sowohl bei den schon ergriffenen (35%/Mittelwert 2,1)[56] wie auch bei den geplanten Massnahmen (62%/2,5) an erster Stelle. Weitgehende Massnahmen wurden bei jedem vierten Unternehmen im Bereich ökologische Verpackungsverbesserungen (23%/1,9) durchgeführt, bei knapp jedem fünften zertifizierten Unternehmen in den Bereichen Vorgaben für die Produktentwicklung (19%/1,8) und Einbezug von Umweltargumenten in der Werbung (19%/1,8). Die mit Abstand geringsten Auswirkungen haben UMS bislang hinsichtlich der Initiierung von Produktökobilanzen (5%/1,4), der Berücksichtigung ökologischer Kriterien bei Finanzanlagen (4%/1,4) sowie der systematischen Durchführung von Marktanalysen über ökologisches Verhalten von Kunden und Konkurrenten (3%/1,4).

Ernüchternd ist die Erkenntnis, wie schwach ausgeprägt **systematische ökologische Vorgaben für die Produktentwicklung** sind, ein Bereich, den jedes Unternehmen „überwachen kann und bei denen eine Einflussnahme erwartet werden kann", so die Formulierung in ISO 14001: 4.3.1 bzgl. der Ermittlung der bedeutenden Umweltaspekte, welche im Zuge der Festlegung von Zielen und Programmen zu berücksichtigen sind. Lediglich 19% der zertifizierten Unternehmen geben an, dass sie dies bisher weitgehend tun, weitere 47% tun es ansatzweise (Mittelwert 1,8). Angesichts der Tatsache, dass dies **gemäss ISO-Norm 14001 gefordert ist**, stellen sich auch hier Fragen nach der Konsequenz von Unternehmen und Zertifizierern.

---

[56]   Für die Berechnung der Mittelwerte gilt: 3=weitgehend, 2=ansatzweise, 1=nein.

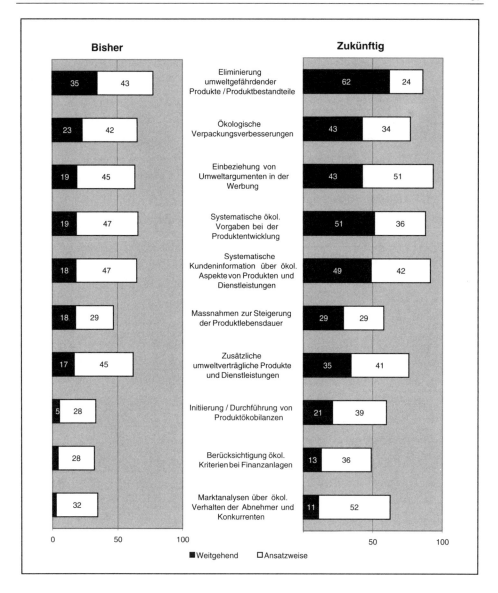

Abb. 5-6: Durch UMS ausgelöste und geplante Massnahmen im Bereich der Produktökologie (in %, n=158)

Die Zahlen machen deutlich, dass bisher nur eine kleine Minderheit der zertifizierten Unternehmen produktökologische Aspekte als strategische Erfolgsfaktoren ansehen und aktiv nutzen. Allerdings beabsichtigen die Unternehmen die produktökologischen Massnahmen deutlich zu verstärken. Zukünftig wollen 62% (Mittelwert 2,5) der befragten

Unternehmen konsequent umweltgefährdende Produkte bzw. Produktbestandteile eliminieren. Auch planen zukünftig 51% (2,4) der Unternehmen die systematische Einbindung ökologischer Vorgaben bei der Produktentwicklung, knapp die Hälfte (49%/2,4) möchten ihre Kunden systematisch über ökologische Aspekte von Produkten und Dienstleistungen informieren und gut ein Drittel (35%/2,1) wollen zusätzliche umweltverträgliche Produkte und Dienstleistungen anbieten. Marktanalysen über ökologisches Verhalten der Abnehmer und Konkurrenten, die zur strategischen Positionierung des ökologischen Engagements dienen können, finden dagegen auch zukünftig (11%/1,7) nur in sehr wenigen Unternehmen eine weitgehende Beachtung. Wieviel auch immer von diesen Plänen tatsächlich umgesetzt werden wird, es wird jedenfalls deutlich, dass die befragten Umweltmanager auch in diesem Bereich ein **deutliches Defizit** verspüren.

Beispiele für konkrete Massnahmen im Bereich der Produktökologie

Bei einer Reihe von Unternehmen finden sich erfolgreiche Beispiele für strategische Ansätze im Bereich der Produktökologie: Ein Unternehmen gründete ein Kompetenzzentrum Bauökologie, um systematisch ökologische Aspekte im Baubereich einzubringen. Ein Unternehmen der Nahrungsmittelbranche stärkt mit einer konsequenten Bio-Produktelinie das Markenimage und die Marktposition des gesamten Unternehmens im Wettbewerb. Eine Grossbank entwickelt im Rahmen des UMS systematische Richtlinien zur Bearbeitung umweltbedingter Kreditrisiken. Ein Handelsunternehmen für elektronische Komponenten entwickelt ein unternehmenseigenes Entscheidungssystem zur Bewertung der Umweltverträglichkeit der vertriebenen Produkte. Gesetzliche Entwicklungen werden antizipiert und entsprechende Marktsegmente mit umweltverträglichen Alternativprodukten rechtzeitig besetzt. Eine Reihe von Unternehmen setzt die ökologischen Qualitäten ihrer Produkte gezielt als Verkaufsargument ein. Ein KMU entwickelt gezielt lösemittelarme Universallacke und baut mit Weiterbildung und Schulungsaktivitäten ein neues Geschäftsfeld auf. Ein Hersteller für Bürokommunikationstechnik setzt systematisch auf "Design for Environment" und erreicht mit einem systematischen Recycling von Produkten und Teilen Einsparungen in mehrstelliger Millionenhöhe. Ein Maschinenbauunternehmen baut durch Rücknahme und Wiederverkauf eigener Investitionsgüter ein neues Geschäftsfeld auf.

Der Branchenvergleich zeigt, dass **Metall, Chemie und Papier/Druck/Graphik** produktökologisch überdurchschnittlich stark engagiert sind, während man dies für Elektrotechnik, Bau und insbesondere Maschinenbau nicht sagen kann. Die Nahrungsmittel liegen im Mittelfeld. Dafür hat sich das bisherige „Schlusslicht" Maschinenbau aber auch besonders grosse Aktivitätszunahmen vorgenommen. In nicht weniger als fünf Bereichen sind überdurchschnittliche grosse Zuwächse geplant. Die Nahrungsmittelindustrie hat sich in vier Bereichen überdurchschnittliche Zunahmen vorgenommen, Elektrotechnik, Chemie und Bau in drei Bereichen. Papier/Druck/Graphik und Metall haben sich angesichts des bereits erreichten überdurchschnittlichen Aktivitätsniveaus nur noch durchschnittliche Zuwächse vorgenommen.

Auch bzgl. produktökologischer Massnahmen lassen sich z.T. deutliche Unterschiede im Rahmen der weiteren Teilauswertungen feststellen. Grossunternehmen sind bisher insgesamt etwas aktiver als Klein- und Mittelunternehmen. Zukünftig soll der Unterschied sogar noch ausgeprägter werden. ÖBU-Mitgliedsfirmen sind bisher und zukünftig fast durchgängig aktiver als Nicht-Mitgliedsfirmen. Und sowohl die Firmen mit systematischen Vorerfahrungen im Umweltmanagement wie auch die mit alten UMS sind durchgängig aktiver als diejenigen ohne Vorerfahrungen und mit jungen UMS.

6 Ökologische Wirkungen von UMS

Übergeordnetes Ziel von Umweltmanagementsystemen ist es gemäss ISO-Norm 14001 *"den Umweltschutz und die Verhütung von Umweltbelastungen im Einklang mit sozioökonomischen Erfordernissen zu fördern"*[57]. Aber: Worin bestehen die ökologischen Wirkungen tatsächlich und wie gross sind sie? Wie sehen die Wirkungsmechanismen von UMS aus? In welchen Bereichen liegen Schwerpunkte der Umweltaktivitäten? Führt der UMS-Einsatz zu substantiellen Verbesserungen der betrieblichen Umweltleistung oder eher zu einer Konsolidierung des erreichten Leistungsstands? Dies sind Fragen, denen im vorliegenden Kapitel nachgegangen werden soll.

Zunächst wird der Stand der Erkenntnis zum Thema der ökologischen Wirkungen von UMS dargelegt (Kap. 6.1). Im Rahmen der vorliegenden Erhebung wurden die befragten Führungskräfte um eine Gesamteinschätzung der Wirkungen des UMS auf die Umweltleistung ihres Unternehmens[58] gebeten (Kap. 6.2). Spezifischer wurden dann Einschätzungen zur relativen und absoluten Entwicklung von 4 Ökoeffizienzbereichen (Material, Energie, Abfall, Gefahrstoffe) (Kap. 6.3) sowie Auswirkungen auf vor- und nachgelagerte Stufen des Produktlebenszyklus erfragt (Kap. 6.4).

6.1 Stand der Erkenntnis

Basierend auf einer vergleichenden Auswertung zentraler empirischer Studien zu den bisherigen UMS-Erfahrungen in Deutschland durch die Autoren[59], lässt sich der Stand der Erkenntnis bzgl. der ökologischen Wirkungen von UMS wie folgt zusammenfassen.

1. Im Hinblick auf die ökologischen Wirkungen von UMS stehen **Verbesserungen der Ressourceneffizienz** im Vordergrund. Sie betreffen vor allem die „klassischen" inputseitigen Massnahmenbereiche Energie-, Wasser- und Rohstoffeinsatz sowie auf der Outputseite den Abfall- und Entsorgungsbereich. Zugleich ist eine Konzentration auf Umweltentlastungen festzustellen, die mit Kosteneinsparungen einhergehen.

---

[57] Vgl. ISO 14001 (1996), Einführung, S. 3

[58] Die ISO-Norm 14001 definiert in Kap. 3.8 „umweltorientierte Leistung" als „messbare Ergebnisse des UMS einer Organisation in bezug auf die Beherrschung ihrer Umweltaspekte, welche auf der Umweltpolitik und den umweltbezogenen Zielsetzungen und Einzelzielen beruhen."

[59] Diese Erkenntnisse basieren auf Dyllick (1999), S. 121f., und Dyllick/Hamschmidt (1999), S. 531ff. Sie beziehen sich schwergewichtig auf EMAS-Erfahrungen, lassen sich jedoch ohne weiteres auch auf die Anwendung von ISO 14001 übertragen.

2. Es wird zwar festgestellt, dass durch die Implementierung von UMS zusätzliche, über die gesetzlichen Anforderungen hinausgehende Umweltaktivitiäten initiiert werden. Dabei wird jedoch nicht deutlich, inwieweit die Einführung eines UMS tatsächlich zur Formulierung **anspruchsvollerer Umweltziele als vorher** führt.[60] Mit anderen Worten: Es scheint so, dass in den Unternehmen nun das „mit" einem zertifizierten UMS gemacht wird, was man vorher auch schon, allerdings „ohne" UMS gemacht hat.

3. Entsprechend den vorliegenden empirischen Befunden kann konstatiert werden, dass zwar in vielen Unternehmen Produkte in das UMS einbezogen werden. Dennoch ist eine deutliche **Dominanz betriebsökologischer Aspekte** festzustellen. Dies mag im Zusammenhang stehen mit der in der Unternehmenspraxis derzeit weit verbreiteten Konzentration auf Prozessoptimierungen. Ein Hauptgrund hierfür ist jedoch auch in der unklaren Position der EMAS-Verordnung zu sehen, welche die Produktdimension höchstens am Rande erwähnt.[61] Hier verfolgt die ISO-Norm 14001 eine andere Position und bezieht sich durchgängig auf „Tätigkeiten, Produkte und Dienstleistungen" des Unternehmens. Inwiefern diese klare Position in der ISO-Norm auch in der Praxis zu einer effektiven Berücksichtigung der Produktdimension führt, ist jedoch eine andere Frage. Auch unsere Ergebnisse vermögen hier die bestehenden Zweifel nicht zu beseitigen.

4. Aufgrund der vorliegenden Erkenntnisse lassen sich keine Aussagen über die Entwicklung der **absoluten Umweltbelastungen** treffen. Damit sind auch Beurteilungen der Richtungsstabilität von UMS in Bezug auf Schritte zu einer nachhaltigen Entwicklung der Wirtschaft nicht möglich. Es ist jedoch zu vermuten, dass trotz Steigerungen der (relativen) Öko-Effizienz in Teilbereichen die Umweltentlastungen durch Wachstumseffekte insgesamt überkompensiert werden.

5. Abschliessend ist festzustellen, dass aufgrund der vorliegenden deutschen Untersuchungen **keine Unterschiede bzgl. der ökologischen Wirksamkeit von EMAS und ISO 14001 in der Unternehmenspraxis** festgestellt werden konnten.[62] Die ökologischen Auswirkungen hängen offensichtlich stärker von der Umsetzung bzw. Interpretation des UMS als von der Auswahl des zugrundeliegenden UMS-Standards ab. Dies ist angesichts der Unterschiede in der Konstruktion beider Normen sowie der (insbesondere in Deutschland teilweise allzu intensiv geführten) Abgrenzungsdiskussion „EMAS versus ISO" ein aufschlussreicher und beruhigender Befund.[63] Er ist jedoch für diejenigen

---

[60] Vgl. FEU, 1998, S. 13 und Schwedt, 1998, S. 13; Ankele et al., 1998, S. 40

[61] Und zwar in Anhang I, Teil C, Punkt 7 (Produktplanung) der EMAS-Verordnung. Dieses Manko dürfte jedoch mit der vorgesehenen Übernahme des kompletten Texts der ISO-Norm 14001 in den Anhang der revidierten EMAS-Verordnung (EMAS II) behoben werden.

[62] Vgl. FEU (1998), S. 13 und 24

[63] Vgl. hierzu die klare Stellungnahme von Dyllick (1997)

ernüchternd, die ihre Hoffnungen auf eine grössere Öffentlichkeitswirkung der im Rahmen von EMAS – nicht aber von ISO 14001 – zwingend verlangten Umwelterklärung gesetzt haben.

6.2 Gesamtbeurteilung der UMS-Wirkungen auf die Umweltleistung

Um zunächst einmal ein Bild der UMS-Wirkungen auf die Umweltleistung insgesamt zu erhalten, wurden die Führungskräfte gebeten, den Einfluss des UMS auf die Bedeutung des Umweltschutzes im Unternehmen zu beurteilen und dessen bisherige und zukünftige Gesamtwirkungen einzuschätzen.

▪ *Einfluss auf die Bedeutung des Umweltschutzes im Unternehmen*

Ein zentrales Hindernis für aktiven Umweltschutz im Unternehmen ist oftmals die fehlende Aufmerksamkeit und Unterstützung, die Umweltanliegen im Unternehmen und insbesondere durch die Führung zuteil werden. Um zu erfassen, wie sich ein UMS diesbezüglich auswirkt, wurden die Umweltmanager gefragt, ob durch die Einführung des UMS die Bedeutung des Umweltschutzes in ihren Unternehmen wesentlich gestärkt worden sei. Sie konnten der Aussage tendenziell zustimmen (trifft zu, trifft eher zu) oder sie verwerfen (trifft eher nicht zu, trifft nicht zu).

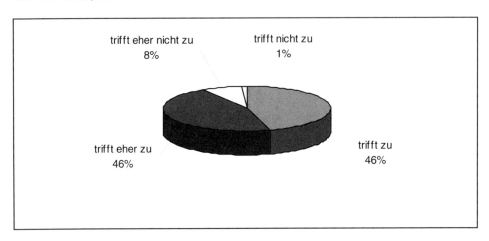

Abb. 6-1: Stärkung der Bedeutung des Umweltschutzes im Unternehmen durch die UMS-Einführung (n=158)

Knapp 46% der Befragten stimmen zu, weitere 46% stimmen eher zu. Nur knapp 9% meinen, es treffe eher nicht zu. Damit kann als Ergebnis festgehalten werden, dass eine erste bedeutsame Wirkung des UMS sicher in der festgestellten **wesentlichen Stärkung des Themas Umweltschutz** zu sehen ist. M.a.W.: UMS schaffen Aufmerksamkeit für

Umweltanliegen und stärken die Position ihrer Vertreter im Unternehmen, wenn es z.B. darum geht, Investitionsentscheide zu treffen oder die Befolgung von Richtlinien sicherzustellen. Aus den Teilauswertungen lassen sich keine nennenswerten Unterschiede herauslesen.

- *Bisherige Wirkungen des UMS auf die Umweltleistung*

Um die Wirkungen des UMS insgesamt auf die Umweltleistung des eigenen Unternehmens zu erfassen, wurden die Umweltmanager um eine entsprechende Beurteilung gebeten. Die Antwortmöglichkeiten reichten von „eher negativ" über „keinen Einfluss" bis zu „eher positiv" und „sehr positiv". Das Ergebnis zeigt, dass die ökologischen Wirkungen von UMS weitgehend positiv beurteilt werden.

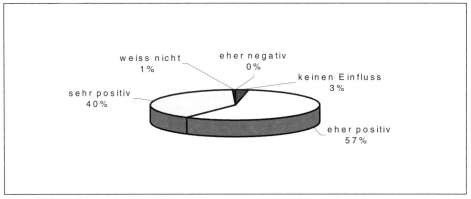

Abb. 6-2: Gesamtbeurteilung der UMS-Wirkungen auf die Umweltleistung (n=158)
Nur knapp 3% der Befragten spüren keinen Einfluss des UMS auf die Umweltleistung des Unternehmens. Die grosse Mehrheit der Befragten (57%) diagnostiziert eher positive Wirkungen, 40% stellen sogar sehr positive Wirkungen des UMS fest. Der Mittelwert liegt bei 3,4.[64] Es zeigt sich somit, dass den UMS in ganz überwiegendem Masse **positive ökologische Wirkungen** zugeschrieben werden. Die Einschätzung fällt in der Nahrungsmittel- und Papierbranche überdurchschnittlich positiv aus (Mittelwert 3,6), unterdurchschnittlich, aber immer noch „eher positiv" fällt sie in der Chemie- (Mittelwert 3,2) und vor allem der Baubranche (Mittelwert 3,0) aus.

- *Zukünftige Wirkungen des UMS auf die Umweltleistung*

Noch eindrücklicher sind die Einschätzungen hinsichtlich der zukünftigen Entwicklung der Wirkungen von UMS auf die Umweltleistung. Nur ein Unternehmen (0,6%) erwartet hier ein Nachlassen der Wirksamkeit und ein knappes Drittel (31%) rechnet nicht mit wesentlichen Veränderungen. Demgegenüber erwarten nicht weniger als **69%** aller be-

---

[64]   Die Berechnung der Mittelwerte basiert auf folgender Skala: 1=eher negativ, 2=kein Einfluss, 3=eher positiv, 4=sehr positiv.

fragten Führungskräfte eine **zunehmende Wirkung des UMS**. Der Mittelwert liegt bei 2,7.[65]

Alle Vertreter der Metallbranche sehen eine steigende Wirksamkeit der UMS (Mittelwert 3,0), während die Branchen Papier/Druck/Graphik und Chemie (beide Mittelwert 2,5) unterdurchschnittliche Wirksamkeitssteigerungen sehen. Andere Teilauswertungen ergeben keine signifikanten Unterschiede. Dieser für die Zukunft so überraschend optimistische Befund lässt vermuten, dass der mit der ISO-Norm angestrebte Prozess einer kontinuierlichen Verbesserung der Umweltleistung in der übergrossen Mehrheit der Unternehmen auf gutem Wege zu sein scheint. Ein Blick auf die konkreten Wirkungen in den einzelnen Bereichen der betrieblichen Öko-Effizienz und auf die Produkte wird diese Einschätzung jedoch wieder relativieren.

6.3 Ökoeffizienzwirkungen im Bereich der Betriebsökologie

Um die ökologischen Wirkungen von UMS im Bereich der betrieblichen Ökoeffizienz zu erfassen, wurden die Befragten gebeten, einerseits zu der relativen Entwicklung der Stoff- und Energieflüsse in Bezug auf den Umsatz Stellung zu nehmen, andererseits zu der absoluten Entwicklung. Dabei interessiert speziell auch der Einfluss des UMS auf diese Entwicklungen.

▪ *Entwicklung der relativen Stoff- und Energieflüsse*

Die relative Verminderung von Stoff- und Energieflüssen im Vergleich zum Umsatz kann in Unternehmen durch vielfältige Massnahmen erreicht werden. Gefragt wurde konkret nach Verminderungen des Material- und Energieeinsatzes, des Abfallaufkommens und des Gefahrstoffeinsatzes seit Einführung des UMS. Abb. 6-3 zeigt eine Zusammenfassung der Antworten.

Effizienzverbesserungen werden von **rund 60% der Unternehmen** (52% bis 70%) festgestellt. Die grössten Verbesserungen betreffen die Bereiche **Energie** (70% der Unternehmen) und **Abfall** (67%). Allerdings stellt nur etwa jedes zehnte Unternehmen starke Verbesserungen der Energie- und. Abfalleffizienz fest. Starke Rückgänge im **Gefahrstoffeinsatz** sind dagegen mit 23% von **fast jedem vierten Unternehmen** zu verzeichnen. Beim Materialeinsatz ist die Verbesserung der Effizienz mit 52% der Nennungen am kleinsten. Gleichzeitig stellen jedoch zwischen einem **Viertel** und einem **Drittel** der Unternehmen (25% bis 35%) **keine Veränderung** oder sogar eine **Verschlechterung**

---

[65] Die - andere als bei der vorherigen Frage - Skala für die Berechnung der Mittelwerte ergibt sich aus folgender Punkteverteilung: 1=Wirksamkeit wird nachlassen, 2=Wirksamkeit bleibt gleich, 3=Wirksamkeit wird steigen.

ihrer Öko-Effizienz fest. Als Erklärung hierfür wird die zunehmende Komplexität der hergestellten Produkte angeführt, sinkende Auslastungsgrade von Produktionskapazitäten oder auch Umsatzrückgänge. Geht man von den Mittelwerten aus, so kommen die Ergebnisse zwischen 2,9 (Gefahrstoffe) und 2,6 (Materialeinsatz) zu liegen, woraus abzulesen ist, dass insgesamt nur von einer **leichten Verbesserung der betrieblichen Ökoeffizienz** ausgegangen werden kann.[66]

	Relativer Materialeinsatz	Relativer Energieeinsatz	Relatives Abfallaufkommen	Relativer Gefahrstoffeinsatz
Stark zurückgegangen	3%	9%	12%	23%
Leicht zurückgegangen	49%	61%	55%	35%
Keine Veränderung	32%	21%	22%	28%
Eher gestiegen	3%	4%	4%	3%
Weiss nicht / Keine Angabe	13%	6%	6%	11%

Abb. 6-3: Relative Entwicklung der Stoff- und Energieflüsse in Bezug auf den Umsatz (n=158)

Im Branchenvergleich weisen die Branchen Papier/Druck/Graphik, Nahrungsmittel und Metall eine leicht überdurchschnittliche Ökoeffizienz auf, während die Branchen Chemie und vor allem Bau deutlich unter dem Durchschnitt liegen. Im Grössenvergleich stufen sich die Mittel- und Grossunternehmen als ökoeffizienter ein als die Kleinunternehmen. Und sowohl die Unternehmen mit Vorerfahrungen im Umweltmanagement als auch die mit alten UMS sehen sich als deutlich ökoeffizienter als die ohne Vorerfahrungen oder mit jungen UMS.

Verglichen mit der sehr positiven, jedoch summarischen Gesamtbeurteilung der Wirkungen des UMS auf die Umweltleistung sind die Ergebnisse in den einzelnen Öko-Effizienzbereichen eher **ernüchternd**. Da in diesen Bereichen typischerweise „Win-Win-Situationen" vorliegen, in denen ökologische und ökonomische Ziele gleichgerichtet sind, wäre zu erwarten gewesen, dass die Effizienzverbesserungen grösser ausfallen. Und von einer eigentlichen Ökoeffizienzrevolution, wie sie unter dem Motto „Faktor 4" oder „Faktor 10" von verschiedenenen Autoren[67] als Erfordernis einer nachhaltigen Entwicklung angesehen werden, sind die Ergebnisse mit Sicherheit noch sehr weit entfernt.

---

[66]   Für die Berechnung der Mittelwerte wird folgende Skala zugrunde gelegt: 1=eher gestiegen, 2=keine Veränderung, 3=leicht zurückgegangen, 4=stark zurückgegangen.

[67]   Vgl. Lovins/von Weizsäcker (1995) und Schmidt-Bleek (1998)

- *Entwicklung der absoluten Stoff- und Energieflüsse*

Zu erwarten war, dass die absoluten Stoff- und Energieflüsse nicht im gleichen Mass zurückgehen wie die relativen. Dies zeigen auch die Ergebnisse in Abb. 6-4.

	Material-einsatz	Energie-einsatz	Abfallauf-kommen	Gefahrstoff-einsatz
Stark zurückgegangen	3%	8%	11%	18%
Leicht zurückgegangen	35%	42%	44%	37%
Keine Veränderung	27%	20%	26%	32%
Eher gestiegen	23%	24%	15%	4%
Weiss nicht / Keine Angabe	12%	6%	5%	9%

Abb. 6-4: Entwicklung der absoluten Stoff- und Energieflüsse (n=158)

Während rund 60% der Firmen relative Verbesserungen ihrer Öko-Effizienz festgestellt haben, geben nur rund **50% der Unternehmen** (38% bis 55%) an, seit Einführung ihres UMS absolute Verbesserungen erzielt zu haben. Die grössten Verbesserungen sind dabei in den Bereichen **Gefahrstoffeinsatz** und **Abfallaufkommen** festzustellen, in denen jeweils 55% der Befragten Rückgänge feststellen, während die Rückgänge beim Materialeinsatz (38%) am kleinsten sind. Keine Veränderung stellen demgegenüber zwischen 20% (Energieeinsatz) und 32% (Gefahrstoffeinsatz) der Unternehmen fest. Ein knappes Viertel der Befragten stellt sogar eine **absolute Steigerung des Material- und Energieeinsatzes** fest (23% bzw. 24%). Mit 15% bzw. 5% sind auch im Bereich Abfallaufkommen und Gefahrstoffeinsatz bei einigen Unternehmen absolute Verbrauchssteigerungen zu verzeichnen. Geht man von den Mittelwerten[68] aus, so kommen die Ergebnisse zwischen 2,8 (Gefahrstoffe) und 2,2 (Materialeinsatz) zu liegen, woraus abzulesen ist, dass die Befragten insgesamt nur von **kleinen absoluten Verbesserungen** ausgehen. Die bescheideneren Fortschritte der absoluten im Vergleich zur relativen Entwicklung bestätigen die These, dass kurzfristige Ökoeffizienzgewinne durch die absolute Ausweitung der Produktion kompensiert oder gar überkompensiert werden.

Aufgrund der Teilauswertungen ergeben sich nur in Branchensicht nennenswerte Unterschiede: So weisen sowohl die Maschinenbau- wie auch die Baubranche überdurchschnittliche absolute Verbesserungen auf, während die Elektrotechnikbranche hier das schwächste Ergebnis aufweist. Erklärungsbedürftig scheinen hier insbesondere die Ergebnisse der Baubranche zu sein, die im Hinblick auf relative Verbesserungen der

---

[68] Für die Berechnung der Mittelwerte wird folgende Skala zugrunde gelegt: eher gestiegen=1, keine Veränderung=2, leicht zurückgegangen=3, stark zurückgegangen=4.

Ökoeffizienz das mit Abstand schwächste Ergebnis aufweist, während sie im Hinblick auf absolute Verbesserungen an der Spitze steht. Dies ist wohl auf Umsatzrückgänge zurückzuführen, welche zu absoluten Verbrauchsrückgängen trotz bescheidenen Ökoeffizienzfortschritten geführt haben.

- *Einfluss des UMS auf die Entwicklung*

In Hinblick auf die Frage nach dem Einfluss des UMS auf die Entwicklung der Stoff- und Energieflüsse sind die Antworten weitgehend übereinstimmend. Die Ergebnisse fasst Abb. 6-5 zusammen.

	Material-Einsatz	Energie-einsatz	Abfallauf-kommen	Gefahrstoff-Einsatz
Entscheidender Einfluss	7%	16%	19%	25%
Unterstützender Einfluss	67%	61%	56%	51%
Kein Einfluss	16%	18%	17%	13%
Weiss nicht / K. Angabe	10%	5%	8%	11%

Abb. 6-5: Einfluss des UMS auf die Entwicklung der Stoff- und Energieflüsse (n=158)

Rund ein Viertel der Befragten kann hier keine Einschätzung vornehmen oder sieht keinen Einfluss des UMS. Für drei Viertel der Befragten hat das UMS zumindest einen **unterstützenden Einfluss** bzgl. der ökologischen Verbesserungen. Allerdings gibt es nur relativ wenige Befragte, die dem UMS einen entscheidenden Einfluss bei der Entwicklung der Stoff- und Energieflüsse zumessen. Mit 25% wird dem UMS ein entscheidender Einfluss am häufigsten im Bereich Gefahrstoffeinsatz zugemessen. Jedes fünfte Unternehmen sieht einen entscheidenden Einfluss im Abfallmanagement und 16% erkennen eine wesentliche UMS-Wirkung im Energiebereich. Nur 7% sehen jedoch für den Materialeinsatz eine entscheidende UMS-Wirkung.

Im Vergleich wird der Einfluss des UMS vor allem in den Branchen Papier/ Druck/Graphik, Elektrotechnik und Maschinenbau als überdurchschnittlich einflussreich wahrgenommen, während er in den Branchen Chemie, Bau und vor allem Nahrungsmittel als unterdurchschnittlich gesehen wird. Unternehmensgrösse und ÖBU-Mitgliedschaft scheinen hier keinen Einfluss auszuüben. Unternehmen mit systematischen Vorerfahrungen im Umweltmanagement und mit alten UMS sehen aber UMS als einflussreicher an als Unternehmen ohne Vorerfahrungen oder mit jungen UMS.

Als Erkenntnis lässt sich festhalten, dass UMS für die **weitaus meisten Unternehmen (ca. 60%)** nur einen **unterstützenden Einfluss** ausüben. Das UMS schafft offenbar den Rahmen und erleichtert das Erreichen von Zielen, die zu einem grossen Teil auch ohne UMS auf der Agenda der Unternehmen stehen würden. UMS haben somit für die grosse

Mehrheit der Unternehmen nicht den Charakter eines eigenständigen Führungssystems, mit dessen Hilfe die Entwicklung proaktiv gestaltet und vorangetrieben wird, sondern vielmehr **instrumentellen Charakter** zur Umsetzung bereits bestehender und unabhängig vom UMS zustande gekommener Umweltziele.

6.4 Ökoeffizienzwirkungen im Bereich der Produktökologie

Neben direkt messbaren Wirkungen von UMS auf Stoff- und Energieflüsse sind für die Beurteilung ihrer Wirksamkeit auch indirekte Wirkungen auf Produkte und Märkte mit einzubeziehen. Im Produktbereich liegen Ansatzpunkte z.B. bei Produktinnovationen, die mit einer Verringerung von Umwelt- und Gesundheitsrisiken, einer Senkung des Energieeinsatzes oder geringerem Materialeinsatz verbunden sind. Um produktspezifische Wirkungen von UMS zu erfassen, wurden die Befragten gebeten, die Entwicklung der Umweltbelastungen auf vor- bzw. nachgelagerten Stufen der Wertschöpfungskette bzw. des Produktlebenszyklus zu beurteilen. Abb. 6-6 gibt die Antworten wieder:

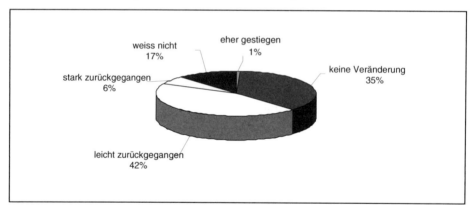

Abb. 6-6: Entwicklung produktspezifischer Umweltbelastungen auf vor- und nachgelagerten Stufen (n=158)

42% der Führungskräfte nehmen eine **leichte Verringerung produktspezifischer Umweltbelastungen** auf vor- oder nachgelagerten Stufen wahr. Nur 6% nehmen jedoch einen starken Rückgang wahr. 35% sehen keine Veränderung. 1 Unternehmen (0,6%) meint, dass die Umweltbelastungen eher gestiegen sind. 17% der Befragten geben keine Antwort. Der Mittelwert liegt bei 2,6.[69] Im Vergleich nehmen die Branchen Nahrungs-

---

[69] Für die Berechnung der Mittelwerte wird folgende Skala zugrunde gelegt: eher gestiegen=1, keine Veränderung=2, leicht zurückgegangen=3, stark zurückgegangen=4.

mittel (Mittelwert 2,9), Chemie (2,9) und Bau (2,8) eine überdurchschnittliche Verringerungswirkung wahr, während hier insbesondere die Maschinenbaubranche (2,2) keine Veränderung wahrzunehmen vermag.

Welchen Einfluss hat das UMS auf die Entwicklung der produktspezifischen Umweltbelastungen? Auch hier zeigen die Antworten, dass die Befragten mehrheitlich, d.h. zu **52%**, einen **unterstützenden Einfluss der UMS** wahrnehmen. Für 11% hat das UMS einen entscheidenden Einfluss, während 21% keinen UMS-spezifischen Einfluss erkennen. 17% können die Wirkungen nicht einschätzen. Der Mittelwert liegt bei 1,9.[70] Aufgrund der Teilauswertungen ergeben sich für diese Frage keine nennenswerten Unterschiede.

Als Ergebnis lässt sich somit festhalten, dass die Befragten insgesamt von einer leichten Verringerung der produktspezifischen Umweltbelastungen seit Einführung der UMS ausgehen. Und das UMS hat hierbei einen unterstützenden, nicht aber einen entscheidenden Einfluss. Auch hier ist also ein **instrumenteller Charakter von UMS** zu konstatieren. Angesichts der Tatsache, dass nicht weniger als 32% der Befragten die produktspezifischen Umweltbelastungen als „gross", weitere 42% als „mittel" einstufen,[71] ist hier eine deutliche Lücke zwischen Problemwahrnehmung und Aktivitäten zur Problemlösung festzustellen. Die Zahlen bestätigen die These, dass bei der Mehrzahl der Unternehmen der Schwerpunkt von UMS-Massnahmen auf die Optimierung interner Prozesse ausgerichtet ist.

---

[70]   Für die Berechnung der Mittelwerte wird folgende Skala zugrunde gelegt: keinen Einfluss=1, unterstützenden Einfluss=2, entscheidenden Einfluss=3.
[71]   Vgl. hierzu Kap. 4.4

7   Ökonomische Wirkungen von UMS

Die Einrichtung von UMS ist mit Kosten verbunden. Gleichzeitig werden durch ein systematisches Umweltmanagement aber auch unterschiedliche Nutzenpotentiale erschlos-
sen, die sich positiv auf die Wirtschaftlichkeit und Wettbewerbsfähigkeit von Unternehmen auswirken. Vielfältige Fragen ergeben sich hieraus, deren empirisch begründete
Beantwortung von grossem Interesse ist: Wie gross sind die Kosten der UMS? Wie
gross sind die verschiedenen Kostenkategorien? Wie gross sind die Nutzen von UMS?
Welche Nutzendimensionen stehen für die Anwender im Vordergrund? Wie sieht die
monetäre Kosten-Nutzenbilanz von UMS aus? Und: Wie sieht eine umfassende Kosten-
Nutzenbilanz von UMS aus, die auch nicht-monetäre und schwer quantifizierbare Nutzendimensionen mit berücksichtigt? Im vorliegenden Kapitel werden nach einem Blick
auf den gegenwärtigen Stand der Erkenntnis (Kap. 7.1), zunächst die Ergebnisse zur
Einschätzung der Kosten von UMS dargelegt (Kap. 7.2). Es wird die Wirtschaftlichkeit
von UMS dargelegt (Kap. 7.3), ehe im Rahmen einer erweiterten Betrachtung der Nutzen von UMS und die Zufriedenheit der Anwender behandelt werden (Kap. 7.4).

7.1 Stand der Erkenntnis

Basierend auf einer vergleichenden Auswertung zentraler empirischer Studien zu den
bisherigen UMS-Erfahrungen in Deutschland durch die Autoren,[72] lässt sich der Stand
der Erkenntnis bzgl. der ökonomischen Wirkungen von UMS wie folgt zusammenfassen.

1. Die Untersuchungen stellen eine **grosse Streuung UMS-bezogener (Aufbau-) Kosten** fest. Variierte diese Streuung anfangs noch zwischen 48 TDM und 1 Mio DM[73], so
ist der Bereich in der neueren UNI/ASU-Studie auf 69 TDM bis 255 TDM eingeengt
worden.[74] Eine zentrale Rolle spielt hierbei die **Unternehmensgrösse**. Für kleine Unternehmen fallen meist **überproportional hohe Aufbau- und Beratungskosten** an, weil
sie die organisatorischen Voraussetzungen erst schaffen müssen, während in Grossunternehmen diese oftmals bereits bestehen. Bezieht man die Gesamtkosten auf die Anzahl
der Mitarbeiter, sind bei zunehmender Unternehmensgrösse sinkende Kosten pro Mitar-

---

72   Diese Erkenntnisse basieren auf Dyllick (1999), S. 121f., und Dyllick/Hamschmidt (1999), S. 531ff. Sie
beziehen sich schwergewichtig auf EMAS-Erfahrungen, lassen sich jedoch ohne weiteres auch auf die
Anwendung von ISO 14001 übertragen.
73   Vgl. Hessisches Ministerium für Wirtschaft, Verkehr und Landesentwicklung (1995), S. 72
74   Vgl. UNI/ASU (1997), Abbildung A21, ohne Seitenangabe

beiter zu verzeichnen. Betragen diese gemäss Durchschnittswerten der UNI/ASU-Studie für Unternehmen mit weniger als 20 Mitarbeitern 3.500 DM/Mitarbeiter, so sinkt dieser Wert für Unternehmen mit mehr als 500 Mitarbeitern auf 500 DM/Mitarbeiter.

2. Es liegen bislang nur **wenig differenzierte Angaben** zu den betriebswirtschaftlichen Kosten von UMS vor. Eine Unterteilung der Gesamtkosten in Aufbaukosten und Zertifizierungskosten nimmt nur die UNI/ASU-Studie vor. In keiner Studie werden die Betriebskosten von UMS erfasst. Dies ist wohl dadurch zu erklären, dass angesichts der kurzen Betriebzeit der UMS hier erst wenig Erfahrungen vorliegen. Dementsprechend finden sich auch keine Angaben zu den UMS-induzierten Investitionskosten (z.B. für eine neue Abwasserreinigung oder die Substitution von Problemstoffen) in den Studien. Eine bewusste Differenzierung der Kostenarten nach Aufbau, Zertifizierung, Betrieb und Massnahmen bzw. Investitionen dürfte hierbei helfen, neben den einmalig anfallenden Kosten des UMS-Aufbaus auch die laufenden Kosten des UMS-Betriebs und der Weiterentwicklung zu erkennen. Zudem ist festzustellen, dass die Ermittlung der UMS-Kosten bisher ausschliesslich vermittels Befragungen und auf eine eher pauschale Art und Weise erfolgt ist, weshalb die Verlässlichkeit der bisherigen Ergebnisse noch sehr zweifelhaft erscheint.[75]

3. Das Kosten-Nutzenverhältnis der UMS wird **durchwegs positiv** beurteilt, obwohl die Grundlage solcher Beurteilungen oftmals **wenig fundiert** erscheint. Der UMS-Aufbau führt in der Regel zu Umweltmassnahmen, die zugleich auch bedeutende Kosteneinsparungen ermöglichen. Nur wenige Studien machen jedoch quantitative Angaben über die Höhe der erzielten Kostensenkungen. Die UNI/ASU-Studie kommt zum Ergebnis, dass für knapp die Hälfte der befragten Unternehmen die Amortisationszeit von UMS bei weniger als 1,5 Jahren liegt. UMS sind somit in vielen Fällen offensichtlich „ökonomisch ausserordentlich interessante Investitionen".[76] Andere Studien sind hier etwas vorsichtiger und beschreiben UMS als Investitionen, die sich neben der Erzielung direkt messbarer Einsparungen durch positive „Verbundwirkungen" auszeichnen, welche auf unterschiedlichen Wegen und zumeist erst auf mittlere Frist zu ökonomischen Vorteilen führen.[77]

4. Unterteilt man den ökonomischen Nutzen in internen und externen Nutzen, so steht der **interne Nutzen** bei allen Studien deutlich **im Vordergrund**. Er wird durchgängig als gross eingestuft. Hier stehen neben Kostensenkungen insbesondere die Verbesserung von Rechtssicherheit, Transparenz und Mitarbeitermotivation als wesentliche Nutzen-

---

[75] Vgl. Freimann (1998), S. 75. Dies gilt tendenziell auch für die vorliegende Befragung, insofern sie auf Selbstauskünften der Befragten basiert.

[76] Vgl. UNI/ASU (1997), S. 33f

[77] Vgl. FEU (1998), S. 17 und Weber/Seidel (1998), S. 24

faktoren im Vordergrund. Im Gegensatz dazu fällt der erhoffte Nutzen in Bezug auf Märkte und externe Anspruchsgruppen (z.b. eine verbesserte Beziehung zu Kunden, Lieferanten, Dienstleistern wie Versicherungen und Banken sowie eine positive Image-wirkung) bislang gering aus. Erklärungen für diesen geringen externen Nutzen von UMS werden darin gesehen, dass dieser bei vielen Unternehmen nicht im Vordergrund der Erwartungen steht, dass EMAS und ISO 14001 noch weitgehend unbekannt sind und dass das Instrument UMS insgesamt noch am Anfang seiner Entwicklung steht. Dementsprechend wird z.B. für eine massive Werbekampagne zugunsten von UMS plädiert.[78] Ein anderer Erklärungsansatz ergibt sich aus der Art des Einsatzes von UMS. Bislang konzentrieren sich die Massnahmen im Rahmen von UMS auf die operative Ebene und sind primär auf die Erschliessung interner betriebsökologischer Optimierungspotentiale gerichtet. Für marktorientierte Strategien und ökologische Produktinnovationen werden UMS hingegen kaum genutzt. Es sollte deshalb auch nicht überraschen, wenn die bislang festgestellten Reaktionen von Markt und Umfeld schwach ausfallen. Weitergehende ökologische Strategien verlangen deshalb nach einer strategischen Ausrichtung der UMS und nach kooperativen Strategien.[79]

Da die praktische Ausgestaltung von UMS **unternehmensspezifisch** erfolgt, macht es keinen Sinn, die ökonomischen Wirkungen allgemein zu beurteilen. Vielmehr muss es darum gehen, sie situationsspezifisch zu bewerten. Zu denken ist hier einerseits an den vorgängig erreichten **Entwicklungsstand des Unternehmens** und seines UMS (ökologisches Pionierunternehmen vs. Neueinsteiger), aber auch an unterschiedliche **Ausrichtungen des UMS**. So sind UMS ganz unterschiedlich zu bewerten, je nachdem, ob sie dafür ausgelegt sind eine Zertifizierung mit minimalem Aufwand zu erreichen, ob sie als Instrument zur Verbesserung der Rechtssicherheit, der Kosteneffizienz im Ressourcenbereich, des Risikomanagements, der Imagebildung oder der ökologischen Differenzierung und Innovation eingesetzt werden. Hier ist die bisherige Behandlung von UMS noch durch eine beachtliche Undifferenziertheit geprägt.

7.2 Kosten von UMS

UMS sind unvermeidlich mit Aufwendungen für Aufbau, Umsetzung und Zertifizierung, zumeist auch mit Kosten für Beratung verbunden. Auch die Aufrechterhaltung des Systems bedingt Aufwendungen. Die Höhe der Kosten für Einrichtung und Aufrechterhaltung des UMS fällt in Abhängigkeit von den betrieblichen Gegebenheiten sehr unter-

---

[78]　　Vgl. FEU (1998), S. 18

[79]　　Dieser Aspekt wird in Kap. 10 vertieft behandelt.

schiedlich aus. Die Spannweite der verursachten Gesamtkosten reicht bei den teilnehmenden Unternehmen der vorliegenden Untersuchung von 6.300 CHF für ein Unternehmen mit 7 Beschäftigten bis zu 7,5 Mio. CHF für ein Grossunternehmen. Dabei ist
die Abgrenzung der UMS-bedingten Kosten nicht immer eindeutig. Oftmals sind die
Kosten für die Zertifizierung und externe Berater genau erfasst, während die internen
Kosten für den Aufbau des UMS sowie die jährlichen Betriebskosten von vielen Unternehmen nicht erhoben oder nur grob geschätzt werden können. Die vorliegenden Daten
geben aufschlussreiche Hinweise zu den verursachten Kosten.

In der Befragung wurden die Kosten in Aufbaukosten (Interne Kosten, Beraterkosten),
Zertifizierungskosten und jährliche Betriebskosten differenziert. Abb. 7-1 gibt einen
Überblick über die durchschnittlichen Kosten nach Grösse der Unternehmen im Ver-
gleich zum Total aller Unternehmen.

	Total (n=131-158)	1-49 MA (n=43)	50-249 MA (n=53)	>=250 MA (n=60)
Aufbaukosten				
• Interne Kosten	**139.000**	33.000	72.000	277.000
• Beratungskosten	**40.000**	21.000	26.000	65.000
Zertifizierungskosten	**18.000**	10.000	16.000	25.000
Betriebskosten/ Jahr	**79.000**	16.000	40.000	155.000
Gesamtkosten[80]	**287.000**	93.000	154.000	535.000
Gesamtkosten/MA[81]	**2.000**	5.400	1.500	500

Abb. 7-1: Durchschnittliche Kosten für Aufbau und Betrieb von UMS

(nach Unternehmensgrösse, in CHF, gerundet, MA= Mitarbeiter)

Die Zahlen stellen Durchschnittswerte dar. In allen Grössenklassen sind aufgrund unterschiedlicher Voraussetzungen sehr **grosse Streuungen** bei den Kosten zu beobachten.
Während einige Unternehmen mit dem Grundsatzentscheid für den Aufbau eines UMS
eine weitgehend neue Infrastruktur im Unternehmen aufbauen, sind in anderen Unternehmen nur geringe Kosten für die Integration der Normanforderungen in die bestehende Umweltorganisation notwendig. Ebenso beeinflusst das intern schon vorhandene
ökologische Know-how die Kosten.

---

[80] Die durchschnittlichen Gesamtkosten stellen den Mittelwert der absoluten Gesamtkosten für die einzel-
      nen Unternehmen in den verschiedenen Grössenkategorien dar. Sie wurden nicht durch Addition der ge-
      rundeten Durchschnittswerte ausgerechnet und differieren daher von diesen.

[81] Die Gesamtkosten/Mitarbeiter der unterschiedlichen Grössenkategorien ergeben sich aus dem Mittelwert
      der Gesamtkosten pro Mitarbeiter für die einzelnen Unternehmen in den verschiedenen Grössenkatego-
      rien.

- *Gesamtkosten*

Die durchschnittlichen Gesamtkosten für Aufbau und Betrieb eines UMS betragen **287.000 CHF**. Es finden sich bedeutende Unterschiede nach Grössenklassen: Bei Kleinunternehmen liegt der Durchschnitt bei 93.000 CHF und steigt an bis auf 535.000 CHF bei Grossunternehmen. Dagegen sinken die Gesamtkosten bezogen auf die Beschäftigtenzahl von 5.400 CHF pro Mitarbeiter in Kleinunternehmen auf 500 CHF bei Grossunternehmen. Der Durchschnittswert über alle Grössenklassen hinweg beträgt hier **2.000 CHF pro Mitarbeiter**. Die um einen Faktor 10 grössere Kostenbelastung ist sicher einer der Hauptgründe für die krasse Unterrepräsentierung von Kleinstunternehmen (bis 9 Beschäftigte) unter den zertifizierten Unternehmen (8%) gegenüber ihrem Anteil an der Gesamtpopulation schweizerischer Unternehmen (88%).[82]

- *Interne Kosten*

Betrachtet man nun die einzelnen Kostenblöcke separat, so beträgt der Mittelwert des Totals der Stichprobe bei den internen Kosten 139.000 CHF. Sie machen rund die **Hälfte der durchschnittlichen Gesamtkosten** aus und sind mit Abstand der **grösste Kostenblock**. Die durchschnittlichen internen Kosten (Kosten für Schulung, Aufbau des UMS, Systemdokumentation etc.) reichen von 33.000 CHF bei Kleinunternehmen bis 277.000 CHF bei Grossunternehmen. Die absolute Spannweite der internen Kosten reicht dagegen von 4.000 CHF bis 4,5 Mio. CHF. Mit zunehmender Unternehmensgrösse ergeben sich deutlich sinkende Durchschnittskosten pro Mitarbeiter.

- *Beratungskosten*

Der Mittelwert der Beratungskosten beträgt 40.000 CHF, womit diese der drittgrösste Kostenblock sind. Die grössenabhängige Streuung reicht von 21.000 CHF für Kleinunternehmen bis 65.000 CHF für Grossunternehmen. Noch ausgeprägter als bei den internen Kosten ist die Degressionswirkung bei den Beratungskosten. So lassen sich im Bereich der Klein- und Mittelunternehmen (bis 249 MA) kaum grössenabhängige Unterschiede bei den durchschnittlichen Beratungskosten feststellen, während sich mit zunehmender Unternehmensgrösse stark sinkende Beratungskosten pro Mitarbeiter ergeben. Interessant ist, dass gut jedes vierte Unternehmen (28%; unabhängig von der Unternehmensgrösse) das UMS ohne externe Beratung aufbaut. Es ist für die Zukunft davon auszugehen, dass diese Tendenz im gleichen Masse zunimmt, wie sich das Wissen um UMS ausbreitet.

---

[82] Es ist aber auch daran zu erinnern, dass trotz der hohen Kostenbelastung für kleine Unternehmen 40% der nach ISO 14001 zertifizierten Unternehmen in der Schweiz weniger als 50 Mitarbeiter beschäftigen. (siehe Kap. 2.2) Und dies gilt, obwohl die Einführung von UMS gemäss ISO 14001 in der Schweiz nicht durch staatliche Fördermittel erleichtert wurde, anders als etwa in Deutschland, wo durch vielfältige Förderprogramme auf Bundes- und Länderebene staatliche Anreize zur Einführung eines UMS nach EMAS geschaffen wurden.

- *Kosten der Zertifizierung*

Die Kosten der Zertifizierung sind der **kleinste Kostenblock** und machen nur ca. 6% der durchschnittlichen Gesamtkosten aus. Sie liegen im Schnitt aller Unternehmen bei 18.000 CHF, mit einer Spannweite von 10.000 CHF für Kleinunternehmen bis 25.000 CHF für Grossunternehmen. Es besteht eine klare Korrelation zwischen Zertifizierungskosten und Unternehmensgrösse. Die absoluten Zahlen liegen zwischen 2.000 CHF im Minimum für ein Kleinunternehmen und überschreiten in Einzelfällen 100.000 CHF bei Grosskonzernen. Bei gut der Hälfte aller Unternehmen (51%) liegen die Kosten der Zertifizierung unter 10.000 CHF. Es gibt auch hier eine starke Degression der Kosten pro Mitarbeiter mit zunehmender Unternehmensgrösse.

- *Betriebskosten*

Betriebskosten eines UMS entstehen z.B. durch die Aufrechterhaltung und Weiterentwicklung der Umweltorganisation, durch Schulungen und durch interne Audits. Die durchschnittlichen Betriebskosten sind der **zweitgrösste Kostenblock**. Sie betragen im Durchschnitt aller Unternehmen 79.000 CHF. Die Durchschnittswerte der Grössenklassen reichen von 16.000 CHF für Kleinunternehmen bis 155.000 CHF für Grossunternehmen. Interessant sind hier vor allem die Spannweiten der angegebenen Kosten. So liegt die niedrigste Angabe von KMU bei 1.000 CHF, während der höchste Wert mit 900.000 CHF angegeben wird. Bei den Grossunternehmen geben 5 Unternehmen jährliche Betriebskosten von 5.000 CHF oder weniger an (!), während der höchste angegebene Wert 2,5 Mio. CHF beträgt. Diese grosse Spannweite zeigt, dass für einige Unternehmen das UMS mit dem Erreichen des ISO 14001-Zertifikats als abgeschlossen angesehen wird, dessen Folgekosten sich auf die Kosten für ein jährliches Routine-Audit beschränken.[83] Andere Unternehmen budgetieren neben den jährlichen Schulungs- und Weiterbildungskosten auch Personalkosten für die Umweltstellen im Rahmen des Umweltmanagements. Aufgrund solcher Unsicherheiten in der Interpretation sind die Angaben für die Betriebskosten mit grossen Unsicherheiten behaftet.

- *Erfassung der Kosten*

Die Umweltmanager wurden auch gefragt, ob sie die jeweiligen Kosten erfasst oder geschätzt haben. Dabei finden sich sehr grosse Unterschiede bzgl. Art und Güte der Kostenerfassung. Das Ergebnis zeigt, dass die **Beratungs- und Zertifizierungskosten mehrheitlich erfasst** werden. Demgegenüber erfasst **nicht einmal jedes fünfte Unternehmen** seine **internen Aufbau- und Betriebskosten**. Die Beratungskosten haben immerhin 60% der befragten Unternehmen erfasst, 26% haben sie geschätzt und 14% ma-

---

[83] Es erscheint sehr fraglich, dass ein solches „Minimal-UMS" die Normkonformität überhaupt noch zu gewährleisten vermag So verlangt ISO 14001: 4.4, dass für die Umsetzung des Umweltmanagementprogramms (Ziele und Massnahmen) auch Mittel budgetiert werden müssen.

chen keine Angaben. Auch die Kosten der Zertifizierung sind weitgehend bekannt: 54% haben sie erfasst, 34% geschätzt und 12% geben keine Antwort. Nur 19% der Unternehmen haben jedoch ihre internen Kosten erfasst, 65% haben sie lediglich geschätzt und 16% können keine Angaben machen. Und lediglich 11% der befragten Unternehmen haben die jährlichen Betriebskosten erfasst, 70% haben sie geschätzt und 19% machen keine Angaben. Angesichts der Tatsache, dass die internen Aufbau- und die Betriebskosten mit rund drei Vierteln den Löwenanteil der Gesamtkosten ausmachen, wird deutlich, wie **schwach fundiert** die Kostenangaben sind. Sie beruhen im wesentlichen auf **Schätzungen der Befragten**. Wie gut diese Schätzungen sind, ist aufgrund unserer Erhebung nicht zu beurteilen.

7.3 Wirtschaftlichkeit von UMS

Die Wirtschaftlichkeit von UMS erschliesst sich erst bei einer umfassenden Abwägung von Kosten und Nutzen des UMS. Der Nutzen eines UMS geht dabei weit über den rein monetären Nutzen hinaus und umfasst eine Vielzahl materieller und immaterieller Aspekte, deren Bedeutung sowie Potential je nach Branche und Unternehmen unterschiedlich gross sind. Um zunächst die Frage der Wirtschaftlichkeit von UMS näher zu betrachten, wurde nach der Wirkung von UMS gefragt, nach dem wirtschaftlichen Gesamtnutzen, den Beiträgen zur Erhöhung der wirtschaftlichen Leistung und um eine Quantifizierung des monetären Nutzen von UMS gebeten.

- *Verdeutlichung des wirtschaftlichen Nutzens*

Eine erste Wirkung des UMS wurde in der Fokussierung und Schärfung des Bewusstseins für die ökonomischen Nutzeffekte ökologischer Massnahmen vermutet. UMS kommt hierbei die Rolle von Wahrnehmungs- und Interpretationshilfen für ökologische Erfolgspotentiale zu, die ohne UMS unentdeckt oder unberücksichtigt bleiben. Um diese These zu prüfen, wurden die Umweltmanager aufgefordert zu beurteilen, ob durch die Einführung des UMS der ökonomische Nutzen der Umweltschutzaktivitäten für das eigene Unternehmen deutlicher geworden sei. Sie konnten der Aussage tendenziell zustimmen (trifft zu, trifft eher zu) oder sie verwerfen (trifft eher nicht zu, trifft nicht zu).

Das Ergebnis zeigt, dass **81%** im UMS ein Instrument sehen, das den **ökonomischen Nutzen von Umweltschutzmassnahmen** im Unternehmen **deutlicher werden lässt**. 31% stimmen der Aussage ohne Einschränkung zu, 50% stimmen ihr eher zu. Der Mittelwert liegt bei 3,1.[84] Im Branchenvergleich finden wir eine überdurchschnittliche Zu-

---

[84]   Für die Berechnung der Mittelwerte wird folgende Skala zugrunde gelegt: trifft nicht zu = 1, trifft eher nicht zu = 2, trifft eher zu = 3, trifft zu = 4.

stimmung bei Papier/Druck/Graphik (Mittelwert 3,4), Elektrotechnik, Nahrungsmittel und Metall (alle 3,2), während einzig die Bauindustrie (2,8) hier deutlich unter dem Durchschnitt liegt. Im Grössenvergleich findet die Aussage bei den Grossunternehmen eine leicht stärkere Zustimmung als bei den KMU (GU 3,2, MU 3,1, KU 3,0). Die Ergebnisse belegen die These, dass UMS offenbar nicht nur zu **breitflächigen Wahrnehmungsveränderungen** bezüglich der Bedeutung von Umweltschutzaktivitäten in Unternehmen beitragen, sondern auch bezüglich der damit verbundenen **wirtschaftlichen Potentiale.**

▪ *Wirtschaftlicher Gesamtnutzen von UMS*

Um eine Beurteilung des Gesamtnutzens zu erhalten, wurden die Befragten aufgefordert, die wirtschaftlichen Wirkungen des UMS für ihr Unternehmen insgesamt zu beurteilen. Als Antwortkategorien standen ihnen zur Verfügung: „eher negativ", „keinen Einfluss", „eher positiv", „sehr positiv" oder „weiss nicht". Abb. 7-2 gibt die Einschätzung der Befragten wieder:

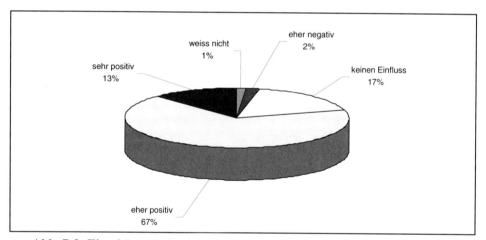

Abb. 7-2: Einschätzung der wirtschaftlichen Wirkungen von UMS insgesamt (n=150)

Insgesamt werden die ökonomischen Wirkungen des UMS von den befragten Unternehmen eher positiv beurteilt: 2% der Befragten sehen eher negative Wirkungen und 17% stellen keinen Einfluss des UMS auf die Wirtschaftlichkeit fest. Gut zwei Drittel (67%) schätzen dagegen die wirtschaftlichen Wirkungen eher positiv ein, und jedes achte Unternehmen (13%) sieht sogar einen sehr positiven Einfluss des UMS auf die

Wirtschaftlichkeit des Unternehmens. Der Mittelwert liegt bei 2,9.[85] Im Vergleich beurteilen die Branchen Papier/Druck/Graphik und Metall (beide Mittelwert 3,2) und Nahrungsmittel (3,1) die wirtschaftlichen Wirkungen des UMS überdurchschnittlich positiv ein, die Branchen Elektrotechnik (2,7) und vor allem Bau (2,4) deutlich weniger positiv. Bzgl. der anderen Teilauswertungen lassen sich keine nennenswerten Unterschiede feststellen. Offenbar, so lässt sich dieses Ergebnis insgesamt interpretieren, haben die Umweltmanager mit ihren zertifizierten UMS in wirtschaftlicher Hinsicht durchaus **positive Erfahrungen** gemacht.

- *Beiträge zur Erhöhung der wirtschaftlichen Leistung*

In welchen Bereichen erzielen die Unternehmen ökonomische Nutzen durch UMS? Um diese Frage beantworten zu können, wurden die Unternehmen anhand von offenen Fragen gebeten, die wichtigsten bisherigen und zukünftigen Beiträge des UMS zur Erhöhung der wirtschaftlichen Leistung ihres Unternehmens anzugeben.

In den Antworten zu den **bisherigen Beiträgen** dominiert wie bei den UMS-Massnahmen der Bereich **Betriebsökologie** mit **79 Nennungen**. An erster Stelle werden Kostensenkungen durch Energieeinsparungen, Abfallmanagement und allgemeines Ressourcenmanagement genannt. Mit **24 Nennungen** sehen weit weniger Unternehmen Massnahmen aus dem Bereich **Führung und Organisation** als wichtigsten ökonomischen Beitrag. Hier stehen Wirkungen von Umweltkennzahlen, die Systematisierungswirkung und gestiegene Transparenz im Vordergrund. Ein Umweltverantwortlicher beschreibt das UMS demgegenüber als „Innovationsmotor" für das Unternehmen. Nur **19** Unternehmen sehen den wichtigsten bisherigen Nutzen im Bereich verbesserter **Produkte und Markteffekte**. Das UMS als verkaufsförderndes Argument, qualitative Verbesserungen der Produkte und Verpackungen, aber auch die fördernde Wirkung auf das Markenimage und Unterstützung ökologischer Differenzierungsstrategien werden dabei genannt.

In Bezug auf den wichtigsten **zukünftigen Beitrag** zur Erhöhung der wirtschaftlichen Leistung werden Aspekte der **Produktökologie und Marktvorteile** 37 Mal genannt. Offensichtlich gewinnen sie für die Unternehmen eine zunehmende Bedeutung. Entsprechend weniger häufig werden betriebsökologische Aspekte genannt, während dem Bereich Führung und Organisation mit 30 Nennungen eine leicht zunehmende wirtschaftliche Bedeutung zugemessen wird. In diesen Zukunftsplänen spiegelt sich somit eine Schwergewichtsverlagerung von den betriebsökologischen zu den produktökologischen

---

[85] Für die Berechnung der Mittelwerte wird folgende Skala zugrunde gelegt: eher negativ=1, keinen Einfluss=2, eher positiv=3, sehr positiv=4.

und führungsbezogenen Massnahmen ab, die auch bereits bei der Behandlung der UMS-Massnahmen in Kap. 5 deutlich wurde.

▪ *Monetärer Nutzen von UMS*

Um den unmittelbaren monetären Nutzen von UMS zu erfassen, wurden die Befragten auch um eine Einschätzung des jährlichen Nutzens ihres UMS (z.B. in Form von Kosteneinsparungen, Risikosenkungen, Ertragssteigerungen) in Franken gebeten. Zudem war die Möglichkeit gegeben, Bemerkungen anzubringen. Die absoluten Ergebnisse schwanken zwischen 0 und mehreren Millionen Franken jährlich. Abb. 7-3 gibt einen Überblick über die Ergebnisse:

	Total (n= 72)	1-49 MA (n=20)	50-249 MA (n=26)	>=250 MA (n=25)
Nutzen/Jahr	167.000 CHF	22.000 CHF	110.000 CHF	343.000 CHF

Abb. 7-3: Duchschnittliche jährliche monetäre Nutzen von UMS

(Schätzungen, gerundet) [86]

Der Mittelwert des monetären UMS-Nutzens liegt bei **167.000 CHF.** Setzt man die Investitionskosten (Summe aus internen Kosten, Beratungs- und Zertifizierungskosten) in Relation zum jährlichen Netto-Nutzen (Nutzen abzüglich Betriebskosten), so lassen sich **Amortisationsfristen** berechnen. Im Durchschnitt beträgt diese **2,2 Jahre**, woraus deutlich wird, dass es sich bei UMS offenbar um sehr interessante Investitionen handelt, die auch in einem kompetitiven Umfeld im Vergleich mit anderen Investitionen gut abschneiden.[87] Je nach Unternehmensgrösse ergeben sich auch hier deutlich unterschiedliche Amortisationsfristen. Während es zwischen Gross- und Mittelunternehmen kaum einen Unterschied gibt – UMS rentieren hier im Schnitt schon nach 2,0 bzw. 1,6 Jahren – dauert es bei Kleinunternehmen deutlich länger, nämlich 10,7 Jahre. Hierin kommt eine sehr grosse **finanzielle Mehrbelastung von Kleinunternehmen** zum Ausdruck.

Wie **unsicher** der Grund ist, auf dem sich solche Angaben bewegen, verdeutlicht die Tatsache, dass nicht mehr als **6%** der Befragten den Nutzen erfasst haben,[88] während **47% gar keine Angaben** machen können oder wollen. Weitere 47% der Befragten nehmen eine Schätzung vor, deren Exaktheit von den Befragten in Kommentaren viel-

---

[86] Ein Unternehmen hat zwar den UMS-Nutzen geschätzt, aber keine Unternehmensgrösse angegeben. Und zwei Unternehmen wurden aufgrund von sehr spekulativen Nutzeneinschätzungen in Millionenhöhe (5 Mio CHF für Altlastenprävention und 10 Mio CHF für Auswirkungen des UMS auf den Börsenkurs) nicht in die Wertung einbezogen.

[87] Diese positive Einschätzung entspricht auch den in Kapitel 7.1 zitierten Ergebnissen der UNI/ASU-Studie (1997) aus Deutschland. Vgl. auch die Analyse in Dyllick/Hamschmidt (1999) und Hamschmidt (1998).

[88] Vgl. hier als Positivbeispiel z.B. den Umweltbericht von Mettler Toledo. Das Unternehmen erfasst detailliert die Kosten und Nutzen einzelner Massnahmen und gibt darüber hinaus zukünftige Planwerte an. Mettler-Toledo, Umweltbericht 1998, Greifensee 1999

fach selber in Frage gestellt wird. Mehrere Befragte geben an, dass der Nutzen monetär schlicht *„nicht erfassbar"* sei: *„Der Nutzen, der aus ökologisch bewusster Unternehmensführung und einem UMS gezogen werden kann, ist zwar schwer zu beziffern – nach unserer Schätzung ist er aber um ein Mehrfaches grösser als Aufbau- und Betriebskosten."* So der Kommentar eines KMU. Es kommen zudem Hinweise, dass viele Massnahmen nicht ausschliesslich durch das UMS initiiert wurden und hier ein **Problem der Zurechnung** besteht: *„Erfolge und verhinderte Verluste schreiben sich viele allzugerne auf die eigenen Fahnen".* In der Tat ist z.B. eine seriöse Quantifizierung nicht eingetretener Ereignisse aufgrund risikominimierender Massnahmen im Rahmen des Umweltmanagements kaum möglich, zumal gut vier Fünftel der Unternehmen ihr UMS mit dem QMS integrieren. Mehrere Male wird auch angegeben, dass sich das UMS noch in der Aufbauphase befindet und bislang nur die Kosten erfasst wurden.

Aufgrund dieser Zahlen lässt sich festhalten, dass UMS – rein ökonomisch betrachtet – offenbar **sehr interessante Investitionen** darstellen. Angesichts der grossen Unsicherheit sowie der bedeutenden methodischen Schwierigkeiten sind diese quantitativen Angaben jedoch nur mit **sehr grosser Vorsicht zu interpretieren**. Um hier zu zuverlässigeren Ergebnissen zu kommen, dürfte es erforderlich sein, den Zusammenhang zunächst vermittels qualitativer Methoden (z.B. Fallstudien) zu erschliessen.

7.4 Nutzen von UMS und Zufriedenheit der Anwender

Der Nutzen von UMS geht jedoch über den wirtschaftlichen Nutzen im engeren Sinne hinaus und umfasst vielfältige Aspekte, wie bereits bei der Verdeutlichung der Gründe für den Aufbau von UMS in Kap. 4.5 aufgezeigt wurde. Um welche Nutzenkategorien es sich hierbei handelt, wie diese von den befragten Umweltmanagern bewertet werden und wie zufrieden sie sind, soll nun näher beleuchtet werden.

▪ *Bewertung des UMS-Nutzens*

Um den UMS-Nutzen in den verschiedenen Bereichen zu beurteilen, wurde den Befragten eine Liste von 11 häufig genannten Nutzenkategorien vorgelegt, verbunden mit der Aufforderung, diese danach zu bewerten, ob sie einen „grossen", „geringen" oder „keinen" Nutzen stiften. Abb. 7-4 zeigt die Ergebnisse.

Bei einer differenzierten Betrachtung der einzelnen Nutzenkategorien wird der grösste Nutzen in der **Systematisierung bestehender Umweltmassnahmen** gesehen. Gut drei Viertel der Befragten (76%) sehen hierin einen grossen Nutzen für die Unternehmung. 59% der Unternehmensvertreter bewerten die Sicherung der Rechtskonformität und 58% die Risikovorsorge als bedeutende Nutzen. Jedes zweite Unternehmen (50%) sieht darüber hinaus einen grossen Nutzen durch die Erschliessung von Kostensenkungspotentialen und 41% sehen einen grossen Nutzen durch eine gestiegene Mitarbeitermotivation. Etwas geringer, aber immer noch als bedeutend wird der **externe Nutzen** eingeschätzt. Grossen Nutzen für das Unternehmensimage in der Öffentlichkeit nimmt jedes zweite Unternehmen wahr (52%) und für fast ebenso viele (47%) wirkt sich das UMS spürbar positiv auf das Verhältnis zu den Vollzugsbehörden aus. Nur noch in knapp jedem dritten zertifizierten Unternehmen wird ein grosser Nutzen für eine Stärkung der Innovationsfähigkeit festgestellt (32%), und eine Verbesserung der Marktposition können nen 28% nach Einführung des UMS feststellen.

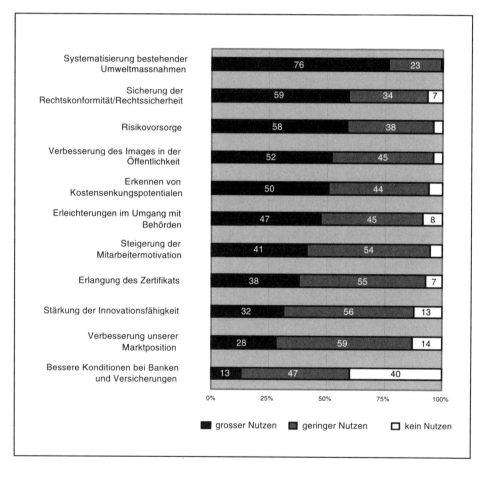

Abb. 7-4: Bewertung unterschiedlicher Nutzenkategorien von UMS
(n=151-155)

Angesichts des **geringen Aktivitätsniveaus** in den Bereichen **Produktökologie und Marktkommunikation**[89] sollten die geringen Markteffekte nicht verwundern. Wenn weniger als 20% der Unternehmen Umweltargumente in die Werbung mit einbeziehen oder über ökologische Aspekte von Produkten und Dienstleistungen informieren und nur 3% der Unternehmen Marktanalysen über das ökologische Verhalten von Abnehmern und Konkurrenten durchführen, sind ökologische Marketing- und Differenzierungsstrategien bislang offenbar noch gar nicht ernsthaft verwirklicht worden. Dass dann nur in gut jedem vierten Unternehmen (28%) ein grosser Nutzen hinsichtlich positiver Marktwirkungen festgestellt wird, sollte daher auch nicht überraschen.

Noch schwächer sind die Effekte hinsichtlich verbesserter Bedingungen bei **Banken und Versicherungen**. Gerade einmal jedes achte Unternehmen (13%) erfährt hier einen grossen Nutzen. Angesichts der geringen Erwartungshaltung von Unternehmen in Bezug auf verbesserte Bedingungen bei Banken und Versicherungen – nur 7% der befragten Unternehmen gaben die Verbesserung dieser Bedingungen als wichtiges Einführungsmotiv an – vermag dieser Befund ebenfalls nicht zu überraschen.

Die **branchenspezfischen Unterschiede** der Nutzenbewertungen gehen aus Abb. 7-5 hervor.

	Total Stichprobe n=158	Elektrotechnik n=20	Nahrungsmittel (n=13)	Papier, Druck, Graph. (n= 13)	Maschin. bau (n=12)	Chemie (n=10)	Bau (n=10)	Metallindustrie (n=10)
Systematisierung	2,8	*2,9*	*2,9*	*2,9*	2,8	2,8	2,2	*2,9*
Rechtskonformität	2,5	*2,7*	2,5	*2,7*	2,5	*2,7*	2,1	*2,6*
Risikovorsorge	2,5	*2,7*	*2,8*	2,5	*2,8*	2,5	2,1	*2,6*
Öffentlich. Image	2,5	2,4	*2,6*	2,5	2,4	2,3	2,4	2,4
Kostensenk.pot.	2,5	2,5	*2,6*	*2,6*	2,4	2,3	2,1	*2,7*
Behördenumgang	2,4	*2,6*	2,4	*2,5*	*2,5*	2,2	2,2	*2,7*
Motivation Mitarb.	2,4	2,3	*2,5*	*2,5*	2,3	2,3	2,2	2,2
Erlang. Zertifikat	2,3	*2,4*	2,3	*2,5*	2,3	2,1	2,0	*2,4*
Innovationsfähigk.	2,2	2,0	2,1	*2,3*	2,0	*2,3*	2,2	*2,3*
Verbess. Marktpos	2,1	2,1	*2,2*	*2,2*	*2,2*	2,1	1,9	1,9
Banken/Versicher.	1,7	*1,9*	1,7	*2,0*	*2,0*	1,8	1,4	*2,0*

Abb. 7-5: Bewertung des Nutzens von UMS in branchenspezifischer Betrachtung

(Skala zur Berechnung der Mittelwerte: kein Nutzen=1, geringer Nutzen=2, grosser Nutzen=3. Die fett und kursiv gedruckten Zellen verweisen auf überdurchschnittlich hohe Ausprägungen im Vergleich zum Total der Stichprobe.)

Die Tabelle macht deutlich, dass die Nutzeneinschätzungen vor allem in den Branchen Papier/Druck/Graphik und Metall sehr positiv ausfallen. Während für die Papierbranche

---

[89]   Siehe Kap. 5.5

der Nutzen von UMS in der Systematisierung bestehender Umweltmassnahmen, der Sicherung der Rechtskonformität und dem Erkennen von Kostensenkungspotentialen besteht, stehen für die Metallindustrie zusätzlich noch Erleichterungen im Umgang mit Behörden im Vordergrund. Demgegenüber wird der UMS-Nutzen in der Baubranche durchwegs nur als gering eingestuft. Die relativ höchste Einstufung erfährt die Verbesserung des öffentlichen Images (2,4). In der Chemischen Industrie werden lediglich der Systematisierungsnutzen, die Sicherung der Rechtskonformität und teilweise auch die Risikovorsorge als bedeutsam eingestuft. Im Grössenvergleich zeigt sich, dass Systematisierungsnutzen, Sicherung der Rechtskonformität und Risikovorsorge von den grösseren Unternehmen höher eingeschätzt werden, Erlangung des Zertifikats und Stärkung der Innovationsfähigkeit jedoch von den Kleinunternehmen. Von den ÖBU-Mitgliedsfirmen werden die UMS-Nutzen nahezu in allen Bereichen höher eingestuft, Ausnahmen sind lediglich: Sicherung der Rechtskonformität und Risikovorsorge. Unternehmen mit systematischen Vorerfahrungen im Umweltmanagement stufen die verschiedenen Nutzenkategorien durchwegs höher ein als die ohne. Mit zunehmender Erfahrung und Verwurzelung des Umweltmanagements im Unternehmen, so lassen sich diese Ergebnisse interpretieren, nehmen Wertschätzung und Nutzen von UMS offenbar zu. Demgegenüber wird der UMS-Nutzen von Unternehmen mit alten UMS (Zertifizierung vor 1998) insgesamt geringer eingestuft als von Unternehmen mit jungen UMS. Dies lässt darauf schliessen, dass der UMS-Nutzen über die Zeit – und ohne aktives Engagement – wohl eher abnimmt.

- *Zufriedenheit der Anwender*

Vergleicht man die Wahrnehmung des eingetretenen Nutzens mit den Gründen für die Einführung von UMS[90], so lässt sich hieraus die Zufriedenheit der Anwender bzgl. des UMS-Einsatzes ablesen. Hierfür wird zwischen internen und externen Nutzen für das Unternehmen unterschieden. Wie Abb. 7-6 zeigt, sehen die Unternehmen ihre Erwartungen weitgehend erfüllt.

Der Vergleich zeigt zunächst, dass der eingetrete Nutzen deutlich höher beurteilt wird als der erwartete Nutzen. Die Durchschnittswerte liegen im ersten Fall bei 45%, im zweiten bei 33%. Offenbar, so lässt sich hieraus schliessen, sind die **Erwartungen der Anwender** an den Nutzen der UMS insgesamt **deutlich übertroffen** worden. Aus diesen Ergebnissen lässt sich somit eine **grosse und deutliche Zufriedenheit der Anwender** mit dem neuen Instrument UMS und seinen Wirkungen ablesen.

---

[90] Siehe Kap. 4.5

	Wichtiger erwarteter Nutzen	Grosser eingetretener Nutzen	Differenz
Interne Nutzen			
Systematisierung bestehender Umweltmassnahmen	42%	76%	+ 34%
Sicherung der Rechtskonformität/Rechtssicherheit	29%	59%	+ 30%
Risikovorsorge	40%	58%	+ 18%
Erkennen von Kostensenkungspotentialen	32%	50%	+ 18%
Steigerung der Mitarbeitermotivation	29%	41%	+ 12%
Stärkung der Innovationsfähigkeit	32%	32%	0%
Externe Nutzen			
Erleichterungen im Umgang mit Behörden	28%	47%	+ 19%
Verbesserung des Images in der Öffentlichkeit	46%	52%	+ 6%
Bessere Konditionen bei Banken und Versicherungen	7%	13%	+ 6%
Erlangung des Zertifikats	44%	38%	- 6%
Verbesserung der Marktposition	37%	28%	- 9%
Durchschnitt	**33%**	**45%**	**+12%**

Abb. 7-6: Erwarteter und eingetretener Nutzen von UMS im Vergleich (n=158)

Betrachtet man die einzelnen Nutzenkategorien etwas genauer, so sind sehr grosse positive Unterschiede im Hinblick auf die Systematisierung bestehender Umweltmassnahmen (34%) und die Sicherung der Rechtskonformität (30%) festzustellen. Immer noch grosse positive Unterschiede finden sich bzgl. des Umgangs mit Behörden (19%), der Risikovorsorge und dem Erkennen von Kostensenkungspotentialen (beide 18%). Enttäuscht sind die Anwender hingegen was die Stärkung der Innovationsfähigkeit (0%), den Nutzen der Erlangung des Zertifikats (-6%) und die Verbesserung der Marktposition (-9%) betrifft. Während die externen Nutzenkategorien zusammen im Schnitt nur leicht übertroffen werden (+3%), ist dieser Wert bei den internen Nutzenkategorien deutlich höher (+19%). UMS erweisen sich somit im Hinblick auf die **Systematisierung und Kontrolle umweltrelevanter Prozesse** als sehr **enttäuschungssicher**, während das Erreichen von Innovationen und Markterfolgen als grosse, bisher aber unerfüllte Herausforderung für den UMS-Einsatz anzusehen ist.

8 Integration des Umweltmanagementsystems, Zertifizierung, Kontinuierliche Verbesserung

Drei unterschiedliche, für die Wirksamkeit von UMS wichtige Fragenbereiche betreffen die Integration des UMS mit anderen Managementsystemen (Kap. 8.1), die Beurteilung und Rolle der Zertifizierung (Kap.8.2) sowie die kontinuierliche Verbesserung von UMS und Umweltleistung (Kap. 8.3). Sie werden als abschliessende Resultate der empirischen Untersuchungsergebnisse im vorliegenden Kapitel erläutert.

8.1 Integration des UMS mit anderen Managementsystemen

- *Integrationsgrad des UMS*

In der UMS-Praxis hat sich von Anfang an die Frage nach einer Integration des UMS mit anderen Managementsystemen gestellt. Oftmals steht hierbei die Integration mit einem Qualitätsmanagementsystem gemäss ISO 9001, 9002 oder 9003 im Vordergrund. Daneben geht es aber auch um die Integration mit einem Managementsystem für Arbeitssicherheit, wie dies z.B. im Rahmen der 1996 in Kraft getretenen und spätestens bis Anfang 2000 zu erfüllenden Richtlinie 6508 der Eidgenössischen Koordinationskommission für Arbeitssicherheit (EKAS-Richtlinie[91]) für alle Unternehmen mit mehr als 5 Mitarbeitenden zur Norm erhoben worden ist. Es geht schliesslich – und möglicherweise entscheidend – auch um eine Integration des UMS mit dem allgemeinen Managementsystem, das in jedem Unternehmen für die Planung und Steuerung der Geschäftsprozesse und des Geschäftserfolgs eingesetzt wird. Ein unkoordiniertes Nebeneinander mehrerer spezieller Managementsysteme sollte hierdurch vermieden werden. Wie ist nun der Stand bzgl. der Integration von UMS in der Schweiz? Abb. 8-1 gibt einen Überblick über die Ergebnisse:

In der Praxis ist vor allem eine Integration mit dem Qualitätsmanagement anzutreffen. Nahezu alle befragten Unternehmen (94%) verfügen über ein Qualitätsmanagementsystem (QMS). Mit 83% sind mehr als vier Fünftel der Umweltmanagementsysteme mit dem Qualitätsmanagementsystem integriert. Nicht untersucht wurde die Form der Integration. So bleibt z.B. offen, wie viele Unternehmen ihr UMS und QMS bereits prozessorientiert aufbauen.[92] Bezüglich der Integration mit einem Arbeitssicherheitsmanagementsystem (AMS) geben 56% der Befragten an über ein AMS zu verfügen. Mit 46%

---

[91] Vgl. EKAS (1996)

[92] Vgl. die Empfehlungen in SNV (1998), S. 20f.

hat auch fast jedes zweite Unternehmen bereits eine Integration des UMS mit einem AMS vorgenommen. Etwas weniger, nämlich 41% der befragten Umweltexperten geben an, dass ihr UMS mit dem allgemeinen Managementsystem integriert ist. Auch hier ist keine nähere Aussage möglich, wie diese Integration in der Praxis konkret aussieht.

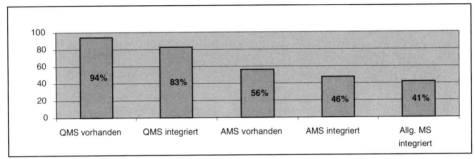

Abb. 8-1: Integration des UMS mit anderen Managementsystemen

(n=129-155)

Dieser Befund belegt, dass die **Integration von UMS und QMS** in der Praxis nahezu zur **Regel** geworden ist. Demgegenüber ist die Integration des UMS mit einem AMS oder mit dem allgemeinen Managementsysteme erst von weniger als der Hälfte der Unternehmen vollzogen worden. Damit wird aber deutlich, dass UMS (wie auch QMS) immer noch mehrheitlich von den regulären Leitungsprozessen und Linienverantwortlichkeiten **abgetrennte Sekundärorganisationen** darstellen. Dies überrascht, weil gerade die Unternehmensleitung im Rahmen des UMS massgebliche Aufgaben wahrzunehmen hat. So ist sie im Plan-Do-Check-Act-Kreislauf insbesondere bei der Zielfestlegung, der Festlegung der UMS-Verantwortlichkeiten, der Zusprache von Mitteln und der Beurteilung der Wirksamkeit des UMS (Management-Review) eingebunden.[93] Diese Aufgaben lassen sich ohne weiteres in die allgemeine Unternehmensführung integrieren. Dies belegen die 41% der Unternehmen, die eine – wie auch immer geartete – Integration des UMS mit dem allgemeinen Managementsystem vollzogen haben, aber auch beispielhafte Praxislösungen.[94]

Die Führungskräfte wurden auch um ihre Einschätzung der Notwendigkeit einer stärkeren Integration des UMS in die allgemeinen Geschäftsprozesse gebeten, um eine kontinuierliche Verbesserung des UMS zu gewährleisten. 39% der Befragten bejahen diese Notwendigkeit, weitere 39% stimmen eher zu. Nicht weniger als 78% der Umweltmana-

---

[93]   Vgl. ISO 14001: 4.2, 4.4.1 und 4.6, wo die Einbindung der obersten Leitung geregelt ist.

[94]   Zu nennen wären hier z.B. Firmen wie Ringier, gallus Ferd. Rüesch, Canon Schweiz oder Hilti.

ger befürworten somit eine **stärkere Integration des UMS in die allgemeinen Geschäftsprozesse** als notwendige Voraussetzung einer kontinuierlichen Verbesserung des UMS, während dies nur von einer kleinen Minderheit skeptisch (13% „trifft eher nicht zu") oder ablehnend (10% „trifft nicht zu") beurteilt wird.

Eine Differenzierung der Ergebnisse nach den verschiedenen Auswertungskriterien vermittelt weitere Einsichten bzgl. der Verbreitung und Integration von Managementsystemen. So sind **QMS** in überdurchschnittlichem Masse bei Mittel- (98%) und Grossunternehmen (97%) vorhanden, aber nur bei 86% der Kleinunternehmen. In den Branchen Elektrotechnik, Papier/Druck/Graphik, Chemie und Bau weisen QMS eine 100%-Verbreitung auf. Integriert sind die UMS mit einem QMS vor allem bei Mittelunternehmen (93%). Klein-, aber auch Grossunternehmen weisen demgegenüber nur unterdurchschnittliche Integrationsgrade auf (79% bzw. 78%). In Branchenperspektive finden sich bei Chemie (100%), Papier/Druck/Graphik (92%) und Bau (90%) – nicht aber bei Elektrotechnik (80%) – überdurchschnittliche Grade der Integration. Unterdurchschnittliche Integrationswerte weisen insbesondere Nahrungsmittel (69%) und Maschinenbau (75%) auf.

AMS sind bei Grossunternehmen in stark überdurchschnittlichem Masse vorhanden (70%), bei Klein- (49%) und Mittelunternehmen (45%) hingegen deutlich seltener. Dies gilt auch für die Integration der UMS mit dem AMS: So ist eine Integration bei 63% der Grossunternehmen erfolgt, aber nur bei 37% Klein- und 32% Mittelunternehmen. In Branchenperspektive sind AMS in der Elektrotechnikbranche am stärksten verbreitet (80%), bei Papier/Druck/Graphik und Nahrungsmittel (beide 46%) am schwächsten. Überdurchschnittliche Integrationsgrade weisen die Branchen Elektrotechnik (60%), Papier/Druck/Graphik (54%) und Bau (50%) auf.

Die Unternehmensgrösse spielt bzgl. der Integration des UMS mit dem **allgemeinen Managementsystem** eine Rolle: So geben 45% der Grossunternehmen und 40% der Mittelunternehmen, aber nur 35% der Kleinunternehmen an, ihr UMS in das allgemeine Managementsystem integriert zu haben. In Branchenbetrachtung ist eine Integration besonders häufig anzutreffen bei Elektrotechnik (55%), Nahrungsmittel und Papier/Druck/Graphik (beide 46%), am seltensten bei Chemie (30%), Maschinenbau (25%) und Metall (20%).

Vergleicht man Unternehmen mit alten und jungen UMS, sieht man, dass dieses Kriterium bzgl. des Vorhandenseins von QMS oder AMS keine Rolle spielt. Im Hinblick auf die Häufigkeit einer Integration des UMS mit den anderen Managementsystemen lässt sich jedoch erkennen, dass Unternehmen mit alten UMS (Zertifizierung vor 1998) durchwegs ca. 10% höhere Integrationsgrade aufweisen als die mit jungen UMS. Längere Erfahrung mit UMS scheint somit zu einer verstärkten Integration zu führen.

- *Kosten-/Nutzenvergleich von UMS und QMS*

Wie wird die Kosten-/Nutzenrelation des UMS im Vergleich zum QMS beurteilt? Da nahezu alle befragten Unternehmen über Erfahrungen mit einem QMS verfügen, darf man hierzu begründete Einschätzungen erwarten. Abb. 8-2 zeigt die Ergebnisse.

	Kleiner als QMS	Gleich wie QMS	Grösser als QMS	Weiss nicht / Keine Angabe
UMS-Kosten	53%	26%	8%	13%
UMS-Nutzen	38%	35%	11%	16%

Abb. 8-2: Kosten und Nutzen des UMS im Vergleich mit dem QMS (n=158)

Die überwiegende Mehrheit der Befragten (53%) stuft die Kosten des UMS **im Vergleich zum QMS als geringer** ein. Nur 8% der Unternehmen stellen höhere Kosten im Vergleich zum QMS fest, während 26% der Unternehmen keinen Unterschied feststellen können. Dieses Ergebnis überrascht zunächst einmal, gilt doch das UMS als ein anspruchsvolles Managementsystem. Es ist jedoch zu beachten, dass Unternehmen mit der QMS-Einführung bereits Erfahrungen gesammelt und grundlegende Voraussetzungen geschaffen haben, welche den UMS-Aufbau erleichtern und verbilligen. Den geringeren UMS-Kosten stehen aber auch **tiefere Nutzeneinschätzungen** gegenüber: Während nur jedes neunte Unternehmen (11%) einen höheren Nutzen gegenüber dem QMS feststellt, wird der UMS-Nutzen von 38% der Befragten geringer als der des QMS eingeschätzt. 35% schätzen ihn gleich ein. Ein Befragter aus der Chemiebranche merkte dazu an: *„Ohne QMS können wir kein Kilo unseres Produktes verkaufen – ohne UMS schon."* Dieses Zitat verdeutlicht die bislang unterentwickelte Ausstrahlungskraft von UMS auf dem Markt. QMS dienen primär der Kundenzufriedenheit[95] und sind in vielen Fällen eine Voraussetzung für Auftragsvergaben[96]. UMS zielen neben der Minimierung ökologiebedingter Kosten nicht alleine auf die Erfüllung marktlicher Forderungen ab, sondern sind in gleichem Masse auf nichtmarktliche Anspruchsgruppen wie Gesetzgeber, Anwohner, Umweltorganisationen, Öffentlichkeit und Medien ausgerichtet. Der Nutzen für diese Anspruchsgruppen wird bei betriebswirtschaftlichen Kosten-/Nutzenrechnungen in

---

[95]   Verschiedene Untersuchungen über die Wirksamkeit von QMS stellen fest, das QMS diesen Anspruch in der Praxis nur zum Teil erfüllen. Insbesondere die überkommene Systemstruktur gemäss den 20 Kapiteln der bisher gültigen ISO 9001 führt bisweilen zu sehr bürokratischen Umsetzungen der Normforderungen. Während in einigen Unternehmen mit umfangreichen Dokumentationen „Papiertiger" mit geringer betriebspraktischer Relevanz in erster Linie mit dem Ziel einer erfolgreichen Zertifizierung aufgebaut wurden, nutzten andere Unternehmen das QMS zur Reorganisation und systematischen Verbesserung der betrieblichen Abläufe. Vgl. Walgenbach, P. (1998), Kamiske, G. et al. (1994)

[96]   Diese Entwicklung kann mitunter zu fragwürdigen Ergebnissen führen, wenn die ISO-Zertifizierung die ausschliessliche Motivation für den Aufbau eines Managementsystems darstellt.

der Regel aber nicht berücksichtigt, da er schwer monetär zu bewerten ist. Einige Unternehmen verweisen auch darauf, dass aufgrund der weitgehenden Integration ihrer Managementsysteme eine getrennte Beurteilung der Nutzen von UMS und QMS nicht möglich sei. Als etwas überraschendes Ergebnis lässt sich dennoch festhalten: Die UMS-Kosten werden **deutlich tiefer** eingeschätzt als die QMS-Kosten. Der UMS-Nutzen wird ebenfalls, aber nur **etwas tiefer** bewertet. Dies geht aus den Mittelwerten hervor, die bei 1,5 (UMS-Kosten) bzw. 1,7 (UMS-Nutzen) liegen.[97]

	Total Stichprobe n=158	Elektrotechnik n=20	Nahrungsmittel n=13	Papier, Druck, Graph. n=13	Maschin. bau n=12	Chemie n=10	Bau n=10	Metallindustrie n=10
UMS-Kosten	1,5	*1,2*	*1,2*	1,7	*1,2*	1,7	1,6	1,5
UMS-Nutzen	1,7	1,4	*2,0*	*1,8*	1,5	1,6	*1,9*	*1,8*

Abb. 8-3: Bewertung von Kosten und Nutzen des UMS im Vergleich mit dem QMS nach Branchen *(Skala für die Berechnung der Mittelwerte: UMS-Kosten bzw. UMS-Nutzen kleiner als QMS=1; gleich QMS=2; grösser als QMS=3. Die fett und kursiv gedruckten Werte heben die überdurchschnittlichen Ergebnisse hervor.)*

Vergleicht man die Einschätzungen getrennt nach **Branchen**, so zeigt sich anhand der Mittelwerte, dass die UMS-Kosten vor allem in den Branchen Nahrungsmittel, Elektrotechnik und Maschinenbau als deutlich kleiner eingeschätzt werden (Mittelwerte alle 1,2), während sie vor allem in den Branchen Chemie, Papier/Druck/Graphik (Beide Mittelwerte 1,7) und Bau (Mittelwert 1,6) eher als vergleichbar mit den QMS-Kosten eingestuft werden. Der UMS-Nutzens wird in den meisten Branchen auch als kleiner eingestuft. Deutlich kleiner ist er vor allem in den Branchen Elektrotechnik (Mittelwert 1,4), Maschinenbau (1,5) und Chemie (1,6). Als vergleichbar mit dem QMS wird er demgegenüber in den Branchen Nahrungsmittel (2,0), Bau (1,9), Metall und Papier/Druck/Graphik (beide 1,8) eingeschätzt. Eine **besonders positive Einschätzung** finden UMS somit in der **Nahrungsmittelbranche**, wo sowohl die Kosten – im Vergleich mit dem QMS – am kleinsten eingestuft werden als auch der Nutzen am grössten. Bei einer Differenzierung nach der **Unternehmensgrösse** zeigt sich, dass insbesondere Grossunternehmen (Mittelwert 1,3) die UMS-Kosten im Vergleich mit dem QMS deutlich tiefer einschätzen als die anderen Unternehmen. Sie schätzen aber auch den UMS-Nutzen tiefer ein als den des QMS (Mittelwert 1,6). Demgegenüber stufen Kleinunter-

---

[97] Für die Berechnung der Mittelwerte gilt folgende Skala bzgl. der Antworten: UMS-Kosten bzw. UMS-Nutzen kleiner als QMS = 1; gleich QMS = 2; grösser als QMS = 3.

nehmen sowohl die UMS-Kosten wie auch den Nutzen höher ein. Für sie sind die UMS-Wirkungen in beiderlei Hinsicht sehr vergleichbar mit denen des QMS (Mittelwerte 1,8 bzw. 1,9). Mittelunternehmen entsprechen dem Durchschnitt der Gesamtstichprobe.

	Total Stichprobe n=158	1-49 MA n=43	50-249 MA n=53	>=250 MA n=60
UMS-Kosten	1,5	1,8	1,5	*1,3*
UMS-Nutzen	1,7	*1,9*	1,6	1,6

Abb. 8-4: Bewertung von Kosten und Nutzen des UMS im Vergleich mit dem QMS nach Unternehmensgrösse *(Skala für die Berechnung der Mittelwerte: UMS-Kosten bzw. UMS-Nutzen kleiner als QMS=1; gleich QMS=2; grösser als QMS=3. Die fett und kursiv gedruckten Werte heben die überdurchschnittlichen Ergebnisse hervor.)*

Vergleicht man die Einschätzungen der Unternehmen **mit UMS unterschiedlichen Alters**, so stellt man fest, dass Unternehmen mit „alten" UMS (Zertifizierung vor 1998) die UMS-Kosten im Vergleich mit den QMS-Kosten deutlich tiefer einstufen als die Unternehmen mit einem „jungen" UMS (Zertifizierung nach 1998). Sind es im ersten Fall 60% der Unternehmen, welche die Kosten tiefer einstufen (Mittelwert 1,4), so sind es im zweiten Fall nur 46% (Mittelwert 1,6). Der UMS-Nutzen wird jedoch von beiden Gruppen gleich eingestuft (beide Mittelwerte 1,7). Offenbar spielen hier **Lerneffekte** eine Rolle, welche dazu führen, dass bei längerer Erfahrung mit UMS die Kosten – relativ zu den QMS-Kosten – sinken.

8.2 Beurteilung und Rolle der Zertifizierung

Im Rahmen der Zertifizierung erfolgt eine Überprüfung der Normkonformität des UMS. Dabei handelt es sich nicht um die einzige Prüfung, die gemäss ISO 14001 verlangt ist. Vielmehr ergänzt sie die internen Prüfungen, welche im Rahmen des (internen) Umweltmanagementsystem-Audits gemäss Kap. 4.5.4 und der umfassenden Bewertung durch die oberste Leitung gemäss Kap. 4.6 der ISO-Norm 14001 bereits vorgängig zur Zertifizierung durchzuführen sind. Dennoch kommt der Zertifizierung durch unabhängige Auditoren eine herausragende Rolle zu, da sie nicht nur über die Verleihung des Zertifikats entscheidet, sondern auch die Glaubwürdigkeit der Umweltbemühungen der Unternehmen sichert. Wie ernsthaft und gründlich die Zertifizierer ihrer Aufgabe nachkommen, ist somit von grosser Bedeutung für das zertifizierte Unternehmen, aber auch für den Wert von ISO 14001-Zertifizierungen überhaupt.

▪ *Beurteilung der Zertifizierungsauditoren und ihrer Tätigkeit*

Um die Tätigkeit der Zertifizierungsauditoren beurteilen zu können, wurden die Umweltmanager um eine Beurteilung von 8 Aussagen zu unterschiedlichen Aufgaben und Aspekten der Zertifizierungstätigkeit gebeten. Die Aussagen betreffen nicht nur die Prüfungstätigkeit, sondern auch Beiträge zur Entwicklung des UMS. Die Antwortmöglichkeiten reichten von „trifft zu", über „trifft eher zu", „trifft eher nicht zu" bis zu „trifft nicht zu". Die Ergebnisse gehen aus Abb. 8-5 hervor.

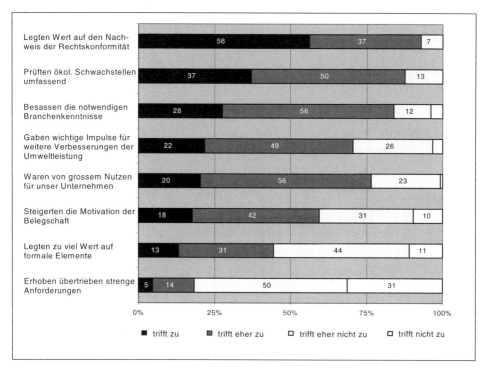

Abb. 8-5: Beurteilung der Zertifizierungsauditoren und ihrer Tätigkeit (n=151-153)

Drei Aussagen, die sich auf die Prüfungsfunktion der Auditoren beziehen, haben mit Abstand die höchste Zustimmung erzielt. An der Spitze stehen die **Prüfung der Rechtskonformität** und der **ökologischen Schwachstellen**. Sie erfahren mit 93% (56% trifft zu und 37% trifft eher zu) bzw. 87% (37% trifft zu und 50% trifft eher zu) sehr hohe Zustimmungsraten. Umgekehrt heisst dies: Nur 7% stellen fest, dass auf den Nachweis der Rechtskonformität eher kein Wert gelegt wurde und 13%, dass die ökologischen Schwachstellen eher nicht umfassend geprüft wurden. 28% der Befragten bestätigen uneingeschränkt, dass die Zertifizierer die **notwendigen Branchenkenntnisse** besassen, weitere 56% stimmen „eher zu".

Angesichts der Tatsache, dass die Überprüfung der Rechtskonformität und der ökologischen Schwachstellen als zentrale Kernbereiche der ökologischen Wirksamkeit und öffentlichen Glaubwürdigkeit von UMS anzusehen sind, und die Branchenkenntnisse der Zertfizierer hierfür als unverzichtbare Grundlage, kann einerseits beruhigt festgestellt werden, dass die Negativwerte sehr tief ausfallen. Offenbar haben die Zertifizierungsgesellschaften die Bedeutung dieser Bereiche erkannt und konnten gravierende Fehler vermeiden. Andererseits kann man sich in diesen Kernbereichen mit einer lediglich zweitbesten Antwort „trifft eher zu" nicht zufrieden geben. Bei uneingeschränkt zustimmenden Werten bzgl. Nachweis der Rechtskonformität von 56%, bzgl. umfassender Prüfung der Schwachstellen von 37% und notwendiger Branchenkenntnisse von 28% kann das Ergebnis wohl nur als **befriedigend** bezeichnet werden.

Drei Viertel der Befragten stellen fest, dass die Zertifizierer insgesamt von **grossem Nutzen für das Unternehmen** waren und **wichtige Impulse für weitere Verbesserungen der Umweltleistung** gaben. Und 60% haben die Audits als **motivationssteigernd** im Hinblick auf die Mitarbeitenden empfunden. Gut 80% der Befragten bestätigen, dass die Zertifizierer keine übertrieben hohen Anforderungen an die Unternehmen stellen. Moniert wird allerdings von 44% der Befragten, dass ein zu hoher Wert auf formale Elemente (z.B. Dokumentation) gelegt wird.

Insgesamt wird den Auditoren ein **achtbares Zeugnis** ausgestellt. Das System der externen Audits als Kontroll- und Korrekturinstrument stösst bei den Unternehmen offensichtlich auf **Zustimmung und Anerkennung**. Es wird deutlich, dass die Zertifizierer neben ihrer Rolle als Prüfer auch als Impulsgeber für Verbesserungen angesehen werden. Faktisch haben die externen Audits somit eine Doppelfunktion: eine **Prüfungs- und Kontrollfunktion** einerseits, eine **Motivations- und Entwicklungsfunktion** andererseits. Im Vordergrund steht jedoch die Prüfungsfunktion. Noch immer wird von vielen Befragten eine überzogene Orientierung an formalen Kriterien kritisiert. Hier dürfte der Erfahrungshintergrund aus dem Bereich der QMS-Auditierung durchschimmern.

- *Beurteilung nach Zertifizierungsgesellschaften*

Interessant ist bei dieser Frage, wie die Beurteilung getrennt nach Zertifizierungsgesellschaften ausfällt. Die grossen drei Gesellschaften (SQS, SGS-ICS und BVQI) teilen 94% des schweizerischen Marktes unter sich auf. Ihre Anteile an der Untersuchungsstichprobe betragen 61% (SQS), 17% (SGS-ICS) und 16% (BVQI). Wie die (anonymisierten) Beurteilungen für diese drei Zertifizierungsgesellschaften im einzelnen aussehen, geht aus Abb. 8-6 hervor.

	Total Stich-probe	ZG A	ZG B	ZG C
Legten Wert auf den Nachweis der Rechtskonformität	93%	89%	*95%*	88%
Prüften ökologische Schwachstellen umfassend	87%	74%	*93%*	80%
Besassen die notwendigen Branchenkenntnisse	84%	78%	*85%*	84%
Gaben wichtige Impulse für die Verbesserung der Umweltlei-stung	70%	*73%*	*84%*	48%
Waren von grossem Nutzen für unser Unternehmen	77%	*85%*	*83%*	52%
Steigerten die Motivation der Belegschaft	59%	*81%*	*61%*	32%
Legten zu viel Wert auf formale Elemente	45%	19%	*51%*	*48%*
Erhoben übertrieben strenge Anforderungen	18%	7%	*22%*	12%

Abb. 8-6: Vergleichende Beurteilung der drei führenden Zertifizierungsgesellschaften (ZG) *(Die Prozentwerte beziehen sich auf die Zustimmung „trifft zu" und „trifft eher zu" zu den Aussagen. Die fett und kursiv gedruckten Werte geben überdurchschnittliche Zustimmungswerte wider.)*

Betrachtet man zunächst die ersten drei Ergebnisse bzgl. der **Prüffunktion** der Auditoren, so zeigen sich deutlich überdurchschnittliche Werte bei Zertifizierungsgesellschaft (ZG) B. Sie legt – gemäss Einschätzung der befragten Umweltmanager – offensichtlich nicht nur am meisten Wert auf den Nachweis der Rechtskonformität, sondern prüft auch die ökologischen Schwachstellen am umfassendsten. Bzgl. der Branchenkenntnisse liegen die ZG nur wenig auseinander. Negativ gewendet, stellen 11% (ZG A) bzw. 12% (ZG C) der Umweltmanager fest, dass zwei der führenden ZG „eher nicht" Wert auf den Nachweis der Rechtskonformität legen und dass 20% (ZG C) bzw. 26% (ZG A) ökologische Schwachstellen „eher nicht" umfassend prüfen. Auch die Tatsache, dass zwischen 15% und 22% der Befragten angeben, dass die Auditoren „eher nicht" oder sogar „nicht" (in allen drei Fällen jeweils 4%) die notwendigen Branchenkenntnisse besassen, vermag noch nicht zu überzeugen. Hier zeigen sich noch Schwächen in der Wahrnehmung der Prüffunktion der ZG, die im Interesse des Ansehens der eigenen Gesellschaft, aber auch der UMS-Zertifizierung insgesamt zu beheben sind.

Betrachtet man die nächsten drei Ergebnisse bzgl. der **Entwicklungsfunktion** der Auditoren, so weisen hier ZG B und ZG A deutlich bessere Ergebnisse auf als ZG C. Während ZG B vor allem bzgl. Verbesserungsimpulsen für die Umweltleistung deutlich besser beurteilt wird, erreicht ZG A erstaunlich hohe Werte bzgl. der Motivationssteigerung. ZG C fällt hier massiv gegenüber ihren beiden Mitwettbewerberinnen ab. So sind 32% der Befragten eindeutig nicht der Meinung, dass die Motivation der Belegschaft gesteigert wurde, weitere 36% „eher nicht". Hier wird deutlich, dass Vorgehen und Stil der verschiedenen ZG offensichtlich sehr stark voneinander abweichen. Dies geht auch aus den Antworten zur Frage nach einer übertriebenen Betonung formaler Elemente hervor. Während auch hier ZG B – allerdings unrühmliche – Spitzenwerte (51%) erreicht, dicht gefolgt von ZG C (48%), schneidet ZG A mit Abstand am besten ab. Nur 19% der Befragten geben zu Protokoll, dass bei der Zertifizierung eher zu viel Wert auf formale Elemente gelegt wird.

Die vergleichende Beurteilung der drei führenden Zertifizierungsgesellschaften in der Schweiz ergibt voneinander **deutlich abweichende Profile**. Während ZG B durchgängig überdurchschnittliche Werte aufweist, somit sowohl bzgl. der zentralen Prüfungsaufgaben wie auch der Entwicklungsbeiträge an die Kunden-Unternehmen besser abschneidet, steht sie allerdings auch bzgl. der Überbetonung formaler Elemente an der Spitze. ZG A weist ein gespaltenes Bild auf: Während sie Spitzenwerte im Bereich der Entwicklungsbeiträge und des unbürokratischen Vorgehens erreicht, sind die Werte im Kernbereich der Prüfungsaufgaben akzeptabel, im Vergleich aber nur unterdurchschnittlich. ZG C weist im Bereich der Prüfungsaufgaben etwas bessere Werte auf als ZG A, im Bereich der Entwicklungsbeiträge jedoch massiv schlechtere Werte als die beiden anderen ZG. Das Angebot von ZG C betrifft offenbar „Prüfung und sonst nichts". ZG A und B präsentieren sich demgegenüber mit einem ausgeglicheneren Leistungsangebot, in dem auch die Kundenorientierung ihren Platz hat.

8.3 Kontinuierliche Verbesserung

Um die von der ISO-Norm verlangte kontinuierliche Verbesserung von UMS und Umweltleistung beurteilen zu können, wurden die Führungskräfte gefragt, ob die **Umweltaktivitäten nach der erfolgten Zertifizierung nachgelassen haben**. Während dies lediglich 10% bejahen (1% trifft zu, 9% trifft eher zu), wird es von einer überwältigenden Mehrheit von 90% der Befragten verneint. 52% sagen, dies trifft nicht zu, weitere 38% sagen, dies trifft eher nicht zu. Folgt man dieser Selbsteinschätzung der Umweltmanager, so erscheint die durch das UMS verursachte Mobilisierung im Unternehmen als erstaunlich tragfähig.

- *Zukünftige Wirkungen und Verbesserungspotential des UMS*

In einer weiteren Frage wurden die Umweltmanager um eine generelle Einschätzung der zukünftigen Wirkungen und weiterer Verbesserungspotentiale ihres UMS gebeten. Die Antwortmöglichkeiten reichten von „klein", über „eher klein", „eher gross" bis zu „gross".

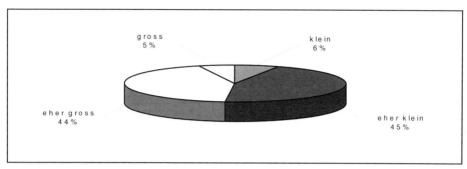

Abb. 8-7: Zukünftige Wirkungen und Verbesserungspotential des UMS (n=158)

Im Ergebnis erweisen sich die Meinungen zu den zukünftigen Wirkungen und Verbesserungspotentialen des UMS als **sehr geteilt**. Zwei etwa gleich grosse Lager stehen sich gegenüber: 47% der Befragten beurteilen die zukünftigen Wirkungen und das Verbesserungspotential des UMS als klein oder eher klein, 50% sehen dagegen grosse oder eher grosse Verbesserungspotentiale.

- *Voraussetzungen für einen kontinuierlichen Verbesserungsprozess*

Um die Ansatzpunkte für einen effektiven kontinuierlichen Verbesserungsprozess zu identifizieren, wurden die Umweltmanager in einer offenen Frage gebeten, Voraussetzungen für die Verbesserung von UMS und Umweltleistung zu benennen. Abb. 8-8 zeigt die zehn meistgenannten Antwortkategorien und die Häufigkeit der Nennungen.

An der Spitze stehen **Führungsaspekte**. Mit Abstand am häufigsten wird die aktive **Unterstützung durch die Unternehmensleitung** genannt (29 Nennungen). Ein klares Engagement der obersten Leitung für Zielsetzungen, Inhalte und Umsetzung des UMS erscheint somit als wichtigste Grundvoraussetzung weiterer Verbesserungen. Auf den Plätzen 2 und 3 finden sich zwei weitere Aspekte, die beide den **Einbezug der Mitarbeiter** betreffen: Motivation und Sensibilisierung einerseits, Schulung andererseits erhalten beide 19 Nennungen.

Beziehen sich die drei erstgenannten Kategorien auf interne Voraussetzungen, finden sich auf den Plätzen 4 und 5 **externe Einflüsse**: Mit der stärkeren Kundennachfrage nach ökologisch optimierten Produkten und Dienstleistungen (18 Nennungen) werden die – zumeist als mangelhaft angesehenen – Rahmenbedingungen von Markt und Nachfrage angesprochen. Mit den höheren Energiepreisen (16 Nennungen) wird auf eine zentrale politische Schlüsselgrösse verwiesen, die entscheidend ist für eine Erweiterung der Handlungsspielräume im Umweltmanagement. Mehrfach wird auf die Notwendigkeit einer **aufkommensneutralen Steuerreform** verwiesen, bei der die Besteuerung von Energie an die Stelle einer Besteuerung der Einkommen tritt. Aber auch **sonstige stärkere Anreize** für umweltverträgliches Unternehmensverhalten werden angemahnt: Diese reichen von der Anerkennung des eigenverantwortlichen Umweltverhaltens durch die Behörden über die Berücksichtigung ökologischer Aspekte bei öffentlichen Ausschreibungen (Vergabekriterien) bis zur Forderung nach strengeren Gesetzen. Nur in einem Fall werden „weniger Vorschriften" gefordert, in einem weiteren Fall „griffigere Gesetze".

1. Unterstützung durch die Unternehmensleitung (29 Nennungen)

2. Motivation, Sensibilisierung (19 Nennungen)

3. Schulung der Mitarbeiter (19 Nennungen)

4. Verstärkte Kundennachfrage nach umweltverträglichen Produkten
    und Dienstleistungen (18 Nennungen)

5. Höhere Energiepreise (16 Nennungen)

6. Verbesserung der operativen Controllingprozesse (14 Nennungen)

7. Bereitstellung finanzieller Mittel (11 Nennungen)

8. Stärkere Anreize für umweltverträgliches Verhalten (11 Nennungen)

9. Strikte Umweltgesetzgebung (9 Nennungen)

10. Verstärkte Einbeziehung von Lieferanten (9 Nennungen)

Abb. 8-8: Voraussetzungen für eine weitere Verbesserung des UMS und seiner Leistung

Neben Führungsaspekten und externen Einflüssen bilden **organisatorische Aspekte** einen dritten Schwerpunkt. So sehen sich viele Unternehmen mit operativen Problemen im Rahmen des Controllings von Stoff- und Energieströmen konfrontiert. Barrieren für den kontinuierlichen Verbesserungsprozess sind dabei die Datenermittlung, die Auswahl von aussagekräftigen Kennzahlen sowie ungeklärte Verantwortlichkeiten im Rahmen des Umweltmanagements. Dabei sehen eine Reihe von Unternehmen die verstärkte Einbeziehung von Zulieferanten in das Umweltmanagementsystem als notwendig an. Ebenfalls wird eine stärkere Integration des Umweltmanagements in die allgemeinen Geschäftsprozesse sowie die Bereitstellung grösserer finanzieller Mittel in das Umweltmanagement für die Sicherung des kontinuierlichen Verbesserungsprozesses gefordert.

Betrachtet man die zehn wichtigsten Voraussetzungen für eine weitere Verbesserung des UMS und seiner Leistung im Überblick, so finden sich vier externe, von den Unternehmen nicht direkt beeinflussbare Einflüsse. Ein deutlich höheres Gewicht haben in der Einschätzung der Umweltmanager aber von den Unternehmen selber und unmittelbar gestaltbare **interne Voraussetzungen**. Damit sind die Voraussetzungen für weitere Verbesserungen durch die Unternehmen – bei entsprechendem Willen und Engagement der Unternehmensleitungen – **selber gestaltbar**.

Teil III

Weiterentwicklungen von Umweltmanagementsystemen

Der Anreiz „Zertifizierung" sorgt im Normalfall vor allem einmal für den System-aufbau, somit für die Einrichtung der erforderlichen Managementinfrastruktur im Unternehmen. Dies ist notwendig, aber noch nicht hinreichend für effektive Verbes-serungsmassnahmen. Soll das System zu dem von der ISO-Norm 14001 verlangten dynamischen Prozess einer kontinuierlichen Verbesserung von UMS und Umweltlei-stung führen, so bedarf es hierfür weitergehender Anreize. Diese können von unter-schiedlicher Seite kommen: von Kunden, Finanzmärkten oder Behörden. Fehlen diese Anreize oder bleiben sie so schwach, wie dies aus den bisherigen empirischen Er-kenntnissen hervorgeht, so steht zu befürchten, dass das Interesse an UMS wieder er-lahmen wird. Neben einer Verbesserung der externen Anreize und Rahmenbedingun-gen bedarf es aber auch Anpassungen und Weiterentwicklungen in den Unternehmen, um die Wirksamkeit der UMS zu verbessern. Drei Bereiche werden für eine solche Weiterentwicklung von UMS als besonders wichtig erachtet und sollen im abschlie-ssenden Teil III vertieft werden: Integration von Managementsystemen (Kap. 9), strategischer Einsatz von UMS (Kap. 10), UMS und behördlicher Vollzug (Kap. 11). Als letztes Kapitel dieses Buchs findet sich eine abschliessende Zusammenfassung und Interpretation der wichtigsten Untersuchungsergebnisse (Kap 12).

9   Integration von Managementsystemen

Gegen Integration kann man eigentlich nicht sein. Dieser Begriff ist so positiv besetzt, dass man einfach dafür sein muss. Das ist wie mit Innovation, Motivation oder Umweltschutz. Gerade deshalb ist dieser verführerische Begriff gefährlich, da er uns daran hindern könnte, kritische und grundsätzliche Fragen zu stellen nach dem Sinn und Zweck von Integration sowie nach dem richtigen Ausmass und der passenden Form der Integration. Denn: Integration ist kein Selbstzweck, sondern selber ein Mittel zum Erreichen bestimmter Unternehmensziele. Und diese Ziele sind unternehmenspolitisch festzulegen. Die Ausführungen dieses Kapitels dienen dazu, das Thema Integration von Managementsystemen besser verstehen zu lernen und bewusster gestalten zu können. Hierzu geht es zunächst um die Objekte der Integration, also um die Frage: „Was wird integriert?" (Kap. 9.1), dann um die Ziele der Integration, dies ist die Frage: „Wozu wird integriert?" (Kap. 9.2) und schliesslich um die passenden Formen der Integration, somit die Frage: „Wie wird integriert?" (Kap. 9.3)[98]

9.1 Objekte der Integration: Was wird integriert?

Der **Begriff „integrieren"** bedeutet Einfügen von etwas in ein grösseres Ganzes, oder auch Zusammenfügen von vorher getrennten Objekten zu einem Ganzen.[99] Die einzelnen Objekte gehen dabei nicht unter, sondern werden zu Teilen einer grösseren Gesamtheit. Mit „integrieren" meint man mehr als mit **„koordinieren"**, worunter man lediglich ein Abstimmen zwischen zwei oder mehr Objekten versteht. Hierdurch sollen Widersprüche und Doppelspurigkeiten zwischen den Objekten beseitigt werden, es fehlt jedoch die Vorstellung eines grösseren Ganzen, in das etwas eingefügt wird. Man meint aber auch mehr als mit „**addieren"**. Hier kommt etwas Neues zu etwas bereits Bestehendem hinzu, wodurch es mehr wird, aber nicht eine andere, höhere Form annimmt. Das besondere am Integrieren ist somit, dass etwas Neues aus dem Vorgang entsteht, was es bisher nicht gegeben hat, ein neues System. Folglich kann man auch bereits feststellen, dass ein blosses Hinzufügen eines UMS zu einem Qualitätsmanagementsystem (QMS), beispielsweise in Form zusätzlicher Kapitel im QMS-Handbuch, zwar eine Addition ist, aber noch keine Integration.

---

[98]   Die Ausführungen dieses Kapitels bauen auf verschiedenen Grundlagen auf, die teilweise bereits an anderen Orten publiziert wurden, vor allem Dyllick (1996), (1999), SNV (1998), Dyllick/Hummel (1997). Sie haben sehr gewonnen durch die Zusammenarbeit mit H.-D. Seghezzi (1996), Seghezzi/Caduff (1997) und Dyllick/Seghezzi (1998) sowie die hieraus entstandenen Dissertationen von Felix (1999), Pischon (1999) und Schwerdtle (1999).

[99]   Vgl. Duden, Band 7, Herkunftswörterbuch der deutschen Sprache, 2. Auflage, Mannheim 1989.

Aber welche Managementsysteme sollen denn integriert werden? Dies ist keine triviale Frage. Grundsätzlich gibt es sehr viele **spezielle Managementsysteme** in Unternehmen: UMS, QMS, Arbeitssicherheitsmanagementsysteme (AMS), Anlagensicherheits- oder Risikomanagementsysteme, dann aber auch Marketing-, Personal-, Liegenschaften-, Logistik-, Finanzmanagement oder Innovationsmanagementsysteme. Jedes Unternehmen verfügt über eine Vielzahl mehr oder weniger elaborierter Managementsysteme, um die grosse Zahl von Aufgaben erfüllen zu können, die sich in Unternehmen stellen. Je grösser, differenzierter und entwickelter ein Unternehmen ist, desto mehr solcher Managementsysteme besitzt es in der Regel. Neben diesen vielen speziellen Managementsystemen gibt es jedoch nur **ein allgemeines Managementsystem** im Unternehmen, das mittels Politik, Planung, Budgetierung und Controlling für die Lenkung der Geschäftsprozesse sowie die Steuerung des Geschäftserfolgs im Unternehmen eingesetzt wird. Es ist als das entscheidende Managementsystem im Unternehmen anzusehen und integriert in aller Regel bereits eine grosse Anzahl spezieller Managementsysteme, zu denen die zertifizierbaren Managementsysteme bisher jedoch erst selten gehören.

Mit der Möglichkeit einer **Zertifizierung genormter Managementsysteme** hat eine neue Dimension Einzug gehalten in das etablierte Zusammenspiel der Managementsysteme im Unternehmen. Indem nun QMS, UMS und AMS im Rahmen expliziter Normen definiert und festgeschrieben wurden, ist auch die Möglichkeit ihrer Überprüfung durch unabhängige Zertifizierungsgesellschaften zum Zwecke eines Nachweises nach aussen geschaffen worden. Der Preis für die hierdurch erreichte Objektivierung und Institutionalisierung von bestimmten Managementaufgaben sind weitgehende formale Anforderungen an Aufbau, Betrieb und Prüfung der Managementsysteme, welche in festgelegten Strukturen, Routinen und Dokumentationspflichten zum Ausdruck kommen. Aber zertifizierbare Managementsysteme weisen nicht nur strukturelle Gemeinsamkeiten auf, sie sind auch eingebunden in spezifische Netzwerke externer Anreiz- und Lenkungssysteme, die mittels Verleihung oder Entzug von Zertifikaten, mittels Qualifizierung und Zertifizierung von Auditoren, spezieller Normungsgremien, Berufsverbände und Organisationen, Zeitschriften und Konferenzen, Preisen und Auszeichnungen oder mittels des Einsatzes spezifischer Instrumente wie Self-Assessments und Benchmarking eigentliche **Gemeinschaften geteilter Praxiserfahrungen** (communities-of-practice) schaffen. Hierdurch ist neben der Managementsystem-Hardware auch eine kognitiv und normativ geprägte kulturelle Software entstanden, welche eine ganze „System-Gemeinde" prägt.

Hierdurch entsteht im Unternehmen eine neuartige Spaltung in zwei verschiedene Welten: den **genormten und zertifizierbaren Managementsystemen** auf der einen Seite stehen **nicht genormte und nicht zertifizierbare, herkömmliche Managementsysteme** auf der anderen Seite gegenüber. Die Frage, was integriert werden soll, orientiert sich zumeist an dieser Spaltung: Geht es um die Integration von UMS und QMS, allenfalls ergänzt um ein AMS? Oder geht es um die Integration des UMS in das allgemeine Managementsystem im Unternehmen? Je nachdem was integriert werden soll, stellt sich die Integrationsaufgabe aber anders.

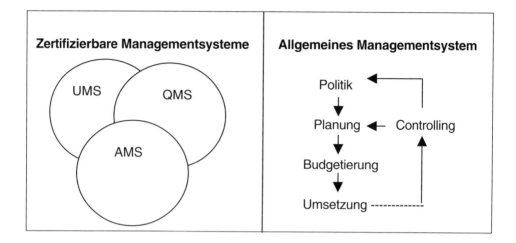

Abb. 9-1: Unterschiedliche Ansatzpunkte und Objekte der Integration

Die Frage nach der Integration von Managementsystemen konzentriert sich in der Praxis zumeist noch auf die **Integration zertifizierbarer Managementsysteme**. Wie wir aus den Ergebnissen der empirischen Befragung ersehen können, ist eine Integration von UMS und QMS heute nahezu als Regel anzusehen. 83% der befragten Unternehmen haben ihr UMS mit dem QMS integriert. Eine Integration von UMS und AMS ist bisher zwar erst von einer knappen Hälfte (46%) realisiert worden, dürfte jedoch durch die Wirkung der Anfang 2000 verpflichtend gewordenen EKAS-Richtlinie nun ebenfalls rasch zum Normalfall werden.

Hieraus entsteht jedoch bestenfalls erst ein **partiell integriertes Managementsystem**. Die Integration kann schwergewichtig als **zertifizierungsgetrieben** angesehen werden. Mit anderen Worten: Triebkraft der Integration sind hier vor allem die Vermeidung von Doppelspurigkeiten in Dokumentation, Betrieb und Zertifizierung der Managementsysteme. Einsparungen und Effizienzgewinne resultieren insbesondere daraus, dass die Systemdokumentationen so weit wie möglich vereinheitlicht und integriert werden, integrierte Schulungen durchgeführt werden, Verantwortlichkeiten konzentriert werden, Kontrollen, Audits und Zertifizierungen koordiniert werden. Eine weitergehende Integration des UMS mit dem allgemeinen Managementsystem haben gemäss unseren Befragungsergebnissen mit 41% erst deutlich weniger Unternehmen realisiert. Dabei dürfte erst hiermit die erforderliche Grundlage für eine breite Verankerung und einen effektiven Einsatz des UMS im Unternehmen geschaffen werden und die partielle Integration zu einer **vollständigen, echten Integration des UMS** werden. Erst so kann sichergestellt werden, dass ökologische Anliegen und Überlegungen nicht nachträglich durch Umweltverantwortliche und vermittels spezieller Verfahren und Systeme im Unternehmen zur Geltung gebracht werden müssen, sondern im Rahmen der regulären Entscheidungsprozesse von Anfang an mit berücksichtigt und verantwortet werden. Integration bedeutet somit vor allem einmal Integration in die normalen, geschäftspolitischen Entscheidungsprozesse und -systeme.[100]

Was soll unter einer **Integration des UMS in das allgemeine Managementsystem** verstanden werden? Die Beantwortung dieser Frage kann an drei Kernelementen festgemacht werden: Integration der Umweltverantwortung in die Linienverantwortung, Integration der Umweltziele und -programme in die bestehenden Planungs-, Budgetierungs- und Controllingsysteme sowie Integration der UMS-Prozesse in die bestehenden Kernprozesse des Unternehmens.[101]

1. Bleibt Umweltschutz im Unternehmen die Aufgabe einer Stabsstelle oder Stabsabteilung, so führt dies im Unternehmensalltag dazu, dass die umweltrelevanten Aufgaben an diese delegiert werden. Eine solche Situation ist nicht nur in hohem Masse undankbar, die hieran geknüpften Erwartungen sind auch in aller Regel unlösbar. Erst wenn Umweltschutz eine **integrierte Verantwortung jeder Linienstelle** ist, die sowohl für die Planung wie auch die Erreichung der Umweltziele selber verantwortlich ist, können die Erfolgs- und Zukunftsaussichten des Umweltmanagements als strukturell abgesichert gelten. Und erst dann kann auch eine zentrale Umweltstelle das tun, was sie eigentlich tun sollte: Unterstützung geben für die anderen Unternehmensbereiche und die Unternehmensleitung.

2. Im Mittelpunkt des allgemeinen Managements steht typischerweise das Planungs- und Controllingsystem, durch das im Rahmen einer rollenden Planung strategische Entscheide für das Unternehmen gefällt werden, die dann in Form operativer Pläne und Vorgaben die Tätigkeiten in den Bereichen Absatz, Produktion, Beschaffung und Logistik, aber auch Forschung & Entwicklung, Personal und Organisation lenken. Die Aufgaben der Überwachung und Kontrolle obliegen hierbei dem Controlling, das zumeist mit einer individuellen Ziel- und Leistungsbeurteilung verknüpft ist. Von einem effektiv integrierten Umweltmanagement kann erst gesprochen werden, wenn das UMS in diese für

---

[100]   Auf dieses Ziel wirken auch Konzepte des Total Quality Management hin, wie es z.B. im EFQM-Modell (European Foundation for Quality Management) zum Ausdruck kommt und im Rahmen von Preisen wie dem European Quality Award oder dem 1999 in der Schweiz erstmalig verliehenen Preis ESPRIX gefördert wird.

[101]   Vgl. hierzu Dyllick (1999), S. 184f. und SNV (1998), S. 20ff.

jedes Unternehmen zentralen Managementsysteme und -abläufe eingebunden ist, wenn somit die Planung von Umweltzielen und Umweltprogrammen **Teil der regulären Planungsaufgabe und ihrer Träger** ist, aber auch weiter bearbeitet wird im Rahmen von **Budgetierung, Controlling, Berichterstattung und Leistungsbeurteilung.**

3. Unternehmen werden heute in zunehmendem Masse nach Geschäftsprozessen gegliedert und geführt. In Abkehrung von der klassischen Organisation nach vertikalen Bereichen und Funktionen werden Unternehmen im Rahmen eines prozessorientierten Ansatzes in horizontale Prozesse zerlegt. Das betriebliche Handeln wird hierbei als Kombination von Prozessen bzw. Prozessketten betrachtet, wobei unter einem Prozess eine Abfolge wertvermehrender Tätigkeiten verstanden wird, die eine Leistung für einen Kunden erbringen. Die Geschäftsprozesse eines Unternehmens werden untergliedert in Kernprozesse (z.b. Auftragsgewinnung oder Leistungserstellung), Managementprozesse (z.b. Planung oder Unternehmensentwicklung) und unterstützende Prozesse (z.b. Rechnungswesen, Arbeitssicherheit). Im Rahmen eines Prozessmanagements werden diese Unternehmensprozesse gezielt gelenkt, gestaltet und entwickelt.

Werden Unternehmen prozessorientiert geführt, so verlangt die Integration des UMS in das allgemeine Managementsystem, dass auch die UMS-Prozesse **in die bestehenden Geschäftsprozesse integriert** werden.[102] Dies bedingt einerseits eine Ergänzung bestehender Prozesse (z.b. Beschaffung, Produktentwicklung, Schulung) um umweltrelevante Aspekte, andererseits die Spezifizierung neuer Prozesse (z.b. Planung der Umweltziele und -programme, Sicherung der Rechtskonformität, Notfallvorsorge, Umweltberichterstattung, Auditierung des UMS, Bewertung und kontinuierliche Verbesserung von UMS und Umweltleistung), um den UMS-spezifischen Forderungen genügen zu können. Bereits seit mehreren Jahren ist zu beobachten, dass QMS, aber auch kombinierte QMS/UMS ganz überwiegend prozessorientiert aufgebaut werden. Diese Entwicklung wird verstärkt durch die auf Herbst 2000 angekündigte Publikation der revidierten ISO-Norm 9001 („Revision 2000"), die auf einer Prozessstruktur basiert und innerhalb von drei Jahren eine prozessorientierte Struktur des QMS als Grundlage der Zertifizierung verlangt.[103]

9.2 Ziele der Integration: Wozu wird integriert?

Integration ist kein Selbstzweck. Vielmehr werden Managementsysteme deshalb integriert, damit bestimmte Unternehmensziele besser erreicht werden können. Und diese Ziele sind

---

[102]   Vgl. SNV (1998).

[103]   Vgl. SNV (2000), Zahner (1998)

sehr verschiedener Art. Die Frage: „Wozu wird integriert?" ist somit auch ganz unterschiedlich zu beantworten. Zur Verdeutlichung dieser unterschiedlichen Ziele soll hier zwischen **managementsystemspezifischen Sachzielen** einerseits, Effizienz-, Sicherungs- und Innovationszielen als **unspezifischen Formalzielen** andererseits unterschieden werden.[104]

Jedes Managementsystem steht im Dienste spezifischer **Sachziele**. So besteht das UMS-Sachziel in der Förderung des Umweltschutzes oder der Öko-Effizienz des Unternehmens, das QMS-Sachziel im Erreichen einer optimalen Kundenzufriedenheit und das AMS-Sachziel in der Sicherstellung des Arbeitsschutzes. Andere Managementsysteme haben andere Sachziele. Im Rahmen der Integration von Managementsystemen geht es nun aber vor allem um ein bewusstes Gewichten und Austarieren der unterschiedlichen Formalziele.

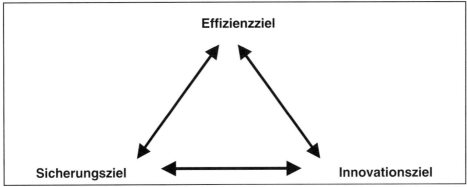

Abb. 9-2: Formalziele bzgl. der Integration von Managementsystemen

Ein erstes Formalziel ist die **Effizienz** des integrierten Managementsystems. Hierunter lassen sich vielfältige konkrete Teilziele subsumieren, wie z.B. das Schaffen einheitlicher Begriffe, einer integrierten Dokumentation, konfliktfreie Regelungen und Anweisungen, Vermeidung bzw. Optimierung von Schnittstellen, personalsparende Organisationsregelungen, integrierte Schulungen oder kombinierte Auditierungen und Zertifizierungen. Es geht darum, die Basisziele der verschiedenen Managementsysteme auf eine möglichst zeit- und kostensparende Weise zu erbringen. Effizienzziele dienen dabei dem Ausnützen von Synergie- und Einsparpotentialen in den Phasen Systemaufbau, Dokumentation, Systembetrieb, Auditierung und Zertifizierung sowie Weiterentwicklung des Systems.

Wichtig ist hier die Einsicht, dass sich Nutzen und Erfolg eines integrierten Managementsystems letztlich im praktischen Betrieb, somit in der Betriebsphase zeigen muss. Weder Erleichterungen bei Dokumentation, Auditierung oder Zertifizierung sind hier entscheidend, sondern vielmehr eine Integration im täglichen Handeln der Mitarbeiterinnen und Mitar-

---

[104] Diese Zielkategorien sind in Dyllick (1996), S. 112f., entwickelt worden. Vgl. hierzu in abweichender Form auch Pischon (1999), S. 295, und Schwerdtle (1999), S. 66.

beiter. Mit anderen Worten: Erleichterungen während der wenigen Tage der Auditierung und Zertifizierung oder der einmaligen Aufbauphase der Managementsysteme wiegen ungleich leichter als Erleichterungen, die sich während 365 Tagen im Jahr auswirken.

Ein zweites Formalziel, das im Rahmen eines integrierten Managementsystems verfolgt wird, ist das **Sicherungsziel.** Hier geht es um die Vermeidung von Risiken und Schäden im Rahmen eines bewussten Risikomanagements. Teilziele sind hier vor allem die Sicherung der Rechtskonformität, die Vermeidung von Haftungsrisiken oder von Imageschäden. Risiken, die mit den Tätigkeiten, Anlagen, Produkten und Dienstleistungen des Unternehmens verbunden sind, sollen hierdurch vermieden oder zumindest vermindert werden. Damit zusammenhängend ist auch eine Verbesserung der Beziehungen zu Behörden, Versicherungen, Banken, Geschäftspartnern und Öffentlichkeit. Zwischen dem Effizienziel und dem Sicherungsziel ergeben sich typischerweise Konflikte. Während die Absicherung vor Unfällen und Ausfällen typischerweise redundante (doppelt oder mehrfach gesicherte) Lösungen verlangt, steht für das Effizienzziel das Vermeiden von Doppelspurigkeiten im Vordergrund. Das Abwägen im Rahmen einer Integration bezieht sich dabei oftmals auf die Konflikte zwischen kurzfristig realisierbaren Einsparungen und möglicherweise erst längerfristig drohenden Risiken.

Ein drittes Formalziel betrifft das **Innovationsziel.** Innovationen dienen einer Verbesserung der Systemleistungen. Solche Innovationen können unterschiedliche Bereiche betreffen: z.B. Produkte und Dienstleistungen, Technologien, Managementinstrumente, Organisationsstrukturen oder die Informations- und Wissensbasis zur Unterstützung von Entscheidungen. Auch zwischen Innovations- und Effizienzielen sind Konflikte typischerweise gegeben. Während die ausschliessliche Optimierung der Effizienz strenge Vorgaben, wenig Spielräume der Mitarbeiter und regelmässige Kontrollen bedingen, verlangt das Innovationsziel im Gegenteil nach Spiel- und Freiräumen. Auch die relevanten Zeiträume unterscheiden sich normalerweise: Während sich Effizienz in einem operativen Horizont bewegt, bedürfen Innovationen typischerweise eines strategischen Planungshorizonts.

Effizienz-, Sicherungs- und Innovationsziele stellen miteinander **konfligierende Ziele** dar. Dies heisst aber, dass es nicht möglich ist, die unterschiedlichen Zielsetzungen gleichzeitig optimal zu erreichen. Vielmehr geht es darum, zwischen unterschiedlichen Zielen und Ausprägungen eine Auswahl zu treffen und mit den unvermeidbaren Konflikten und Risiken, die sich hieraus ergeben, bewusst umzugehen. Je nachdem welche Ziele oder Zielbündel verfolgt werden, ist die Frage der Integration somit auch anders zu sehen und zu beurteilen. Blickt man auf die aktuelle Diskussion, so dominieren die Effizienzziele. Dies ist sicher nicht unnütz, aber es sind auch nicht die einzigen Ziele. Und Integration zum Erreichen von Effizienzielen, verlangt nicht dasselbe wie Integration zum Erreichen von Sicherungs- oder Innovationszielen. Es empfiehlt sich somit in jedem Fall zunächst einmal Rechenschaft darüber abzulegen, wozu genau integriert werden soll, bevor man sich an das Integrieren macht.

9.3 Formen der Integration: Wie wird integriert?

Im Anschluss an die Fragen nach den Objekten und den Zielen der Integration stellt sich die Frage nach der Form der Integration. Dies betrifft die Frage, auf der Basis welcher Grundstruktur das integrierte Managementsystem errichtet werden soll. Grundsätzlich kann man hier drei verschiedene Lösungen unterscheiden: eine normorientierte Integration, eine systemübergreifende Integration und eine prozessorientierte Integration.[105] Naheliegend sind zunächst Lösungen, die sich an der Struktur einer der betreffenden **Basisnormen** ausrichten, also an der Struktur der ISO-Norm 14001, 9001 oder des verwendeten Arbeitssicherheitsmanagementsystems. Integrieren bedeutet dann Einpassen der hinzukommenden Systemelemente in die vorliegende Form des bestehenden Managementsystems. Da in der Praxis bislang zumeist das jüngere UMS zu einem bereits bestehenden älteren QMS gemäss ISO-Norm 9001, 9002 oder 9003 hinzukam, oder auch ein AMS, hiess dies oftmals, dass die 20 Kapitel der ISO 9001 als strukturelle Basis für den Einbau weiterer Managementsysteme verwendet wurden. Eine **systemübergreifende Integration** orientiert sich dagegen an einem ganzheitlichen Managementkonzept, wie z.B. dem St. Galler Management-Konzept[106] oder dem EFQM-Modell[107]. Solche generischen Managementkonzepte können als Leerstellengerüste angesehen werden, in das sich unterschiedliche spezielle Managementkonzepte ohne weiteres einfügen und integrieren lassen. Dies macht dann Sinn, wenn das entsprechende Managementkonzept im Unternehmen bereits eingeführt und etabliert ist. Je nach Konzept stehen dann entweder die unterschiedlichen Entscheidungs- und Managementebenen (operative, strategische, normative Ebene) wie beim St. Galler Management-Konzept im Vordergrund oder das Zusammenspiel von Befähigern und Resultaten wie beim EFQM-Modell. Als dritte Möglichkeit kann eine **prozessorientierte Integration** der Managementsysteme gewählt werden. Strukturelle Basis dieser Variante sind die unternehmenseigenen Prozesse, nicht eine unternehmensextern vorgegebene oder allgemein definierte Strukturform. Im Zuge der raschen Ausbreitung prozessorientierter Organisationsformen in der Praxis[108], aber

---

[105]   Vgl. hierzu Schwerdtle (1999), S. 67f.; Pischon (1999), S. 302ff.; Felix (1999), S. 136ff.; SNV (1998), S. 9ff.

[106]   Eine Interpretation des UMS im Rahmen des St. Galler Management-Konzepts findet sich bei Dyllick/Hummel (1997); bei Schwerdtle (1999), S. 77ff. und Pischon (1999), S. 214ff.

[107]   Vgl. hierzu z.B. SNV (1998); S. 21f.; Felix (1999), S. 73ff.; Pischon (1999), S. 160ff.

[108]   Vgl. hierzu z.B. Osterloh/Frost (1998)

auch des prozessorientierten Aufbaus der revidierten ISO 9001:2000[109] steht diese Variante derzeit und zukünftig im Vordergrund des Interesses.

Wenn bis heute sehr viele Qualitätsmanagementsysteme nach den **20 Kapiteln der ISO 9001:1994** strukturiert sind, so ist dies wohl darauf zurückzuführen, dass dies die naheliegendste und einfachste Lösung war. Sie erleichterte insbesondere die Konformitätsprüfung im Rahmen der Auditierung und Zertifizierung, obwohl weder die Norm noch die Zertifizierungsgesellschaften den Aufbau des Managementsystems gemäss dieser Struktur verlangen. Vielmehr steht es jedem Unternehmen frei, die Struktur des Managementsystems nach eigenen Prioritäten selbst festzulegen, solange im Rahmen von Auditierung und Zertifizierung die Normelemente beurteilbar sind. Und nachdem man erst einmal das QMS in diese Form gebracht, im QMS-Handbuch dokumentiert und auch danach gelebt hat, war es in vielen Fällen naheliegend, ein dazukommendes UMS in die bestehende und vertraute Kapitelform des QMS einzupassen. Aus heutiger Sicht ist eine solche Lösung als **suboptimal** anzusehen und nicht empfehlenswert. Die Gründe sind im Rahmen einer Arbeitsgruppe der Schweizerischen Normenvereinigung herausgearbeitet worden:[110]

- Die kapitelmässige Systemstruktur der ISO 9001 gilt heute als überholt, weshalb auch die für den Herbst 2000 angekündigte neue ISO-Norm 9000:2000 (Revision 2000) auf einem Prozessmodell basiert.

    Der Aufbau der ISO-Norm 14001 entspricht einem sachlich als sinnvoll anzusehenden logischen Ablauf, wie er auch in der aus dem TQM bekannten Kreislauf des „Plan-Do-Check-Act" (Planen-Durchführen-Prüfen-Verbessern) zum Ausdruck kommt. Dieser sachlogische Zusammenhang wird durch die Eingliederung in die kapitelmässige Struktur des QMS zerrissen. Die Zusammenhänge zwischen den einzelnen Schritten des UMS werden zerstört sowie das Verständnis und die Umsetzung des UMS im täglichen Betrieb erschwert.

    Die kapitelmässige Systemstruktur der ISO 9001 ist insbesondere nicht geeignet, um Lern- und Entwicklungsprozesse im Unternehmen zu unterstützen, wie dies ein „Plan-Do-Check-Act" - Kreislauf ermöglicht. Damit kann ein entsprechend aufgebautes Managementsystem auch nicht als gute Grundlage für Innovationen und die von der 14001-Norm geforderte kontinuierliche Verbesserung von UMS und Umweltleistung angesehen werden. Hierfür bedarf es dann ergänzender Organisationslösungen, welche die Effizienz der Integrationslösung wieder in Frage stellen.

---

109   Vgl. SNV (2000); Zahner (1998)

110   Vgl. SNV (1998), S. 9ff.

- Die 14001-Norm entspricht von ihrer Struktur her dem Aufbau des allgemeinen Managementsystems, wie es für die Gestaltung und Lenkung der Geschäfts-tätigkeiten üblicherweise eingesetzt wird. Durch die Ablauffolge „Politik – Planung – Umsetzung – Kontrolle und Korrekturmassnahmen – Bewertung durch die oberste Leitung" ist zugleich die Nähe zum allgemeinen Managementsystem gegeben.

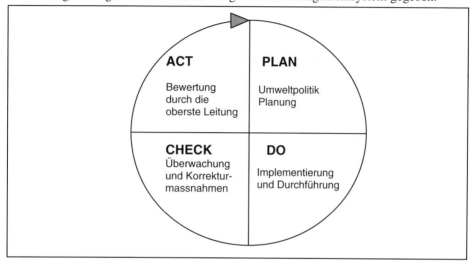

Abb. 9-3: Struktur der ISO-Norm 14001 als „Plan-Do-Check-Act" – Kreislauf

Wenn bereits heute beim Neuaufbau von UMS und QMS für die Mehrzahl der schweizerischen Unternehmen **prozessorientierte Struktur- und Integrationslösungen** im Vordergrund stehen, so hat dies sehr stark mit dem Vordringen von Prozessmanagement-Konzepten allgemein zu tun, aber auch mit den Veränderungen der QMS-Normstruktur im Zuge der Revision 2000. Die neue ISO 9001:2000 basiert auf einem allgemeinen Prozess-modell, welches die vier Bereiche Verantwortung der Leitung, Ressourcen-Management, Prozess-Management sowie Messung, Analyse und Verbesserung umfasst.[111] Unternehmenseigene Prozessgliederungen können in dieses allgemeine Prozessmodell eingefügt werden. Die Verwendung selbst definierter Prozesse als Grundlage des integrierten Managementsystems schützt zugleich auch vor den Unwägbarkeiten und Kosten – im Zuge von Revisionen immer mal wieder – wechselnder oder hinzukommender, nicht-kompatibler Normstrukturen. Für die Auditierung und Zertifizierung des prozessorientiert integrierten Managementsystems bedarf es nur eines Abgleichs der Normelemente mit den Prozess-strukturen und -regelungen im Rahmen einer Referenzmatrix, um deutlich zu machen, dass die von der Norm bzw. den Normen geforderten Elemente auch vorhanden sind.

---

[111] Vgl. SNV (2000)

10 Strategischer Einsatz von Umweltmanagementsystemen

Die Befragungsergebnisse unserer sowie anderer Untersuchungen[112], aber auch ein Blick
in die Praxis zeigen, dass UMS oftmals aufgebaut werden, ohne dass man sich explizit
über die damit verfolgten strategischen Ziele Rechenschaft ablegt. Stellt man in Unternehmen diesbezügliche Fragen, so erhält man unklare oder höchst unterschiedliche
Antworten je nach Gesprächspartner. Man stösst auf ein offensichtliches strategisches
Defizit im Umgang mit UMS. Die Folge sind unklare Prioritäten und Enttäuschungen
angesichts suboptimaler Resultate. Dieses Kapitel dient zunächst einmal einer Klärung
der vernachlässigten strategischen Dimension von UMS (Kap. 10.1), ehe die unterschiedlichen Ausrichtungen von UMS in strategischer Perspektive entwickelt (Kap.
10.2) und die Ausgestaltung dieser verschiedenen UMS-Typen verdeutlicht werden.
(Kap. 10.3)

10.1 Die vernachlässigte strategische Dimension von UMS

Moderne Managementkonzepte gehen davon aus, dass Führungsentscheide in Unternehmen auf unterschiedlichen Ebenen der Komplexität und Reichweite angesiedelt sind.
Üblicherweise wird zwischen einer normativen, einer strategischen und einer operativen
Managementebene unterschieden.[113] Geht es auf normativer Ebene darum, die generel-
len Ziele, Prinzipien und Regeln für die grundsätzliche Ausrichtung der Unternehmen-
stätigkeiten festzulegen, so geht es auf strategischer Ebene um den Aufbau und die Pflege von Erfolgspotentialen und auf operativer Ebene schliesslich um die Nutzung solcher
– in der Vergangenheit aufgebauter – Potentiale für die Erfolgsrealisierung. Wichtig ist
die Erkenntnis, dass ein wirkungsvolles Managementsystem über eine gleichgewichtige
Ausprägung von Elementen auf allen drei Managementebenen verfügen muss. Es bedarf
insbesondere der Ziele und Massnahmen nicht nur auf operativer, sondern auch auf
strategischer Ebene, da strategische Versäumnisse durch noch so grosse Anstrengungen
auf operativer Ebene nicht wieder wettgemacht werden können. Mit anderen Worten:
Führt der Weg in die falsche Richtung oder bleibt das Ziel im Dunkeln, dann hilft es
nichts, das Tempo zu erhöhen.

---

[112]   Vgl. z.B. Elsener et al. (1998), S. 50ff.; Steger (2000), S. 26; Ankele et al. (1998), Abb. 5 und S. 42f.

[113]   Vgl. Bleicher (1991), und Dyllick/Hummel (1997)

Normatives Management
Umweltpolitik

Strategisches Management
Ökologische Erfolgspotentiale

Operatives Management
Umweltmassnahmen

Abb. 10-1: Strategisches Defizit der ISO-Norm 14001

Mit Blick auf die ISO-Norm 14001 kann nun aber nicht von einer gleichgewichtigen Ausprägung von Systemelementen auf allen drei Ebenen gesprochen werden. Aus der Form in Abb. 10-1 wird vielmehr ein deutliches **strategisches Defizit** sichtbar.[114] Während mit der Norm-Forderung nach einer betrieblichen Umweltpolitik die normative Ebene zumindest angesprochen ist, sind die weiteren Norm-Elemente schwergewichtig der operativen Ebene zuzuordnen. Weitgehend ausgespart bleibt hingegen die strategische Ebene. In der Norm findet sich insbesondere nichts, was auf die Chancen und Gefahren des Umweltmanagements hinweisen würde oder der Unternehmensführung helfen könnte, die ökologischen Probleme und Veränderungen im unternehmerischen Umfeld als Anlass und Ausgangspunkte für eine gezielte Reduktion bestehender ökologischer Risikopotentiale sowie für einen Aufbau ökologischer Erfolgspotentiale zu verwenden. Dafür finden sich eine Fülle detaillierter Vorgaben, die das Geschehen auf operativer Ebene betreffen. Wir haben schon früh auf die Gefahr hingewiesen, dass Unternehmen durch diesen „**operativen Bleifuss**" der Normforderungen einseitig belastet werden könnten, statt dass sie durch strategische Perspektiven und Handlungsmöglich-

---

[114] Dieses strategische Defizit gilt in gleichem Masse für die EMAS-Verordnung der Europäischen Gemeinschaften wie auch für die ISO 9001. Dies ist kein Versäumnis, sondern Ausdruck einer bewussten Politik der Beschränkung auf ein Minimalmodell im Rahmen der Normung. Seghezzi spricht diesbezgl. von einem „Gut-Genug-Modell" im Gegensatz zu „Besser-und-Besser-Modellen" des TQM oder der Business Excellence. Dies ändert jedoch nichts an der Feststellung eines – unnötigen – strategischen Defizits.

keiten "beflügelt" würden.[115] Blickt man auf die Ergebnisse unserer Untersuchung, so hat sich diese Befürchtung mittlerweile bestätigt.

10.2   UMS-Ausrichtungen in strategischer Perspektive: Wozu soll das UMS dienen?

Strategisches Management dient einer anderen Aufgabe im Unternehmen als das operative Management. Während das operative Management am Kriterium des wirtschaftlichen Erfolgs – zumeist in der Form des Jahreserfolgs – ausgerichtet ist, orientiert sich das strategische Management an Aufbau und Entwicklung von Erfolgspotentialen, also an den Voraussetzungen zukünftigen Erfolgs. Es dient somit der Vorsteuerung des operativen Erfolgs und hat einen längeren Zeithorizont sowie einen grösseren Wirkungsbereich als das operative Management. Die Orientierungsgrundlagen des strategischen Managements liegen deshalb auch aussen und in der Zukunft und nicht innen und in der Vergangenheit. Mit anderen Worten: Es geht um Entwicklungen auf den Märkten, bei den Kunden, der Konkurrenz sowie in Gesellschaft und Öffentlichkeit, weniger um Entwicklungen im Unternehmen selber. Und es geht um solche Entwicklungen im unternehmerischen Umfeld, die sich morgen und übermorgen auf den Unternehmenserfolg auswirken werden.

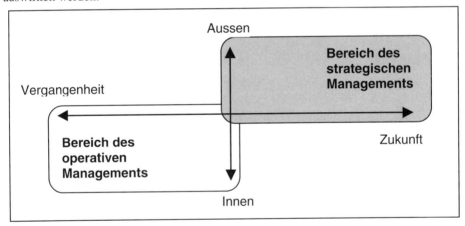

Abb. 10-2: Orientierungsgrundlagen operativer und strategischer Managementsysteme

Strategisch relevante Fragestellungen können – und sollten – immer mit dem Aufbau und Einsatz von UMS verknüpft werden. Die **strategische Grundfrage** lautet: **Wozu**

---

[115]   Vgl. Dyllick/Hummel (1995), S. 27

soll das UMS dienen? Diese Grundfrage lässt sich in Form zweier Teilfragen weiter konkretisieren:

1. Welche Unternehmensziele und -strategien sollen durch das UMS ermöglicht bzw. unterstützt werden?

2. Inwiefern dient das UMS und seine Weiterentwicklung als Instrument der Unternehmensentwicklung?

Im Hinblick auf die Beantwortung dieser Fragen sind vor allem Aspekte wie die folgenden näher zu betrachten:

- Stehen interne oder externe Ziele im Vordergrund?
- Welche Anspruchsgruppen stehen im Vordergrund?
- Welche Aktivitäten und Massnahmen sind zu entwickeln?
- Bis wann sollen die Massnahmen greifen? Wann sind sie einzuleiten?
- Welche internen Stellen und Bereiche sind in Aufbau und Betrieb des UMS einzubinden?
- Welche Erwartungen an die Weiterentwicklung des UMS gibt es?

In der Praxis finden sich sehr unterschiedliche **strategische Ausrichtungen** von UMS. Sie dienen dem Schaffen von Systematik und Transparenz im Umweltmanagement, der Stärkung der Mitarbeitermotivation, dem Schaffen von Rechtssicherheit und der Risikovorsorge, dem Nachweis effektiver Prozessbeherrschung, als Instrumente effizienten Ressourcen- und Kostenmanagements, der Erschliessung ökologischer Differenzierungs- und Wettbewerbspotentiale, der Imagebildung in der Öffentlichkeit oder der Einflussnahme auf Politik und Öffentlichkeit. Diese verschiedenen Ausrichtungen von UMS lassen sich unterschiedlichen Ausprägungen des Strategiebezugs einerseits und Ansatzpunkten für Massnahmen andererseits zuordnen. Hierfür soll auf eine früher entwickelte Typologie ökologischer Wettbewerbsstrategien als Basis zurück gegriffen werden.[116] Es lassen sich fünf UMS-Typen, aber nur vier strategische Ausrichtungen von UMS unterscheiden.

Der UMS-Typ „**Infrastruktur**" ist in der Mitte der Graphik angeordnet, weil er sowohl auf gesellschaftliche wie auf marktliche Anforderungen bezogen sein und sowohl interne wie auch externe Ansatzpunkte aufweisen kann. Bei ihm geht es vor allem einmal darum, im Unternehmen **systematisch** vorzugehen, somit Transparenz und Ordnung in Abläufe und Systeme zu bekommen. Das UMS ist hier ein Teil der Management-Infrastruktur. Ziele, die hier typischerweise verfolgt werden, sind Systematisierung umweltrelevanter Prozesse und Stärkung der Motivation von Mitarbeitenden. Dieser allgemeinste, grundlegende UMS-Typ verwirklicht im Prinzip nur die Systemanforderungen

---

[116] Vgl. Dyllick/Belz/Schneidewind (1997)

der ISO-Norm 14001, ohne dass bereits eine inhaltliche strategische Ausrichtung erkennbar wäre. Er lässt sich aber mit unterschiedlichen strategischen Ausrichtungen verknüpfen. Demgegenüber weisen die übrigen UMS-Typen eine klare strategische Ausrichtung auf.

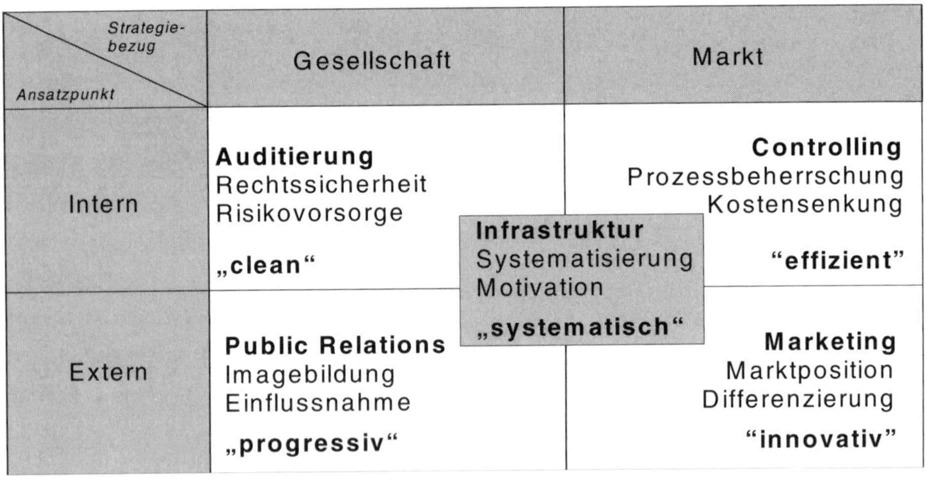

Strategie-bezug / Ansatzpunkt	Gesellschaft	Markt
Intern	**Auditierung** Rechtssicherheit Risikovorsorge „clean"	**Controlling** Prozessbeherrschung Kostensenkung "effizient"
Extern	**Public Relations** Imagebildung Einflussnahme „progressiv"	**Marketing** Marktposition Differenzierung "innovativ"

Infrastruktur Systematisierung Motivation „systematisch"

Abb. 10-3: Strategische Ausrichtungen von UMS

Der UMS-Typ „**Auditierung**" weist eine interne Ausrichtung auf und ist auf Ansprüche der Gesellschaft bezogen. Mit Hilfe des UMS sollen hier primär Ziele wie Rechtssicherheit und Risikovorsorge verfolgt werden. Es geht darum, als Unternehmen ökologisch „**clean**" zu sein, somit ökologische Schwachpunkte und Risiken frühzeitig zu erkennen und zu beseitigen. Bestehende Märkte und Geschäftstätigkeiten sollen gegenüber ökologischen Ansprüchen und Einschränkungen abgesichert werden. Im Vordergrund stehen dabei Aufgaben der Absicherung, Überwachung und Kontrolle. Dieser Typ findet sich zumeist in risikobehafteten Tätigkeitsfeldern und Branchen wie Chemie, Mineralöl, Energieversorgung, Transporte.

Der UMS-Typ „**Controlling**" weist ebenfalls eine interne Ausrichtung auf, steht aber im Kontext wirtschaftlicher Anforderungen des Marktes. Ökologische Anforderungen oder Rahmenbedingungen sollen hier mit Hilfe eines UMS möglichst „**effizient**", d.h. kostengünstig, erfüllt werden. Die typischen Ziele sind hier einerseits die Prozessbeherrschung, andererseits das Aufspüren ökologischer Kostensenkungspotentiale. Solche finden sich vor allem im Bereich des Ressourcen- und Abfallmanagements, den klassischen Ansatzpunkten für Verbesserungen der Öko-Effizienz. Der Einsatzbereich dieses UMS-Typs ist nicht branchenspezifisch bestimmt und sehr breit. Er hängt jedoch von unternehmenspolitischen Entscheiden ab.

Der UMS-Typ „**Marketing**" ist auf marktliche Einflüsse bezogen und extern ausgerichtet. Das strategische Ziel besteht hier darin, durch geeignete Massnahmen bestehende Marktpositionen zu sichern und neue Differenzierungspotentiale zu erschliessen. Wird das UMS als Marketinginstrument eingesetzt, dann rücken Massnahmen bzgl. ökologischer Produkt- und Leistungsinnovationen, aber auch Kommunikations- und Werbemassnahmen in den Vordergrund. Das UMS dient dann vor allem dazu, ökologisch „**innovativ**" zu sein. Der Einsatz dieses UMS-Typs hängt von unternehmensstrategischen Entscheiden ab. Ein günstiges Umfeld findet er in Bereichen wie Lebensmittel, Textilien, Verkehr, Energieerzeugung, Bauen und Wohnen.

Der letzte UMS-Typ „**Public Relations (PR)**" ist auf die Gesellschaft bezogen und weist externe Ansatzpunkte für Massnahmen auf. Typische UMS-Ziele sind die Image- und Vertrauensbildung in der Öffentlichkeit oder eine gezielte Einflussnahme auf die Meinungsbildung in Politik und Öffentlichkeit. Das UMS dient hier dazu, „**progressiv**" zu sein oder zumindest zu wirken. Es geht zum einen um eine ökologische Selbstdarstellung und Profilierung, zum anderen um eine Legitimierung als anerkannter Akteur in öffentlichen und politischen Entscheidungsprozessen. Dieser UMS-Typ findet sich in einer defensiven Ausprägung bei öffentlich stark exponierten Unternehmen, die entweder durch ihre Grösse (z.B. Grossbanken) oder aber durch ihre Tätigkeit (z.B. Fluggesellschaften, Gentechnik-Anwender) in besonderem Masse auf Vertrauen angewiesen sind, in einer offensiven Ausprägung bei Unternehmen, die sich vom ökologischen Strukturwandel Vorteile versprechen wie z.B. die Anbieter von regenerativen Energien (Solarenergie, Windenergie, Wasserkraft), alternativen Mobilitätskonzepten (Brennstoffzellen, Car Sharing, Kombinierter Verkehr), Bio-Produkten oder ökoeffizienten Haushaltsgeräten.

Diese Unterscheidung nach UMS-Typen und Ausrichtungen hat **idealtypischen Charakter**. Sie zeigt auf, welche „reinen" Formen sich unterscheiden lassen und macht bewusst, zwischen welchen Möglichkeiten bei UMS-Aufbau und -Ausrichtung gewählt werden kann. In der Realität finden sich jedoch nur selten reine Formen, sondern zumeist **kombinierte** oder **gemischte Formen**. UMS werden dabei für mehrere Zwecke gleichzeitig – oder hintereinander – eingesetzt, wobei alle möglichen Kombinationen auftreten. Grenzen der Kombination ergeben sich daraus, dass unterschiedliche Ausrichtungen auch andere Schwergewichte bei Ausgestaltung und Betrieb des UMS bedingen.

10.3   Merkmale und Ausgestaltung verschiedener Typen von UMS

Im Hinblick auf die inhaltliche Ausgestaltung, ergeben sich je nach UMS-Typ andere konkrete Ausprägungsformen. Um die Unterschiede deutlich zu machen, sollen sie in tabellarischer Form gegenübergestellt werden. Dabei wird unterschieden zwischen dem Zweck des jeweiligen UMS-Typs, den Zielen, den Anspruchsgruppen und den im Vordergrund stehenden Massnahmen.

Typ	Infrastruktur	Auditierung	Controlling	Marketing	PR
Zweck	Organisations-effizienz	Absicherung	Kosteneffizenz	Differenzierung	Profilierung
Ziele	Systematisierung Motivation	Rechtssicherheit Risikovorsorge	Prozessbeherrsch. Kostensenkung	Marktpositionen Diff. Potentiale	Imagebildung Einflussnahme
Anspruchs-gruppen	Management	Management Behörden Kunden Banken/Vers.	Management	Management Kunden Konkurrenz	Management Öffentlichkeit
Mass-nahmen	Planung Organisation Schulung/Motiv Umsetzung Kontrolle/Korrektur Weiterentwicklung	Notfallvorsorge Schulung/Motiv. Ablauflenkung Dokumentation Überwachung Auditierung	Stoffflussanalyse Ökobilanz Kennzahlen Reporting Verknüpfung mit Rechnungswesen	Marktforschung Konkurrenzanalyse Produkt / Sortimentsentwicklung Werbung, Verkaufs-förderung	Kommunikation Interaktion mit Anspruchsgruppen Öffentlichkeits-arbeit
	systematisch	clean	effizient	innovativ	progressiv

Abb. 10-4: Typen von UMS und ihre Ausprägungsformen

Beim **Typ Infrastruktur** ist der Zweck des UMS eine Verbesserung der Organisationseffizienz. Es geht darum, möglichst systematisch vorzugehen. Ziele sind typischerweise die Systematisierung von Massnahmen sowie eine Verbesserung der Motivation der Mitarbeitenden. Die relevante Anspruchsgruppe ist hier das eigene Management. Typische Massnahmen betreffen Planung, Organisation, Schulung und Motivation der Mitarbeitenden, Umsetzung der Massnahmen, Kontrolle und Korrektur sowie die Weiterentwicklung des UMS und seiner Leistung, gemäss den Anforderungen der ISO-Norm 14001.

Beim **Typ Auditierung** ist der UMS-Zweck die Absicherung des Unternehmens vor ökologisch begründeten Ansprüchen oder Beschränkungen. Es geht darum, ökologisch möglichst „clean" zu sein. Ziele sind typischerweise die Rechtssicherheit und die Risikovorsorge. Die relevanten Anspruchsgruppen sind vielgestaltig und umfassen neben dem Management auch die Behörden, Kunden, Banken und Versicherungen. Typische

Massnahmen betreffen die Notfallvorsorge, Schulung und Motivation der Mitarbeitenden, detaillierte Ablauflenkungen und Dokumentationen, häufige und restriktive Über-
wachungen sowie Audits.

Beim **Typ Controlling** ist der UMS-Zweck die Verbesserung der ökologischen Kosteneffizienz. Es geht mit anderen Worten darum, ökoeffizient zu sein. Ziele sind typischerweise die Prozessbeherrschung sowie das Aufspüren und Ausnützen von Kostensenkungspotentialen. Relevante Anspruchsgruppe ist das Management. Typische
Massnahmen betreffen die Durchführung von Stoffflussanalysen oder Ökobilanzen, den
Einsatz von ökologischen Kennzahlen und Reporting sowie ihre Verknüpfung mit der
Kosten- und Leistungsrechnung.

Beim **Typ Marketing** ist der UMS-Zweck die ökologische Differenzierung auf dem
Markt. Es geht darum, ökologisch möglichst innovativ zu sein. Ziele sind typischerweise
die Sicherung bestehender Marktpositionen und das Erschliessen ökologischer Differenzierungspotentiale. Die relevanten Anspruchsgruppen umfassen neben dem Management
vor allem die Kunden und die Konkurrenz. Typische Massnahmen betreffen Marktfor-
schung und Konkurrenzanalyse, Produkt- und Sortimentsentwicklung, aber auch Werbung und Verkaufsförderung.

Und beim **Typ Public Relations** ist der UMS-Zweck die Profilierung des Unternehmens
auf ökologischem Gebiet. Es geht darum, ökologisch möglichst progressiv zu sein. Ziele
sind typischerweise Imagebildung und Einflussnahme auf öffentliche Entwicklungen.
Die relevanten Anspruchsgruppen sind das Management und die Öffentlichkeit, oftmals
auch spezifische externe Anspruchsgruppen wie Umwelt- oder Konsumentenorganisa-
tionen. Typische Massnahmen betreffen die aktive Kommunikation, aber auch Interakti-
on mit den Anspruchsgruppen sowie alle Formen der Öffentlichkeitsarbeit.

Andere strategische Ausrichtungen des UMS basieren somit auf anderen Zielen und bedingen andere Schwerpunkte bzgl. Ausgestaltung und Betrieb. Sie bedingen aber auch
eine andere Philosophie. So unterscheiden sich Auditierungs-, Controlling-, Marketing-
und PR-Philosophie deutlich voneinander. Sie betreffen und involvieren bestimmte
Menschen, Abteilungen und Führungsebenen im Unternehmen in ganz unterschiedli-
chem Masse und stellen andere Anforderungen an die Integration spezieller Managementsysteme. So ist es z.B. naheliegend ein UMS gemäss dem Typ Auditierung mit den
ähnlich gelagerten Managementsystemen für Arbeitssicherheit, Gesundheitsschutz oder
Risikomanagement zu integrieren, während ein solcher Schwerpunkt für einen UMS-
Typ Marketing oder PR kaum sinnvoll sein dürfte. Hier ist eine Integration mit den
Marketing- und Kommunikationsmanagementsystemen sehr viel naheliegender und er-
folgversprechender.

UMS sehen anders aus, je nachdem, ob sie als Auditierungsinstrument, Controllinginstrument, Marketinginstrument oder als PR-Instrument eingesetzt werden. Die hier vorgenommene Unterscheidung von UMS-Typen eröffnet einen systematischen Zugang zu einer strategischen Gestaltung des UMS-Einsatzes. Damit können Zwecksetzung und Ausgestaltung von UMS bewusst(er) vorgenommen werden sowie Enttäuschungen vermieden werden.

11 Umweltmanagementsysteme und behördlicher Vollzug

Die Umweltbehörden sind neben dem eigenen Management die wichtigste Anspruchsgruppe für die Unternehmen. Ihre Forderungen und Erwartungen beeinflussen nicht nur die Umweltmassnahmen der Unternehmen in starkem Masse, ihre Reaktionen auf das noch junge Instrument UMS sind auch von beträchtlicher Bedeutung für dessen Ausgestaltung und weitere Entwicklung. Ob sie gegenüber diesen ungewohnten „Instrumenten der Privatwirtschaft" auch weiterhin eine skeptische Zurückhaltung an den Tag legen, ob sie Verbreitung und Einsatz der UMS in der Wirtschaft honorieren und aktiv fördern oder ob UMS gar zur Grundlage einer verstärkten Kooperation von Unternehmen und Behörde werden, ist für die weitere Entwicklung der UMS von grosser Bedeutung. Zunächst soll hier auf die empirisch festgestellte Bedeutung der Behörden eingegangen werden (Kap. 11.1), ehe auf die unterschiedlichen Formen sich herausbildender Vollzugserleichterungen für zertifizierte Unternehmen eingegangen wird (Kap. 11.2), um schliesslich die Perspektive einer veränderten Beziehung zwischen Unternehmen und Behörde zu skizzieren, mit einem UMS als Basis (Kap. 11.3).

11.1 Zur Bedeutung der Behörden

Die empirischen Ergebnisse unserer Untersuchung zeigen, dass Gesetzgeber und Vollzugsbehörden die **zweitwichtigste Anspruchsgruppe** im Umweltbereich darstellen.[117] 52% der befragten Umweltmanager verspüren aufgrund ihrer Ansprüche eine hohe (37%) bzw. sehr hohe Betroffenheit (15%). Noch höher ist mit 64% nur die Betroffenheit durch das eigene Management, das bei 46% der Befragten eine hohe, bei 18% sogar eine sehr hohe Betroffenheit auslöst. Damit rangieren Gesetzgeber/Behörden vor den Eigentümern (ebenfalls 52%), Mitarbeitern (39%) und Kunden (38%) als weitere einflussreiche Anspruchsgruppen. Sie stellen die wichtigste externe Anspruchsgruppe dar und sind ohne Zweifel Auslöser und Triebfeder eines Grossteils umweltbezogener Massnahmen von Unternehmen. Ihr Einfluss wirkt dabei nicht nur direkt auf die Unternehmen, sondern auch indirekt, indem die Ansprüche des Managements und anderer Anspruchsgruppen ebenfalls stark beeinflusst werden dürften durch die Entwicklung gesetzlicher und behördlicher Forderungen.

Betrachtet man die Untersuchungsergebnisse bzgl. der Gründe für die UMS-Einführung, so führen nur 28% der Befragten Erleichterungen im Umgang mit Behörden als wichti-

---

[117] siehe Kap. 4.3

gen Grund an. Damit rangiert dieser Grund nur auf dem 10. von insgesamt 15 Plätzen, somit im letzten Drittel der bewerteten Kategorien.[118] Die mit dem UMS-Aufbau verbundenen Erwartungen an die Behörden sind offenbar nur von nachrangiger Bedeutung für die Unternehmen. Um so überraschender ist dann die deutlich positivere Beurteilung des effektiv erzielten UMS-Nutzens im Hinblick auf Erleichterungen im Umgang mit Behörden. Mit 47% stellen knapp die Hälfte aller Befragten hier einen grossen Nutzen fest, womit diese Nutzenkategorie auf Platz 6 (von 11) steht.[119] Es scheint somit, dass die Behörden ihre anfänglich zu beobachtende **Skepsis und Zurückhaltung** gegenüber diesen „Instrumenten der Privatwirtschaft" **abgebaut** haben und mittlerweile die ökologischen Leistungen zertifizierter Unternehmen in verstärktem Masse erkennen und anerkennen. Anders lässt sich die Zufriedenheit der befragten Umweltmanager wohl nicht deuten.

11.2   Vollzugserleichterungen für zertifizierte Unternehmen

Worin bestehen die Auswirkungen eines UMS-Zertifikats auf den Vollzug? Welche Erleichterungen ergeben sich für zertifizierte Unternehmen? Und welcher Nutzen ergibt sich für die Behörde? Hierbei ist zwischen einfachen Hilfestellungen der Behörde beim UMS-Aufbau, Vereinfachungen im Vollzug für zertifizierte Unternehmen und erweiterten Möglichkeiten für Vollzugserleichterungen im Rahmen einer Kooperationsvereinbarung zwischen Unternehmen und Behörde zu unterschieden.

- *Hilfestellungen der Behörde beim UMS-Aufbau*

Zunächst ist festzuhalten, dass es den Unternehmen frei steht, die Behörden in Aufbau und Zertifizierung des UMS einzubeziehen, indem sie diese mindestens informieren, oder darüber hinaus den Dialog aufnehmen und sich beraten lassen. Gemäss SAPUZ-Richtlinien zur Einhaltung des Umweltrechts[120] wird Unternehmen, die ein UMS aufbauen und zertifizieren lassen wollen, empfohlen, möglichst frühzeitig **Kontakt mit den Vollzugsbehörden** herzustellen. Dies dient der Abklärung von Pendenzen und dem Schaffen gegenseitigen Vertrauens. Auch wenn keine eigentliche Beratung durch die Behörden erwartet werden kann, so sollte doch ein „beratender Dialog" möglich sein. Trotz dieser Empfehlung kann bisher aber nicht davon ausgegangen werden, dass eine

---

[118]   siehe Kap. 4.5

[119]   siehe Kap. 7.4

[120]   Vgl. hierzu SNV (1997), S. 7

solche Kontaktnahme oder auch nur Information der Behörden bereits mehrheitlich erfolgt.[121]

Den Behörden wird empfohlen, ihre Strukturen den Gegebenheiten eines UMS anzupassen und z.b. eine Anlaufstelle für kontaktsuchende Unternehmen zu bezeichnen sowie eine Liste mit den relevanten Bestimmungen des Kantons (Gesetze, Bewilligungs- und Genehmigungspflichten, Verfahren) zu führen und bei Bedarf abzugeben. Dies ist in vielen grossen Kantonen realisiert worden. Einzelne Behörden bestätigen den Unternehmen zudem auf Anfrage schriftlich, dass sie bestimmte Vorschriften einhalten und keine Verfahren hängig sind – nicht aber pauschal, dass sie rechtskonform sind. Die Zertifizierungsstellen bzw. -auditoren treten mit den Behörden aus Datenschutzgründen normalerweise nicht in Kontakt. Ist dies erforderlich, so bedürfen sie hierfür einer schriftlichen Zustimmung des zertifizierenden Unternehmens.

- *Vollzugsvereinfachungen für zertifizierte Unternehmen*

Zu Beginn der UMS-Diskussion wurden gelegentlich Vollzugserleichterungen für zertifizierte Unternehmen in dem Sinn verlangt, dass materielles Recht (z.B. bestimmte Grenzwerte oder Sanierungsauflagen) nicht eingehalten werden müsste. Dies ist aufgrund der geltenden Rechtsordnung nicht möglich und entspricht auch nicht der Philosophie der ISO-Norm 14001. Das Legalitätsprinzip und das Rechtsgleichheitsgebot verlangen, dass alle Unternehmen – mit oder ohne zertifiziertes UMS – die gesetzlichen Vorschriften einhalten. Dennoch ist es grundsätzlich zulässig, Unternehmen mit UMS anders zu behandeln, sofern dies aus sachlichen Gründen gerechtfertigt ist. Die Vorleistungen eines zertifizierten Unternehmens, z.B. die systematische Überwachung der Rechtskonformität und Durchführung von Audits, können einen solchen sachlichen Grund darstellen.[122]

Allgemein gilt für ein Unternehmen mit zertifiziertem UMS, dass sich die Transparenz im Verhältnis zu den Vollzugsbehörden erhöht und die Möglichkeiten zur gegenseitigen Abstimmung von Kontrollen und Massnahmen verbessern. Hieraus ist aber noch kein Anspruch auf Befreiung oder Erleichterung bei behördlichen Kontrollen abzuleiten. Prinzipiell gilt: Je besser der (freiwillige) Einbezug der Vollzugsbehörden in den Aufbau eines zu zertifizierenden UMS ist, desto grösser sind auch die Chancen für Vereinfachungen im Vollzug. Hierfür unterscheiden die SAPUZ-Richtlinien folgende Ansatzpunkte:[123]

---

[121] Ein Vertreter der Umweltverwaltung des Kantons Zürich, des Kantons mit den meisten ISO 14001-Zertifikaten in der Schweiz, bezifferte an einer BUWAL-Tagung vom 6.12.1999 in Bern den Anteil der die Behörde informierenden Unternehmen auf lediglich 25%.

[122] Vgl. hierzu Huber-Wälchli (1997), S. 448f.

[123] Vgl. SNV (1997), S.9, sowie Huber-Wälchli (1997), S. 449ff.

- **Berichte und Datenerhebungen**: Die Behörde kann auf eigene Messungen und Datenerhebungen verzichten und auf diejenigen der Unternehmen abstellen.

- **Kontrollen**: Behörden können die internen Kontrollen zertifizierter Unternehmen akzeptieren und sich auf Stichproben beschränken. Dies setzt voraus, dass Messungen und Kontrollen nach anerkannten Methoden und in Absprache mit der zuständigen Behörde durchgeführt und dieser regelmässig mitgeteilt werden.

- **Sanierungen**: Sanierungen können zeitlich und inhaltlich nach einem Gesamtkonzept durchgeführt werden, das einerseits ermöglicht, ökologische Prioritäten zu setzen, das andererseits den optimalen Einsatz der finanziellen und personellen Mittel erlaubt.[124]

- **Bewilligungen für neue Bauten und Anlagen**: Das Vorhandensein grundlegender Informationen über das Unternehmen und seine Anlagen erleichtert die Vorbereitung von Bewilligungsgesuchen. Die behördliche Überprüfung bleibt nach wie vor notwendig, sie wird aber erleichtert.

- **Ansprechpersonen**: Die Behörden können qualifizierte Ansprechpersonen bezeichnen, die den ganzheitlichen Vollzug gegenüber dem Unternehmen koordinieren.

Setzen diese Vereinfachungen im Vollzug des Umweltrechts primär am Instrument UMS an, und bauen auf den von allen Unternehmen als Voraussetzung einer Zertifizierung gemäss ISO-Norm 14001 zu erbringenden Eigenleistungen auf, so ergeben sich erweiterte und stärker auf den Einzelfall ausgerichtete Möglichkeiten für Vollzugserleichterungen im Rahmen von Kooperationsvereinbarungen zwischen Behörde und Betrieb. Hier sind Leistung und Gegenleistung mittels eines öffentlich-rechtlichen Vertrags zwischen den Parteien festzulegen und zu regeln.

- *Erweiterte Möglichkeiten für Vollzugserleichterungen im Rahmen von Kooperationsvereinbarungen*

Schon das klassische Umweltrecht kennt Elemente der Zusammenarbeit mit der Wirtschaft beim Vollzug des Umweltrechts, die mit der 1997 in Kraft gesetzten Revision des Umweltschutzgesetzes ausgebaut und verstärkt worden sind. Art. 41a und 43a des Umweltschutzgesetzes umschreiben hierfür als neue Instrumente: Branchenvereinbarungen, Ökoaudit und UMS sowie Ökolabel. Insbesondere die Zusammenarbeit mit der Wirtschaft im Vollzug des Umweltschutzgesetzes soll verstärkt werden. In diesem Zusammenhang haben einige Kantone Kooperationsmodelle in Form von Branchenvereinba-

---

[124]   Eine Grenze dieses ganzheitlichen Vollzugs sieht Huber-Wälchli (1997), S. 451f., allerdings dort, wo die Nichterfüllung einer Vorschrift mit der Übererfüllung in einem anderen Gebiet kompensiert werden soll.

rungen (z.B. ZH[125]) und Betriebsvereinbarungen (z.B. SO, BS, BL, SG) entwickelt und angewendet. Diese Instrumente eröffnen in vermehrtem Masse Spielräume für einen ganzheitlichen und individualisierten Vollzug. Dieser ist Teil einer längerfristig angelegten, aufeinander abgestimmten Planung von Unternehmen und Vollzugsbehörden. Zweck von Betriebsvereinbarungen ist es, die **Eigeninitiative von Unternehmen** im Umweltschutz für den Vollzug zu **nutzen**, sie aber auch weiter zu **fördern**, um weitergehende Umweltleistungen zu erzielen. Zudem soll eine beiderseits **vertrauenswürdige Partnerschaft** zwischen Behörde und Unternehmen entwickelt und gepflegt werden. Das UMS ist hierbei zentrales Mittel zur Verwirklichung zweier alter Forderungen: mehr Selbstverantwortung des Unternehmens und eine schlankere Staatsverwaltung. Gemäss dem „**Solothurner Modell**"[126], auf das hier Bezug genommen wird, sollen Vertragspartner Betriebe mit einem gewissen Grad an Vertrauenswürdigkeit sein, die der Behörde bekannt und kooperativ sind sowie im Besitz der nötigen Bewilligungen. Sie müssen zudem zur Selbstkontrolle im Umweltbereich fähig sein, d.h. einen kompetenten Ansprechpartner für Umweltfragen bestimmt haben, unter einem klar definierten und kommunizierten Umweltleitbild agieren, fähig sein, Umweltanforderungen zu erkennen und Daten zu erheben sowie Selbstkontrollkonzepte erarbeiten und anwenden können. Betriebsvereinbarungen enthalten insbesondere folgende Elemente:

- Relevanzmatrix: Definition der relevanten Umweltaspekte des Betriebs und Festlegung des Geltungsbereichs der Vereinbarung.

- Informationspflichten: Festlegen der Daten, die vom Betrieb an die Behörde zu liefern sind und umgekehrt von der Behörde an die Betriebe.

- Selbstdeklaration: Der Betrieb erklärt seine Rechtskonformität und belegt dies anhand der ungekürzten Audit- und Reviewberichte.

- Zielvereinbarungen: Die Parteien vereinbaren regelmässige Gespräche, um gestützt auf die Audit- und Reviewergebnisse die Ziele festzulegen.[127]

- Professionalität: Vereinbarung über das Anforderungsprofil der internen UMS-Auditoren.

- Verzicht auf behördliche Kontrollen: Formelle Entlassung des Betriebs in die Eigenkontrolle unter dem Vorbehalt von Stichprobenkontrollen und des Eingreifens bei Klagen Dritter.

---

[125] Vgl. AWEL (1998), Liniger (1997) und zu den erforderlichen Rahmenbedingungen Brunner (1998)

[126] Vgl. hierzu und im folgenden Maegli (1997), S. 381f., RisCare (1996)

[127] Gemäss Maegli (1997), S. 383, sind die Grenzen dort gesteckt, wo die Verwaltung kraft ihres gesetzlichen Auftrags Ziele setzen muss. Solche Ziele sind nicht verhandelbar; aber wann und unter welchen Umständen die Ziele erreicht werden, kann Gegenstand einer Vereinbarung sein.

- Bewilligungen: Die Behörde gesteht Verfahrenserleichterungen für das Einholen umweltrelevanter Bewilligungen zu.

- Benchmarking: Der Betrieb kann seine Daten für einen anonymisierten Vergleich mit anderen Betrieben freigeben.

Dieses Modell ist auf **Selbstkontrolle** ausgerichtet und orientiert sich an einem **Kooperationsprozess**. Es bedingt eine Zusammenarbeit von Unternehmen und Behörde. Dabei werden nicht primär Ziele und Inhalte festgesetzt, sondern Vorgehensweisen vereinbart, wie Ziele periodisch gesetzt und überprüft werden sollen. Spezielle Sanktionen sind in diesem Rahmen nicht vorgesehen und werden als unnötig erachtet, da die Kooperation jederzeit gekündigt werden kann, wenn sie nicht funktioniert oder Verstösse auftreten.

Solche Vereinbarungslösungen eröffnen weitreichende **Verbesserungspotentiale für einen effizienteren und flexibleren Umweltschutz**, der für Behörden und Unternehmen gleichermassen chancenreich sein kann. Einerseits kann die Umweltbehörde im Rahmen eines kontrollierten Verfahrens Vollzugsaufgaben auslagern und sich auf eine Überwachung der Selbstkontrolle sowie auf Stichproben beschränken. Sie kann ihre Planungen mit den Vollzugsadressaten abstimmen, was zu einem Abbau von Vollzugswiderständen führt, aber auch Anreize für weitergehende Umweltschutzmassnahmen der Unternehmen schaffen. Mit Vereinbarungen wird nicht zuletzt auch eine unternehmerische Verwaltungskultur gefördert[128]. Andererseits können die Unternehmen operative Doppelspurigkeiten bei Messungen, Berichten und Kontrollen vermeiden, sofern dies durch überprüfbare Massnahmen und geeignete Formen der Berichterstattung glaubhaft untermauert wird. Durch die Abstimmung der Ziel- und Massnahmenplanung mit den Behörden gewinnen sie Rechts- und Planungssicherheit für ihre strategische Investitionsplanung. Der Mitteleinsatz kann aus einer Gesamtsicht heraus geplant werden und dort erfolgen, wo er optimale Verbesserungen verspricht. Und hat sich die Behörde von der Ernsthaftigkeit des unternehmerischen Bemühens überzeugen können, dann gibt es auch Möglichkeiten durch vereinfachte Bewilligungsverfahren, tiefere Gebühren für Vollzugsleistungen bei zertifizierten Unternehmen sowie durch öffentlichkeitsschaffende Massnahmen zur Glaubwürdigkeit und Wirksamkeit des UMS beizutragen.

11.3 UMS als Basis einer veränderten Beziehung zwischen Unternehmen und Behörde

Was aus diesen Entwicklungen sichtbar wird, ist die Perspektive einer **veränderten Beziehung zwischen Unternehmen und Behörden** im Umweltbereich, die kreative und

---

[128]   Vgl. Schaltegger et al. (1996)

massgeschneiderte Lösungsmodelle ermöglicht. Sie ist geprägt durch ein Aushandeln von Leistungen der Unternehmen und Gegenleistungen der Behörden. UMS stellen hierfür eine geeignete Grundlage dar. Ihnen kommt die Funktion **eines innerbetrieblichen Vollzugsinstruments** zu, welches sicherstellt, dass geltende Gesetzgebung und Vereinbarungen mit den Behörden tatsächlich umgesetzt und erreicht werden können. Es kommt ihnen aber auch die Funktion der **Transparenzsicherung** zu, da eine solchermassen veränderte Beziehung auch einer regelmässigen Berichterstattung über die erzielten Leistungswerte und Ergebnisse bedarf. Das Behördenverhalten ist dabei bedeutend flexibler auszugestalten und auf das Unternehmensverhalten abzustimmen. Es reicht von Zwang im Falle abwehrender Unternehmen bis zu vertrauensvoller Kooperation mit proaktiven Unternehmen.[129]

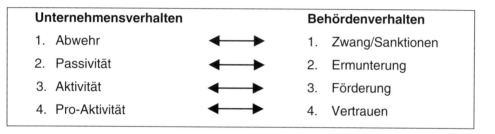

Abb. 11-1: Abstimmung von Unternehmens- und Behördenverhalten

Unternehmen unterscheiden sich danach, wie sie mit Umweltanliegen umgehen. Ihre Verhaltensmuster reichen von Abwehr über Passivität bis zu Aktivität und vorauseilender Pro-Aktivität. Diese unternehmerischen Verhaltensmuster sollten von den Vollzugsbehörden nicht nur zur Kenntnis genommen werden, sondern zur Grundlage ihres eigenen Verhaltens gemacht werden. Entsprechend lassen sich auf seiten der Behörden Verhaltensmuster unterscheiden, die von der Ausübung von Zwang über Ermunterung bis zu Förderung und Vertrauen reichen. Hierdurch entsteht ein Muster flexibler Reaktionsweisen der Behörden, das nach Massgabe des unternehmerischen Verhaltens und Entwicklungsstandes zur Anwendung gelangt. Es ermöglicht differenzierte Reaktionen, die den effektiven Voraussetzungen auf seiten der Unternehmen entsprechen und gerecht werden. Dies ermöglicht grössere Fairness und Wirksamkeit im Vollzugshandeln, und entspricht auch dem Gebot der Rechtsgleichheit, das nach rechtsgleicher Behandlung nach Massgabe der Gleichheit der Ausgangslage verlangt.[130]

---

[129] Vgl. hierzu Ministry of Housing, Spatial Planning and the Environment (1995) und Kuijjer (1998), S. 70ff

[130] Vgl. de Quervain (1997). S. 468

Nachdem auf beiden Seiten traditionell – und wohl auch bis heute – die Verhaltensstufen 1 und 2 im Vordergrund gestanden sind und stehen, eröffnen UMS-Einsatz und -Verbreitung nun die Möglichkeit einer Erschliessung der anspruchsvolleren und ungewohnten Verhaltensstufen 3 und 4. Hierfür sind die materiellen, personellen und organisatorischen Voraussetzungen der Verhaltensweisen „Unterstützung" und „Vertrauen" zu klären. Es sollte nicht verwundern, wenn sich hier auf seiten der Behörden ähnliche Schwierigkeiten und Rollenkonflikte auftun, wie auf seiten der Unternehmen, denn die Ausgestaltung und Pflege einer kooperativen Beziehung ist sowohl anspruchsvoll, wie auch zumeist zeitintensiv. Sie verlangt nach einem veränderten Rollenverständnis, das hoheitliche Vollzugsaufgaben mit Zusammenarbeit zu verknüpfen in der Lage ist. Der vermehrte Zeit- und Betreuungsaufwand während der Aufbauphase sollte hierbei durch einen in der Folge tieferen Aufwand kompensiert werden können. Der vermehrte Initialaufwand ist somit als Investition in den Aufbau einer vertrauensvollen und wirksameren Beziehung anzusehen.

Diese Perspektive einer veränderten Beziehung von Unternehmen und Vollzugsbehörden im Umweltschutz bedingt einen gemeinsamen **Lern- und Entwicklungsprozess**. Sie wird nicht rasch entstehen, sondern sich nur als Resultat von Lernerfahrungen jeder einzelnen Behörde sukzessive herausbilden können. Und sie wird auch nicht in jedem Fall erfolgreich sein, vielmehr wird die Zusammenarbeit oftmals auch dazu führen, die Grenzen solcher Veränderungen schärfer hervortreten zu lassen. Dennoch bietet sie unverkennbare Chancen für die Weiterentwicklung von Umweltschutz und Umweltpolitik in der Schweiz und entspricht dem Leitbild eines New Public Management. Sie baut nicht zuletzt auf den Stärken der schweizerischen Kooperations- und Konsenskultur auf und nutzt diese mit Vorteil.

Mit dieser Perspektive findet die Vollzugsrealität in der Schweiz Anschluss an fortschrittliche Entwicklungen, wie sie vor allem in den Niederlanden – auch ein Land mit ausgeprägter politischer Konsenskultur – vorgespurt sind.[131] Hier hat die niederländische Regierung bereits 1993 UMS als das wesentliche Instrument zur Verwirklichung der Ziele ihres Nationalen Umweltplans erkannt und entsprechend gefördert. Ausgehend von den Zielen dieses Plans, sind einerseits zielgruppenspezifische (i.d.R. branchenspezifische) Massnahmenpläne entwickelt und mittels Vereinbarungen mit Branchenverbänden fixiert worden. Andererseits sind Betriebsvereinbarungen mit UMS-zertifizierten Unternehmen als weiteres Instrument entwickelt worden, um die Abstimmung der Unternehmenspläne im Umweltbereich mit denen des Nationalen Umweltplans und den Vollzugsprioritäten zu erreichen. Basierend auf einem zertifizierten UMS, werden zwi-

---

[131]   Vgl. hierzu Kuijer (1998), S. 73ff.; Ministry of Housing, Spatial Planning and the Environment (1995)

schen Unternehmen und Behörden 3-Jahrespläne vereinbart, über deren Fortschritte zudem jährlich Bericht zu erstatten ist. Im Gegenzug werden die Unternehmen in die Eigenkontrolle entlassen. Und an die Stelle vielfältiger Einzelgenehmigungen, können vermehrt „Rahmengenehmigungen" treten, welche die .betrieblichen Tätigkeiten an einem Standort ganzheitlich erfassen. Dies erlaubt eine weitergehende staatliche Flexibilität, im Gegenzug für die übernommene Eigenverantwortung und Transparenz.

12 Zusamenfassung und Beurteilung der Untersuchungsergebnisse

- *Stand der UMS-Praxis in der Schweiz*

Alle 348 zum **Stichtag der Erhebung (31.3.1999)** zertifizierten Unternehmenseinheiten in der Schweiz (Grundgesamtheit) erhielten im Frühjahr 1999 einen Fragebogen zugestellt. 158 gültige Fragebögen sind als Stichprobe in die vorliegende Untersuchung eingegangen, was einem **Rücklauf von 45%** entspricht. Da der Fragebogen nur auf Deutsch verschickt wurde, sind die Ergebnisse vor allem für den deutschsprachigen Landesteil repräsentativ. Die Branchenabdeckung ist im Vergleich zur Grundgesamtheit gut. Bezogen auf die Unternehmensgrösse sind Kleinunternehmen mit weniger als 50 Beschäftigten in der Stichprobe untervertreten, Grossunternehmen mit mehr als 250 Beschäftigten übervertreten. Mitgliedsfirmen der ÖBU sind mit 31% Anteil an der Stichprobe ebenfalls übervertreten. Die Ergebnisse dürften deshalb etwas positiver ausfallen, als dies für die Grundgesamtheit aller zertifizierten Unternehmen tatsächlich der Fall ist, da sowohl Grossunternehmen wie auch ÖBU-Mitgliedsfirmen ökologisch überdurchschnittlich aktiv sind.

- *Welche Unternehmen lassen sich zertifizieren?*

Aufgrund der Struktur des Rücklaufs ergibt sich hierzu eine bedeutende Erkenntnis: Nicht weniger als 73% der befragten Unternehmen geben an, vor der UMS-Zertifizierung **keine Vorerfahrungen** mit einem systematischen Umweltmanagement gehabt zu haben. Und dieser Prozentsatz bleibt auch über die Zeit konstant. Damit kann man nicht sagen, dass zunächst solche Firmen durch die Möglichkeit der Zertifizierung angelockt wurden, die bereits als Öko-Pioniere über grosse Vorerfahrungen verfügt haben. Der Mix von wenig erfahrenen und vielen unerfahrenen Unternehmen blieb vielmehr über die ersten Jahre (1995 bis 1999) hinweg erstaunlich konstant. Mit der Entscheidung für ein systematisches UMS betreten demnach drei Viertel aller zertifizierten Unternehmen **Neuland in Sachen Umweltmanagement**. Mit anderen Worten: ISO 14001 ist kein System, das vornehmlich von Öko-Pionieren genutzt wird, sondern ganz überwiegend ein **System für Neueinsteiger ins Umweltmanagement**. Damit leistet die Norm ISO 14001 einen bedeutenden Beitrag für die Diffusion eines systematischen Umweltmanagements bei Firmen, die noch über keine entsprechenden Vorerfahrungen verfügen.

- *Unterscheiden sich zertifizierte von nicht-zertifizierten Unternehmen?*

Die Antworten machen deutlich, dass ISO 14001-zertifizierte Unternehmen ein spürbar **höheres Umweltbewusstsein** aufweisen als durchschnittliche schweizerische Unternehmen (ohne UMS). Sie nehmen auch die **Einflüsse von Anspruchsgruppen** wesentlich stärker wahr als Unternehmen ohne UMS.

- *Welche Anspruchsgruppen stehen für die Unternehmen im Vordergrund?*

Die stärksten ökologischen Impulse zur Integration von Umweltaspekten in die Unternehmensführung gehen vom eigenen **Management** aus, gefolgt von Gesetzgeber/Behörden und den Eigentümern. Trotz der hohen Bedeutung von Gesetzgeber/Behörden (Platz 2) ist insgesamt von einer **Dominanz interner Anspruchsgruppen** auszugehen. Die **Wirkung des Marktes** bleibt insgesamt eher **schwach**. Kleinere Unternehmen fühlen sich zudem stärker durch ökologische Anspruchsgruppen betroffen als grössere, was auf eine erhöhte Sensibilität schliessen lässt.

- *Welche Umweltaspekte werden als relevant angesehen?*

Bezüglich der als relevant angesehenen Umweltaspekte steht der **Energieverbrauch** deutlich an der Spitze, vor dem Abfallaufkommen und dem Materialverbrauch.

- *Was sind die Gründe für die Einführung eines UMS?*

Die Frage nach den Gründen für die UMS-Einführung zeigt, dass UMS vor allem wegen der Verbesserung des Images in der Öffentlichkeit und wegen des angestrebten Zertifikats aufgebaut werden. Man verspricht sich somit für seine Leistungen vor allem einmal eine **Anerkennung von aussen.** Interne Wirkungen, wie die Systematisierung bestehender Massnahmen und Risikovorsorge bzw. Haftungsvermeidung, sowie Wirkungen auf dem Markt folgen als weitere wichtige Gründe auf den nächsten Plätzen. Die hohe Bewertung ganz unterschiedlicher Gründe macht deutlich, dass UMS für sehr verschiedenartige Zwecke eingesetzt werden. UMS werden offenbar nicht als Spezialinstrumente für einen klar umrissenen, eng definierten Zweck angesehen, sondern als ausgesprochene **Breitbandinstrumente.**

- *Für welche UMS-Massnahmen werden die meisten Mittel eingesetzt?*

Mit Abstand die meisten Mittel für UMS-Massnahmen werden bisher im **Bereich der Betriebsökologie** eingesetzt, zur technischen Optimierung der Produktions- und Betriebsprozesse. Deutlich weniger Mittel werden demgegenüber für die Bereiche Führung und Organisation bzw. Produktökologie eingesetzt. Zukünftig sollen jedoch in allen drei Bereichen deutlich mehr Mittel eingesetzt werden, wobei die Bereiche Produktökologie sowie Führung und Organisation eine überproportionale Zunahme erfahren sollen. Während somit der Schwerpunkt der Umweltaktivitäten in der Aufbauphase von UMS im Bereich der Betriebsökologie liegt, weitet sich der Aktionsradius im Zuge der Entwicklung jedoch zunehmend aus und umfasst neben der – nach absoluten Werten immer noch dominierenden – Betriebsökologie zunehmend auch die Bereiche Produktökologie sowie Führung und Organisation. Neben einem **höheren Mitteleinsatz** ist somit insbesondere auch eine deutliche **Verschiebung im Mitteleinsatz** für die Zukunft vorgesehen.

- *Welche betriebsökologischen Massnahmen stehen im Vordergrund?*

Bei den betriebsökologischen Massnahmen stehen in der Wahrnehmung der befragten Unternehmen die Einführung eines systematischen **Abfallmanagements** und die systematische **Erhebung von Stoff- und Energieströmen** an der Spitze der bislang ausgelösten Aktivitäten. Ein höherer Aktivitätsgrad ist dort festzustellen, wo ökonomische und ökologische Ziele parallel laufen. Massnahmen, die keinen unmittelbaren ökonomischen Nutzen erwarten lassen, werden weniger häufig ergriffen. Für die Zukunft ist eine **massive Verstärkung der Aktivitäten** geplant. Inwiefern hierbei der Wunsch Vater solcher Absichten ist, lässt sich kaum prognostizieren. Mit Blick auf die Bedeutungszunahme integrierter Technologien lässt sich einerseits eine **Integrationstendenz** feststellen. Andererseits ist eine **Ausweitung des Aktionsradius** auf die Lieferanten geplant. Hieraus ergibt sich als Tendenz eine verstärkte Ökologisierung der Lieferkette.

- *Welche Massnahmen stehen im Bereich Führung und Organisation im Vordergrund?*

Bei den Aktivitäten im Bereich Führung und Organisation steht **die Verankerung der Umweltschutzverantwortung in der Linie** an erster Stelle. An zweiter Stelle folgen Massnahmen im Bereich der **Schulung**. Blickt man auf die zukünftig geplanten Massnahmen, so ist festzustellen, dass die befragten Unternehmen grosse Verbesserungen vorsehen. 50 Unternehmen geben an einen **Umweltbericht** veröffentlicht zu haben, was einem Anteil von rund **einem Drittel (32%)** an der Stichprobe entspricht. Weitere 40 Unternehmen (**25%**) planen eine Veröffentlichung. Hieraus ergibt sich ein erstaunlich hoher Anteil von 57% der zertifizierten Unternehmen, welche freiwillig einen Umweltbericht publizieren (bzw. wollen), obwohl dies von der ISO-Norm nicht verlangt wird.

- *Welche produktökologischen Massnahmen stehen im Vordergrund?*

Das Aktivitätsniveau im Bereich Produktökologie ist wesentlich niedriger als im Bereich Betriebsökologie, aber auch etwas tiefer als im Bereich Führung und Organisation. Die **Eliminierung umweltgefährdender Produkte bzw. Produktbestandteile** steht sowohl bei den schon ergriffenen wie auch bei den geplanten Massnahmen an erster Stelle, gefolgt von **ökologischen Verpackungsverbesserungen**. Die Zahlen machen deutlich, dass bisher nur eine kleine Minderheit der zertifizierten Unternehmen produktökologische Aspekte als strategische Erfolgsfaktoren ansehen und aktiv nutzen. Allerdings beabsichtigen die Unternehmen die produktökologischen Massnahmen deutlich zu verstärken. Auch wenn sich nicht alle Pläne umsetzen lassen sollten, so machen sie doch deutlich, dass die befragten Umweltmanager auch in diesem Bereich ein **deutliches Defizit** verspüren.

- *Was lässt sich zusammenfassend zu den ergriffenen Massnahmen sagen?*

Die Einzelergebnisse zu den ergriffenen Massnahmen bestätigen die These, **dass UMS bislang in stark ausgeprägtem Masse auf interne Prozesse und Strukturen ausgerichtet sind**. Bedenklich tief sind die Werte bzgl. der bisher ergriffenen Schulungsmassnahmen (32% sagen, sie haben weitgehende Massnahmen ergriffen) und der systematischen ökologischen Vorgaben für die Produktentwicklung (nur 19% sagen, sie haben hier weitgehende Massnahmen ergriffen), weil in diesen Bereichen die ISO-Norm 14001 klare Vorgaben für die Zertifizierung enthält. Durchwegs überdurchschnittliche Werte weisen die Unternehmen auf, die bereits vor der Zertifizierung über Vorerfahrungen mit einem systematischen Umweltmanagement verfügen, die ein „altes" UMS haben (Zertifizierung vor 1998) und die Mitglied der ÖBU sind. Hier bestätigt sich, dass die **ÖBU** durchaus als schweizerische Vereinigung ökologisch fortschrittlicher Pionierunternehmen angesehen werden kann.

- *Wie wird die ökologische Wirkung des UMS beurteilt?*

Eine erste Wirkung des UMS ist zweifellos in der **wesentlichen Stärkung des Themas Umweltschutz** im Unternehmen zu sehen. UMS schaffen Aufmerksamkeit für Umweltanliegen und stärken die Position ihrer Vertreter im Unternehmen, wenn es z.B. darum geht, Investitionsentscheide zu treffen oder die Befolgung von Richtlinien sicherzustellen. Daneben werden UMS von den befragten Umweltmanagern allgemein sehr **positive ökologische Wirkungen** zugeschrieben. Nur knapp 3% der Befragten spüren keinen Einfluss des UMS auf die Umweltleistung des Unternehmens. Die grosse Mehrheit der Befragten (57%) diagnostiziert eher positive Wirkungen, 40% stellen sogar sehr positive Wirkungen des UMS fest. Noch eindrücklicher sind die Einschätzungen hinsichtlich der zukünftigen Entwicklung. Ein knappes Drittel der Unternehmen (31%) rechnet nicht mit wesentlichen Veränderungen. Demgegenüber erwarten nicht weniger als 69% aller befragten Führungskräfte eine **zunehmende ökologische Wirkung des UMS**.

- *Welche Verbesserungen der Umweltleistung lassen sich feststellen?*

Verglichen mit der sehr positiven, jedoch summarischen Gesamtbeurteilung, fallen die Antworten auf spezifischere Fragen nach der Verbesserung der Ökoeffizienz weniger überzeugend aus. Durchschnittlich 60% der Unternehmen stellt zumindest einen **leichten Rückgang der relativen Stoff- und Energieflüsse** – bzgl. Materialeinsatz, Energieeinsatz, Abfallaufkommen und Gefahrstoffeinsatz – fest, ca. 30% stellen keine Veränderung oder sogar eine Verschlechterung in Relation zum Umsatz fest. Bezogen auf **absolute Rückgänge der Stoff- und Energieflüsse** stellen 50% der Unternehmen zumindest leichte Rückgänge fest, 40% können keine Veränderung oder eine Verschlechterung feststellen. Die bescheideneren Fortschritte der absoluten im Vergleich zur relativen Entwicklung machen deutlich, dass relative Ökoeffizienzgewinne zu einem Teil durch Ausweitungen der Produktion wieder kompensiert werden.

- *Welche Rolle spielt bei diesen Verbesserungen das UMS?*

Bedeutungsvoll ist die Einsicht, dass UMS für die weitaus meisten Unternehmen hierbei nur einen **unterstützenden Einfluss** ausüben. UMS haben offenbar für die grosse Mehrheit der Unternehmen nicht den Charakter eines eigenständigen Führungssystems, mit dessen Hilfe die Entwicklung selbständig und proaktiv gestaltet und vorangetrieben wird, sondern vielmehr **instrumentellen Charakter** zur Umsetzung bestehender und unabhängig vom UMS zustande gekommener Umweltziele.

- *Sind auch Verbesserungen der Leistung bei den Produkten festzustellen?*

Die Befragten nehmen nur eine **leichte Verringerung der produktspezifischen Umweltbelastungen** seit Einführung der UMS wahr. Das UMS hat auch hier nur einen unterstützenden, nicht aber einen entscheidenden Einfluss. Im Vergleich mit der wesentlich stärkeren Wahrnehmung der Bedeutung produktspezifischer Umweltbelastungen ist festzustellen, dass hier eine deutliche **Lücke zwischen Problemwahrnehmung und Aktivitäten** zur Problemlösung besteht.

- *Was kosten Aufbau und Betrieb eines UMS?*

Die durchschnittlichen Gesamtkosten für Aufbau und Betrieb eines UMS betragen **287.000 CHF**. Es finden sich bedeutende Kostenunterschiede nach Unternehmensgrösse. Bei Kleinunternehmen liegt der Durchschnitt bei 93.000 CHF und steigt an bis auf 535.000 CHF bei Grossunternehmen. Dagegen sinken die Gesamtkosten bezogen auf die Beschäftigtenzahl von 5.400 CHF pro Mitarbeiter in Kleinunternehmen auf 500 CHF bei Grossunternehmen. Der Durchschnittswert über alle Grössenklassen hinweg beträgt hier **2.000 CHF pro Mitarbeiter**.

Gliedert man die Gesamtkosten in **Kostenblöcke**, so wird deutlich, dass die internen Kosten des UMS-Aufbaus rund 50% ausmachen, die Betriebskosten 25%, die Beratungskosten 15% und die Zertifizierungskosten 6%. Gleichzeitig wird deutlich, wie **schwach fundiert** die Kostenangaben sind. Nur 19% der Befragten erfassen ihre internen Kosten, 11% ihre Betriebskosten. Die Angaben beruhen somit im wesentlichen auf **Schätzungen der Befragten**. Wie gut diese Schätzungen sind, ist aufgrund der vorliegenden Erhebung nicht zu beurteilen.

- *Welchen Nutzen bringt das UMS?*

Die Ergebnisse belegen die These, dass UMS nicht nur zu breitflächigen Wahrnehmungsveränderungen bezüglich der Bedeutung von Umweltschutzaktivitäten in Unternehmen beitragen, sondern auch bezüglich der damit verbundenen **wirtschaftlichen Potentiale**. Über 80% der Befragten sehen in UMS ein Instrument, das den ökonomischen Nutzen von Umweltschutzmassnahmen deutlicher werden lässt.

- *Wie sieht es mit dem monetären Nutzen des UMS aus?*

Der Mittelwert des monetären UMS-Nutzens liegt bei **167.000 CHF**. Die Amortisationsfrist beträgt durchschnittlich **2,2 Jahre**. Hieraus wird deutlich, dass es sich bei UMS offenbar um sehr interessante Investitionen handelt, die auch im Vergleich mit anderen Investitionen gut abschneiden. Je nach Unternehmensgrösse ergeben sich auch hier deutlich unterschiedliche Amortisationsfristen. Betragen diese für Gross- und Mittelunternehmen im Schnitt nur 2,0 bzw. 1,6 Jahre, sind es bei Kleinunternehmen 10,7 Jahre. Hierin kommt eine massive finanzielle Mehrbelastung von Kleinunternehmen (weniger als 50 Beschäftigte) zum Ausdruck. Wie **unsicher** der Grund jedoch ist, auf dem sich solche Angaben bewegen, verdeutlicht die Tatsache, dass nur gerade 6% der Befragten diesen Nutzen begründet beziffern können, 47% nehmen eine Schätzung vor und weitere 47% können oder wollen keine Angaben machen.

- *Welche Nutzenkategorien stehen im Vordergrund?*

Bei einer differenzierten Betrachtung der einzelnen UMS-Nutzenkategorien wird der grösste Nutzen in der **Systematisierung bestehender Umweltmassnahmen**, der Sicherung der **Rechtskonformität** und der **Risikovorsorge** gesehen. Der geringste Nutzen resultiert bzgl. einer Verbesserung der Innovationsfähigkeit, der Marktposition oder im Hinblick auf bessere Konditionen bei Banken und Versicherungen. Im Mittelfeld finden sich Beiträge zur Verbesserungen der Imagewirkung, zum Aufspüren von Kostensenkungspotentialen oder Erleichterungen im Umgang mit Behörden.

- *Werden die Erwartungen der UMS-Anwender erfüllt oder enttäuscht?*

Die Erwartungen der Anwender an den Nutzen der UMS werden insgesamt deutlich übertroffen. Aus den Ergebnissen lässt sich eine **grosse Zufriedenheit der Anwender** mit dem neuen Instrument UMS und seinen Wirkungen ablesen. Die Zufriedenheit bzgl. der **internen Nutzenpotentiale** ist hierbei **deutlich grösser** als die bzgl. der externen Nutzenpotentiale. UMS erweisen sich somit insbesondere im Hinblick auf die **Systematisierung und Kontrolle umweltrelevanter Prozesse** im Innern des Unternehmens als enttäuschungssicher, während das Erreichen von Innovationen und Markterfolgen als grosse, bisher aber unerfüllt gebliebene Herausforderung für den UMS-Einsatz anzusehen ist. Pointiert lässt sich formulieren: **Man verspricht sich Anerkennung von aussen und findet Systematik und Sicherheit im Innern.**

- *Wie sieht es mit der Integration des UMS aus?*

Die Integration von UMS und **Qualitätsmanagementsystem (QMS)** ist in der Praxis praktisch **zur Regel geworden**. 94% der Unternehmen verfügen über ein QMS, 83% haben es mit dem UMS integriert. Demgegenüber ist die Integration des UMS mit einem Arbeitssicherheitsmanagementsystem (AMS) oder mit dem allgemeinen Managementsysteme erst von weniger als der Hälfte der Unternehmen vollzogen worden. Hieraus wird deutlich, dass UMS – wie auch QMS – immer noch mehrheitlich von den regulären Leitungsprozessen und Linienverantwortlichkeiten **abgetrennte Sekundärorganisationen** darstellen.

- *Wie verhalten sich Kosten und Nutzen des UMS im Vergleich zum QMS?*

Interessant ist, dass die UMS-Kosten **deutlich tiefer** eingeschätzt werden als die QMS-Kosten. Der UMS-Nutzen wird ebenfalls, aber nur **etwas tiefer** bewertet.

- *Wie wird die Zertifizierung beurteilt?*

Im Hinblick auf die Beurteilung der Zertifizierungsauditoren und ihrer Tätigkeit stehen die **Prüfung der Rechtskonformität** und der **ökologischen Schwachstellen** an der Spitze. 56% bzw. 37% der Befragten stimmen uneingeschränkt zu, dass eine umfassende Prüfung stattgefunden hat, weitere 37% bzw. 50% stimmen „eher zu". Angesichts der zentralen Bedeutung gerade dieser beiden Kernbereiche des UMS, kann das Ergebnis aber nur als „befriedigend" bezeichnet werden. Die notwendigen Branchenkenntnisse der Auditoren werden zu einem kleineren Teil als gut, überwiegend aber nur als genügend beurteilt.

Dennoch wird den Auditoren insgesamt ein **achtbares Zeugnis** ausgestellt. Das System der externen Audits als Kontroll- und Korrekturinstrument stösst bei den Unternehmen offensichtlich auf Zustimmung und Anerkennung. Es wird deutlich, dass die Zertifizierer neben ihrer Rolle als Prüfer auch als Impulsgeber für Verbesserungen angesehen werden. Faktisch haben die externen Audits somit eine Doppelfunktion: eine **Prüfungs- und Kontrollfunktion** einerseits, eine **Motivations- und Entwicklungsfunktion** andererseits. Im Vordergrund steht jedoch die Prüfungsfunktion. Noch immer wird von vielen Befragten eine überzogene Orientierung der Audits an formalen Kriterien kritisiert.

- *Sind hier Unterschiede zwischen den Zertifizierungsgesellschaften festzustellen?*

Die vergleichende Beurteilung der drei führenden Zertifizierungsgesellschaften in der Schweiz ergibt voneinander **deutlich abweichende Profile** im Hinblick auf die Ausprägung und Gewichtung von Prüfungsfunktion und Entwicklungsfunktion.

- *Wie werden die Voraussetzungen für einen kontinuierlichen Verbesserungsprozess des UMS beurteilt?*

Im Hinblick auf die zukünftigen Wirkungen und Verbesserungspotentiale des UMS erweisen sich die Meinungen als **sehr geteilt**. Zwei etwa gleich grosse Lager stehen sich gegenüber, wobei die eine Hälfte der Befragten die zukünftigen Wirkungen des UMS als klein oder eher klein beurteilen, die andere Hälfte dagegen als gross oder eher gross. Betrachtet man die wichtigsten **Voraussetzungen** für eine weitere Verbesserung des UMS und seiner Leistung, so kommt neben externen, von den Unternehmen nicht direkt beeinflussbaren Grössen, den **internen Voraussetzungen** ein deutlich höheres Gewicht zu. An der Spitze findet sich die aktive **Unterstützung durch die Unternehmenslei-tung** sowie der aktive **Einbezug der Mitarbeiter** mittels Motivation und Schulung. Damit erscheinen die Voraussetzungen für weitere Verbesserungen durch die Unter-nehmen – bei entsprechendem Willen und Engagement der Unternehmensleitungen – weitgehend als **selber gestaltbar**.

- *Weiterentwicklungen von UMS*

Der Anreiz „Zertifizierung" sorgt im Normalfall vor allem einmal für den Systemaufbau, somit für die Einrichtung der erforderlichen Managementinfrastruktur im Unternehmen. Dies ist notwendig, aber noch nicht hinreichend für effektive Verbesserungsmassnah-men. Soll das System zu dem von der ISO-Norm 14001 verlangten dynamischen Prozess einer kontinuierlichen Verbesserung von UMS und Umweltleistung führen, so bedarf es hierfür weitergehender Anreize. Diese können von unterschiedlicher Seite kommen: von Kunden, Finanzmärkten oder Behörden. Fehlen diese Anreize oder bleiben sie so schwach, wie dies aus den bisherigen empirischen Erkenntnissen hervorgeht, so steht zu befürchten, dass das Interesse an UMS wieder erlahmen wird. Neben einer Verbesserung der externen Anreize und Rahmenbedingungen bedarf es aber auch Anpassungen und Weiterentwicklungen in den Unternehmen, um die Wirksamkeit der UMS zu verbessern. Drei Bereiche werden für eine solche Weiterentwicklung von UMS als besonders wich-tig erachtet: eine **effektive Integration von UMS**, ein **strategisch bewusster Einsatz von UMS** sowie der Einsatz von **UMS als Basis einer veränderten Beziehung zwi-schen Unternehmen und Behörden**.

- *Was ist unter effektiver Integration der UMS zu verstehen?*

Die Frage nach der Integration von Managementsystemen konzentriert sich in der Praxis zumeist noch auf die **Integration zertifizierbarer Managementsysteme**. Wie wir aus den Ergebnissen der empirischen Befragung ersehen können, ist eine Integration von UMS und QMS heute als Regel anzusehen. Eine Integration von UMS und AMS ist bisher zwar erst von einer knappen Hälfte (46%) realisiert worden, dürfte jedoch durch die Wirkung der Anfang 2000 verpflichtend gewordenen EKAS-Richtlinie nun ebenfalls rasch zum Normalfall werden. Hieraus entsteht jedoch bestenfalls erst ein **partiell inte-griertes Managementsystem**. Die Integration kann schwergewichtig als **zertifizierungsge-trieben** angesehen werden. Mit anderen Worten: Triebkraft der Integration sind hier vor allem die Vermeidung von Doppelspurigkeiten in Dokumentation, Betrieb und Zertifizie-rung der Managementsysteme. Dabei dürfte erst durch eine Integration des UMS mit dem allgemeinen Managementsystemen die erforderliche Grundlage für eine breite Verankerung und einen effektiven Einsatz des UMS im Unternehmen geschaffen werden und die parti-elle Integration zu einer **vollständigen, echten Integration des UMS** werden. Erst dadurch kann sichergestellt werden, dass ökologische Anliegen und Überlegungen nicht nachträglich durch Umweltverantwortliche und vermittels spezieller Verfahren und Systeme im Unternehmen zur Geltung gebracht werden müssen, sondern im Rahmen der regulären Entscheidungsprozesse von Anfang an mit berücksichtigt und verantwortet werden.

- *Was ist unter einer „echten" Integration des UMS in das allgemeine Managementsystem zu verstehen?*

Integration bedeutet vor allem einmal Integration in die normalen, geschäftspolitischen Entscheidungsprozesse und -systeme im Unternehmen. Konkretisieren lässt sich dies anhand folgender drei Kernelemente: Integration der Umweltverantwortung in die Linienverantwortung, Integration der Umweltziele und -programme in die bestehenden Planungs-, Budgetierungs- und Controllingsysteme sowie Integration der UMS-Prozesse in die bestehenden Kernprozesse des Unternehmens.

- *Wozu wird das UMS integriert?*

Integration ist kein Selbstzweck. Vielmehr werden Managementsysteme deshalb integriert, damit bestimmte Unternehmensziele besser erreicht werden können. Und diese Ziele sind sehr verschiedener Art. Die Frage: „Wozu wird integriert?" ist somit auch ganz unterschiedlich zu beantworten. Zur Verdeutlichung dieser unterschiedlichen Ziele ist zwischen **managementsystemspezifischen Sachzielen** einerseits (z.B. Öko-Effizienz im Falle des UMS), Effizienz-, Sicherungs- und Innovationszielen als **unspezifischen Formalzielen** andererseits zu unterscheiden. Dabei ist zu beachten, dass Effizienz-, Sicherungs- und Innovationsziele miteinander **konfligierende Ziele** darstellen. Es ist somit nicht möglich, die unterschiedlichen Ziele gleichzeitig optimal zu erreichen. Vielmehr geht es darum, zwischen unterschiedlichen Zielen und Ausprägungen eine Auswahl zu treffen und mit den unvermeidbaren Konflikten und Risiken, die sich hieraus ergeben, bewusst umzugehen.

- *Und wie wird integriert?*

Naheliegend sind zunächst Lösungen, die sich an der **Struktur einer Basisnorm** ausrichten, also an der Struktur der ISO-Norm 9001 oder 14001. Integrieren bedeutet dann Einpassen der hinzukommenden Systemelemente in die vorliegende Form des bestehenden Managementsystems. Da in der Praxis zumeist das jüngere UMS zu einem bereits bestehenden älteren QMS gemäss ISO-Norm 9001, 9002 oder 9003 hinzukommt, heisst dies oftmals, dass die 20 Kapitel der ISO 9001 als strukturelle Basis für den Einbau weiterer Managementsysteme verwendet werden. Aus heutiger Sicht ist eine solche Lösung als suboptimal anzusehen und nicht empfehlenswert. Eine **systemübergreifende Integration** orientiert sich an einem ganzheitlichen Managementkonzept, wie z.B. dem St. Galler Management-Konzept, dem EFQM-Modell oder der Balanced Scorecard. Solche generischen Managementkonzepte können als Leerstellengerüste angesehen werden, in das sich unterschiedliche spezielle Managementkonzepte ohne weiteres einfügen und integrieren lassen. Dies macht dann Sinn, wenn das entsprechende Managementkonzept im Unternehmen bereits eingeführt und etabliert ist. Als dritte Möglichkeit kann eine **prozessorientierte Integration** der Managementsysteme gewählt werden. Strukturelle Basis dieser Variante sind die unternehmenseigenen Prozesse, nicht eine unternehmensextern vorgegebene oder allgemein definierte Strukturform. Im Zuge der raschen Ausbreitung prozessorientierter Organisationsformen in der Praxis, aber auch des prozessorientierten Aufbaus der revidierten ISO 9001:2000 steht diese Variante derzeit und zukünftig im Vordergrund des Interesses.

- *Inwiefern weist ISO 14001 ein strategisches Defizit auf?*

Mit Blick auf die ISO-Norm 14001 kann nicht von einer gleichgewichtigen Ausprägung von Systemelementen auf normativer, strategischer und operativer Managementebene gesprochen werden. Während mit der Norm-Forderung nach einer betrieblichen Umweltpolitik die normative Ebene zumindest angesprochen ist, sind die weiteren Norm-Elemente schwergewichtig der operativen Ebene zuzuordnen. Weitgehend ausgespart bleibt hingegen die strategische Ebene. In der Norm findet sich insbesondere nichts, was auf die Chancen und Gefahren des Umweltmanagements hinweisen würde oder der Unternehmensführung helfen könnte, die ökologischen Probleme und Veränderungen im unternehmerischen Umfeld als Anlass und Ausgangspunkte für eine gezielte Reduktion bestehender ökologischer Risikopotentiale sowie für einen Aufbau ökologischer Erfolgspotentiale zu verwenden. Dafür finden sich eine Fülle detaillierter Vorgaben, die das Geschehen auf operativer Ebene betreffen. Hieraus resultiert die Gefahr, dass Unternehmen durch diesen **„operativen Bleifuss"** der Normforderungen einseitig belastet werden, statt dass sie durch strategische Perspektiven und Handlungsmöglichkeiten „beflügelt" werden. Blickt man auf die Ergebnisse unserer Untersuchung, so hat sich diese Befürchtung bestätigt.

- *Worum geht es denn in strategischer Perspektive?*

Die strategische Grundfrage lautet: **Wozu soll das UMS dienen?** Es geht somit um die Frage, welche Unternehmensziele und -strategien durch das UMS ermöglicht bzw. unterstützt werden sollen und inwiefern das UMS und seine Weiterentwicklung als Instrument der Unternehmensentwicklung dient?

- *Was sind typische strategische Ausrichtungen von UMS?*

In der Praxis finden sich sehr unterschiedliche strategische Ausrichtungen von UMS. Fünf solcher UMS-Typen lassen sich voneinander unterscheiden: Beim UMS-Typ „Infrastruktur" geht es vor allem einmal darum, im Unternehmen systematisch vorzugehen, somit Transparenz und Ordnung in Abläufe und Systeme zu bekommen. Mit Hilfe des UMS-Typs „**Auditierung**" sollen primär Ziele wie Rechtssicherheit und Risikovorsorge verfolgt werden. Es geht darum, als Unternehmen ökologisch „clean" zu sein, somit ökologische Schwachpunkte und Risiken frühzeitig zu erkennen und zu beseitigen. Mit Hilfe des UMS-Typs „**Controlling**" sollen Umweltziele möglichst „effizient", d.h. kostengünstig erreicht werden. Die typischen Ziele sind hier einerseits die Prozessbeherrschung, andererseits das Aufspüren ökologischer Kostensenkungspotentiale. Beim UMS-Typ „**Marketing**" geht es darum, durch geeignete Massnahmen bestehende Marktpositionen zu sichern und neue Differenzierungspotentiale zu erschliessen. Das UMS dient dann vor allem dazu, ökologisch „innovativ" zu sein. Beim letzten UMS-Typ „**Public Relations (PR)**" geht es um Image- und Vertrauensbildung in der Öffentlichkeit oder um eine gezielte Einflussnahme auf die Meinungsbildung in Politik und Öffentlichkeit. Das UMS dient hier dazu, „progressiv" zu sein oder zumindest zu wirken. Und je nach UMS-Typ bedarf es auch anderer Schwerpunkte bzgl. der inhaltlichen Ausgestaltung des UMS und der konkreten Massnahmen.

- *Warum spielen im UMS-Zusammenhang die Behörden eine Rolle?*

Die Umweltbehörden sind neben dem eigenen Management die zweitwichtigste Anspruchsgruppe für die befragten Unternehmen. Ihre Forderungen und Erwartungen beeinflussen nicht nur die Umweltmassnahmen der Unternehmen in starkem Masse, ihre Reaktionen auf das noch junge Instrument UMS sind auch von beträchtlicher Bedeutung für dessen Ausgestaltung und weitere Entwicklung. Ob sie gegenüber diesen ungewohnten „Instrumenten der Privatwirtschaft" auch weiterhin eine skeptische Zurückhaltung an den Tag legen, ob sie Verbreitung und Einsatz der UMS in der Wirtschaft honorieren und aktiv fördern oder ob UMS gar zur Grundlage einer verstärkten Kooperation von Unternehmen und Behörden werden, ist für die weitere Entwicklung der UMS deshalb auch von grosser Bedeutung.

- *Gibt es Vollzugserleichterungen für zertifizierte Unternehmen?*

Es kann sicher keine Vollzugserleichterungen für zertifizierte Unternehmen in dem Sinn geben, dass materielles Recht (z.B. bestimmte Grenzwerte oder Sanierungsauflagen) nicht eingehalten werden müsste. Dies ist aufgrund der Rechtsordnung nicht möglich. Möglich sind aber **Hilfestellungen** beim UMS-Aufbau in Form von Auskünften und Bestätigungen, **Vereinfachungen im Vollzug** bzgl. Datenerhebungen, Kontrollen und Erleichterungen bei Bewilligungsverfahren, sowie erweiterte Möglichkeiten für Vollzugserleichterungen im Rahmen einer **Kooperationsvereinbarung** zwischen Unternehmen und Behörde. Solche Vereinbarungen eröffnen in vermehrtem Masse Spielräume für einen ganzheitlichen und individualisierten Vollzug, im Rahmen einer längerfristig angelegten, aufeinander abgestimmten Planung von Unternehmen und Vollzugsbehörden. Sie bezwecken die Eigeninitiative von Unternehmen im Umweltschutz für den Vollzug zu nutzen, sie aber auch weiter zu fördern, um weitergehende Umweltleistungen zu erzielen. Zudem soll eine beiderseits vertrauenswürdige Partnerschaft zwischen Behörde und

Unternehmen entwickelt und gepflegt werden. Das UMS ist hierbei zentrales Mittel zur Verwirklichung einer überprüfbaren Selbstverantwortung der Unternehmen, zugleich aber auch einer schlankeren Staatsverwaltung.

- *Hieraus ergeben sich ja völlig neue Perspektiven für den UMS-Einsatz!*

Hieraus wird in der Tat die Perspektive einer **veränderten Beziehung zwischen Unternehmen und Behörden** im Umweltbereich sichtbar, die kreative und massgeschneiderte Lösungsmodelle ermöglicht. Sie ist geprägt durch ein Aushandeln von Leistungen der Unternehmen und Gegenleistungen der Behörden. UMS stellen hierfür eine geeignete Grundlage dar. Ihnen kommt die Funktion eines **innerbetrieblichen Vollzugsinstruments** zu, welches sicherstellt, dass die Vereinbarungen mit den Behörden tatsächlich umgesetzt und erreicht werden können. Es kommt ihnen aber auch die Funktion der **Transparenzsicherung** zu, da eine solchermassen veränderte Beziehung auch einer regelmässigen Berichterstattung über die erzielten Leistungswerte und Ergebnisse bedarf. Das Behördenverhalten ist dabei bedeutend flexibler auszugestalten und auf das Unternehmensverhalten abzustimmen. Es reicht von Zwang im Falle abwehrender Unternehmen bis zu vertrauensvoller Kooperation mit pro-aktiven Unternehmen.

Diese Perspektive einer veränderten Beziehung von Unternehmen und Vollzugsbehörden im Umweltschutz bedingt einen gemeinsamen **Lern- und Entwicklungsprozess**. Sie wird nicht rasch entstehen, sondern sich nur als Resultat von Lernerfahrungen jeder einzelnen Behörde sukzessive herausbilden können. Und sie wird auch nicht in jedem Fall erfolgreich sein, vielmehr wird die Zusammenarbeit oftmals auch dazu führen, die Grenzen solcher Veränderungen schärfer hervortreten zu lassen. Dennoch bietet sie unverkennbare Chancen für die Weiterentwicklung von Umweltschutz und Umweltpolitik in der Schweiz und entspricht auch dem Leitbild eines New Public Management. Sie baut nicht zuletzt auf den Stärken der schweizerischen Kooperations- und Konsenskultur auf und nutzt diese mit Vorteil.

Anhang

- Anhang 1: Fragebogen
- Anhang 2: Liste der am 31.3.1999 ISO 14001-zertifizierten Unternehmen
- Anhang 3: Literaturverzeichnis

Anhang 1: Fragebogen

Der nachfolgende Erhebungsbogen wurde an alle zum 31. 03. 1999 zertifizierten Schweizer Unternehmen in der Schweiz versendet (siehe Anhang 2). Er umfasst 12 Seiten und ist auch im Internet unter http://www.iwoe.unisg.ch/forschung/14001/ erhebung.html als Download verfügbar.

UNIVERSITÄT
ST.GALLEN

Bewertung der Leistung von ISO 14001 Umweltmanagementsystemen

Ein Praxisforschungsprojekt des Institut für Wirtschaft und Ökologie
der Universität St. Gallen (IWÖ-HSG), unterstützt vom BUWAL, Bern

Mit dem Fragebogen richten wir uns an die für **Aufbau und Betrieb** des Umweltmanagementsystems verantwortliche Person in Ihrem Unternehmen.
Zielsetzung unserer Erhebung ist es,
1. Erwartungen von Schweizer Unternehmen an ihr UMS zu erfassen,
2. einen Überblick über die durch das UMS initiierten Massnahmen zu erhalten und
3. Wirkungen von UMS auf die Umweltleistung und die wirtschaftliche Leistung zu erfassen.

Projektleitung:
Prof. Dr. Thomas Dyllick
Dipl.-oec. Jost Hamschmidt

Universität St. Gallen
IWÖ-HSG
Tigerbergstr. 2
9000 St. Gallen
Tel.: 071/224 2595
Fax: 071/224 2722

Ihr Name: _____

Ihre Funktion: _____

**Möchten Sie die Ergebnisse der Studie
kostenlos zugestellt bekommen?**

| Ja | ❏ |
| Nein | ❏ |

**Haben Sie grundsätzlich Interesse an einem
Workshop zum Thema „Kontinuierliche
Verbesserung der Umweltleistung"?**

| Ja | ❏ |
| Nein | ❏ |

Ihre Angaben werden **vertraulich** behandelt. Bei Publikation der Ergebnisse werden **keine
Rückschlüsse auf die beteiligten Firmen möglich** sein. Bitte beantworten Sie die Fragen **im
Hinblick auf Ihr Unternehmen.**
**Bitte senden Sie uns den Fragebogen bis spätestens 31.05.1999 zurück!
Vielen Dank!**

0 Allgemeine Angaben zum Unternehmen

1. Wie viele Beschäftigte hat Ihr Unternehmen (zertifizierte Einheit)? _____ (Anzahl)

	Ja	Nein
2. Gehört Ihr Unternehmen einer Unternehmensgruppe an?	❏	❏
- Wenn ja: Als Tochtergesellschaft	❏	❏

3. Ist das Management Ihres Unternehmens im Besitz der Mehrheit des Kapitals?

	Ja	Nein
	❏	❏

4. Welcher **Branche** gehört Ihr Unternehmen an?

- Nahrungs- und Genussmittel	❏	- Maschinenbau	❏
- Textilien	❏	- Elektrotechnik	❏
- Leder	❏	- Transportausrüstungen	❏
- Holz	❏	- Bau	❏
- Papier, Druck + Graphik	❏	- Steine und Erden	❏
- Verpackungsindustrie	❏	- Sonstige Industrie und Gewerbe	❏
- Mineralöl, Kernbrennstoffe ...	❏	- Handel	❏
- Chemie	❏	- Banken/Versicherungen	❏
- Kunststoff	❏	- Transport	❏
- Andere, nicht-metallische		- Beratung	❏
mineralische Produkte	❏	- Übrige Dienstleistungen	❏
- Metallindustrie	❏		

5. Wieviel Prozent Ihres Umsatzes erzielt Ihr Unternehmen durch den **Export**?

    Ca.____Prozent

6. Wie bewerten Sie die **Ertragskraft** Ihres Unternehmens im Branchenvergleich?

   ❏ Sehr gut   ❏ gut   ❏ durchschnittlich   ❏ eher schlecht   ❏ schlecht

7. Ist Ihr Unternehmen Mitglied bei der Schweizerischen Vereinigung für ökologisch bewusste Unternehmungsführung (ÖBU)?

                      ❏ Ja   ❏ Nein

8. In welchem Jahr wurde Ihr Umweltmanagementsystem nach ISO 14001 **erstmals zertifiziert**?

   ❏1995   ❏1996   ❏1997   ❏1998   ❏1999

9. Falls Ihr Unternehmen schon vorher über ein **systematisches Umweltmanagement** verfügt hat, **seit wann** ist dies der Fall?

   ❏ Nicht zutreffend   Seit 19____

I Wahrnehmung Umweltfragen und Umweltmanagementsystem

10. Wie beurteilen Sie vor dem Hintergrund Ihrer Unternehmenserfahrungen die folgenden Aussagen zu allgemeinen Umweltfragen?

	trifft nicht zu 1	trifft eher nicht zu 2	trifft eher zu 3	trifft zu 4
- Die Medien stellen die Umweltprobleme schlimmer dar als sie tatsächlich sind	❏	❏	❏	❏
- Natürliche Ressourcen (Energie, Rohstoffe) müssen teurer und der Faktor Arbeit billiger werden, um eine umweltverträgliche nachhaltige Entwicklung in Wirtschaft und Gesellschaft einzuleiten	❏	❏	❏	❏
- Durch technischen Fortschritt lassen sich die Umweltprobleme in Zukunft lösen	❏	❏	❏	❏
- Um die Umweltprobleme umfassend zu lösen, bedarf es einschneidender Verhaltensänderungen in der Gesellschaft	❏	❏	❏	❏

11. Wie stark ist Ihr Unternehmen von Ansprüchen der folgenden Gruppen in Umweltbelangen betroffen? (Bitte machen Sie **ein** Kreuz für **jede** Anspruchsgruppe)

	keine 1	niedrig 2	mittel 3	hoch 4	sehr hoch 5
Mitbewerber	❏	❏	❏	❏	❏
Kunden	❏	❏	❏	❏	❏
Lieferanten	❏	❏	❏	❏	❏
Handel	❏	❏	❏	❏	❏
Management	❏	❏	❏	❏	❏
Mitarbeiter	❏	❏	❏	❏	❏
Eigentümer	❏	❏	❏	❏	❏
Gewerkschaften	❏	❏	❏	❏	❏
Umweltschutzorganisationen	❏	❏	❏	❏	❏
Banken/Versicherungen	❏	❏	❏	❏	❏
Lokale Bevölkerung	❏	❏	❏	❏	❏
Gesetzgeber/Vollzugsbehörden	❏	❏	❏	❏	❏
Presse/Medien	❏	❏	❏	❏	❏
Sonstige, und zwar: _____	❏	❏	❏	❏	❏

Betroffenheit

12. Wie beurteilen Sie folgende **Aussagen zu Wirkungen** von UMS und der Zertifizierung in Hinblick auf Ihr Unternehmen?

	trifft nicht zu 1	trifft eher nicht zu 2	trifft eher zu 3	trifft zu 4
- Die Umsetzung des UMS hat die Bedeutung des Umweltschutzes in unserem Unternehmen wesentlich gestärkt	❑	❑	❑	❑
- Durch die Einführung des UMS ist der ökonomische Nutzen der Umweltschutzaktivitäten für unser Unternehmen deutlicher geworden	❑	❑	❑	❑
- In unserem Unternehmen haben die Umweltaktivitäten nach der erfolgreichen Zertifizierung nachgelassen	❑	❑	❑	❑
- Um die kontinuierliche Verbesserung unseres UMS zu gewährleisten, ist eine stärkere Integration des UMS in die allgemeinen Geschäftsprozesse notwendig	❑	❑	❑	❑
- Die Entscheidung für die Einführung eines zertifizierbaren UMS war stark durch externe Gründe (Kunden/Markt/Mutterkonzern) beeinflusst	❑	❑	❑	❑

13. Wie **wichtig** waren die folgenden Gründe bei der **Entscheidung für die Einführung** und Zertifizierung Ihres Umweltmanagementsystems?

	unwichtig 1	eher unwichtig 2	eher wichtig 3	wichtig 4
Systematisierung bestehender Umweltmassnahmen	❑	❑	❑	❑
Erlangung des ISO 14001-Zertifikat	❑	❑	❑	❑
Erlangung von Rechtssicherheit	❑	❑	❑	❑
Erkennen von Kostensenkungspotentialen	❑	❑	❑	❑
Beitrag zur Vermeidung staatlicher Regulierungen	❑	❑	❑	❑
Steigerung der Mitarbeitermotivation	❑	❑	❑	❑
Risikovorsorge und Haftungsvermeidung	❑	❑	❑	❑
Stärkung unserer Innovationsfähigkeit	❑	❑	❑	❑
Verbesserung unseres Images in der Öffentlichkeit	❑	❑	❑	❑
Erhöhung der Kundenbindung	❑	❑	❑	❑
Verbesserung unserer Marktposition/Gewinnung Neukunden	❑	❑	❑	❑
Förderung des ökologischen Wandels unserer Branche	❑	❑	❑	❑
Förderung umweltbewussten Konsumentenverhaltens	❑	❑	❑	❑
Bessere Konditionen bei Banken und Versicherungen	❑	❑	❑	❑
Erleichterungen im Umgang mit Behörden	❑	❑	❑	❑
Sonstige, und zwar: _____	❑	❑	❑	❑

II Umweltprogramme/Umsetzung des Umweltmanagementsystems

14. Wie schätzen Sie die Bedeutung der untenstehenden Umweltaspekte in ihrer Bedeutung für Ihr Unternehmen ein? Bitte bewerten Sie die untenstehenden **umweltrelevanten Aspekte** entsprechend ihrer **Relevanz** für ihr Unternehmen (Bitte machen Sie nur ein Kreuz pro Zeile).

	geringe Bedeutung 1	mittlere Bedeutung 2	grosse Bedeutung 3
- Materialverbrauch	❑	❑	❑
- Energieverbrauch	❑	❑	❑
- Einsatz von Gefahrstoffen	❑	❑	❑
- Abfallaufkommen	❑	❑	❑
- Produktspezifische Umweltbelastungen in vor- bzw. nachgelagerten Stufen (z.B. Vorproduktion, Konsum, Entsorgung)	❑	❑	❑

15. Wir unterscheiden bei Umweltmassnahmen die drei Bereiche
    - **Betriebsökologie** (Produktion, Logistik, Bauökologie und Büroökologie)
    - **Produktökologie** (Produkte und Verpackungen, Marketing und Vertrieb) sowie
    - **Führung und Organisation** (Organisation, Schulung, Programme, Projekte).

Wurden konkrete Umweltmassnahmen durch das Umweltmanagementsystem im Bereich **Betriebsökologie** ausgelöst? Sind **zukünftig** weitere Massnahmen geplant?

nein	ansatz-weise	weit-gehend	Bisher / Zukünftig	nein	ansatz-weise	weit-gehend
❑	❑	❑	Systematische Erhebung von Stoff- und Energieströmen	❑	❑	❑
❑	❑	❑	Einführung eines syst. Abfallmanagements	❑	❑	❑
❑	❑	❑	Beurteilung der Lieferanten nach ökologischen Kriterien	❑	❑	❑
❑	❑	❑	Wechsel zu Lieferanten mit umweltverträglicheren Produkten	❑	❑	❑
❑	❑	❑	Einsatz von „end-of-pipe" Umweltschutztechnologien (z.B. Emissionsfilter, Abwasserreinigung)	❑	❑	❑
❑	❑	❑	Einsatz integrierter Technologien, um Einsparungen (Material, Energie, Wasser, Abfall) zu erzielen	❑	❑	❑
❑	❑	❑	Ökologische Optimierung der Logistik	❑	❑	❑
❑	❑	❑	Ökologische Gestaltung des Firmengeländes, Büro- und Bauökologie	❑	❑	❑

16. Wurden konkrete Umweltmassnahmen durch das Umweltmanagementsystem im Bereich **Produkte, Marketing und Vertrieb** ausgelöst? Sind **zukünftig** weitere Massnahmen geplant?

nein	ansatz-weise	weit-gehend	Bisher	Zukünftig	nein	ansatz-weise	weit-gehend

Angebot zusätzlicher umweltverträglicherer Produkte

❑ ❑ ❑ und Dienstleistungen ....❑ ❑ ❑

❑ ❑ ❑ Eliminierung umweltgefährdender Produkte/Produktbestandteile ....❑ ❑ ❑

❑ ❑ ❑ Systematische ökologische Vorgaben bei der Produktentwicklung ....❑ ❑ ❑

❑ ❑ ❑ Initiierung/Durchführung von Produktökobilanzen.............................❑ ❑ ❑

❑ ❑ ❑ Massnahmen zur Steigerung der Produktlebensdauer ....❑ ❑ ❑

❑ ❑ ❑ Ökologische Verpackungsverbesserungen.............................❑ ❑ ❑

Marktanalysen über ökologisches Verhalten der

❑ ❑ ❑ Abnehmer und Konkurrenten.................................... ❑ ❑ ❑

❑ ❑ ❑ Einbeziehung von Umweltargumenten in der Werbung ....❑ ❑ ❑

Systematische Kundeninformation über ökologische

❑ ❑ ❑ Aspekte von Produkten und Dienstleistungen.......................❑ ❑ ❑

❑ ❑ ❑ Berücksichtigung ökologischer Kriterien bei Finanzanlagen.................❑ ❑ ❑

17. Wurden durch das Umweltmanagementsystem in ihrem Unternehmen Massnahmen im Bereich **Führung** und **Organisation** ausgelöst? Sind **zukünftig** weitere Massnahmen geplant?

nein	ansatz-weise	weit-gehend	Bisher	Zukünftig	nein	ansatz-weise	weit-gehend

❑ ❑ ❑ Systematische Nutzung von Umweltkennzahlen.................................❑ ❑ ❑

❑ ❑ ❑ Verknüpfung der Umweltziele mit der Unternehmensplanung.............❑ ❑ ❑

❑ ❑ ❑ Durchführung ökologischer Vergleiche mit anderen Unternehmen.......❑ ❑ ❑

❑ ❑ ❑ Verankerung der Umweltschutzverantwortung in die Linie ....❑ ❑ ❑

❑ ❑ ❑ Gezielte Mitarbeiterschulung und Weiterbildung in Umweltfragen........❑ ❑ ❑

❑ ❑ ❑ Syst. Nutzung des betriebl. Vorschlagwesen für Umweltbelange ....❑ ❑ ❑

❑ ❑ ❑ Beurteilung der Mitarbeiter nach ökologischen Kriterien.....................❑ ❑ ❑

❑ ❑ ❑ Bildung von Umweltprojektgruppen.......................................❑ ❑ ❑

❑ ❑ ❑ Aufbau umweltbezogener Kooperationen mit anderen Unternehmen...❑ ❑ ❑

❑ ❑ ❑ Information der Öffentlichkeit über Umweltziele und Programme ....❑ ❑ ❑

18. Wenn Sie Umfang und Bedeutung der Massnahmen in den Bereichen Betriebsökologie, Produktökologie sowie Führung und Organisation Revue passieren lassen: Wo liegen Ihre **Handlungsschwerpunkte**? Bitte gewichten Sie die drei Bereiche aufgrund der **eingesetzten Mittel** im Rahmen Ihrer bisherigen Umweltmassnahmen (geringer, mittlerer, grosser Mitteleinsatz). Geben Sie eine Einschätzung für den zukünftigen eingesetzten Mittel ab.

Bisher eingesetzte Mittel				**Zukünftig eingesetzte Mittel**		
gering	mittel	gross	Bisher ◀ ▮▮▮ ▶ Zukünftig	gering	mittel	gross
1	2	3		1	2	3
❑	❑	❑	.... Betriebsökologie (Produktion, Logistik etc.).......................❑	❑	❑
❑	❑	❑	.... Produktökologie (Produkte, Verpackungen etc.)..................❑	❑	❑
❑	❑	❑	.... Führung und Organisation (Schulung, Programme etc.).......❑	❑	❑

	ja	nein
19. Hat Ihr Unternehmen einen Umweltbericht veröffentlicht?.....................................	❑	❑
Wenn nein: Planen Sie eine Veröffentlichung für die Zukunft?...............................	❑	❑

20. Ist Ihr UMS mit anderen Managementsystemen integriert?

	Vorhanden?		**Integriert?**	
	ja	nein	ja	nein
Qualitätsmanagementsystem (ISO 9001ff.)	❑	❑	❑	❑
Arbeitssicherheitsystem (z.B. EKAS-Richtlinie)	❑	❑	❑	❑
Allgemeines Managementsystem	❑	❑		
Sonstige, und zwar: _____	❑	❑		

III Umweltleistung des UMS

21. Wo sehen Sie ganz allgemein den **wichtigsten bisherigen Beitrag** des **UMS** zur Verringerung der Umweltbelastungen in Ihrem Unternehmen? (Bitte nur eine Angabe)

....
....
....

22. Wo sehen Sie ganz allgemein den **wichtigsten zukünftigen Beitrag** des **UMS** zur Verringerung der Umweltbelastungen in Ihrem Unternehmen? (Bitte nur eine Angabe)

....
....
....

23. Wie beurteilen Sie insgesamt die Wirkungen des Umweltmanagementsystems auf die **Umweltleistung** Ihres Unternehmens?

Eher negativ	keinen Einfluss	eher positiv	sehr positiv	weiss nicht
❑	❑	❑	❑	❑

24. Wie beurteilen Sie insgesamt die **zukünftige Entwicklung** der Wirksamkeit Ihres Umweltmanagementsystems auf die Umweltleistung Ihres Unternehmens?

Wirksamkeit wird nachlassen	Wirksamkeit bleibt gleich	Wirksamkeit wird steigen	weiss nicht
❑	❑	❑	❑

25. Wie hat sich seit Einführung des UMS in Ihrem Unternehmen der **Materialeinsatz** in Relation zum Umsatz entwickelt?

Eher gestiegen	keine Veränderung	leicht zurückgegangen	stark zurückgegangen	weiss nicht
❑	❑	❑	❑	❑

Wie hat sich seit Einführung des UMS der **absolute Materialeinsatz** entwickelt?

Eher gestiegen	keine Veränderung	leicht zurückgegangen	stark zurückgegangen	weiss nicht
❑	❑	❑	❑	❑

Welchen **Einfluss** hat das **UMS** auf diese Entwicklung?

Keinen Einfluss	unterstützenden Einfluss	entscheidenden Einfluss	weiss nicht
❑	❑	❑	❑

26. Wie hat sich seit Einführung des UMS in Ihrem Unternehmen der **Energieeinsatz** in Relation zum Umsatz entwickelt?

Eher gestiegen	keine Veränderung	leicht zurückgegangen	stark zurückgegangen	weiss nicht
❑	❑	❑	❑	❑

Wie hat sich seit Einführung des UMS der **absolute Energieeinsatz** entwickelt?

Eher gestiegen	keine Veränderung	leicht zurückgegangen	stark zurückgegangen	weiss nicht
❑	❑	❑	❑	❑

Welchen **Einfluss** hat das **UMS** auf diese Entwicklung ?

Keinen Einfluss	unterstützenden Einfluss	entscheidenden Einfluss	weiss nicht
❑	❑	❑	❑

27. Wie hat sich seit Einführung des UMS in Ihrem Unternehmen das **Abfallaufkommen** in Relation zum Umsatz entwickelt?

Eher gestiegen	keine Veränderung	leicht zurückgegangen	stark zurückgegangen	weiss nicht
❏	❏	❏	❏	❏

Wie hat sich seit Einführung des UMS das **absolute Abfallaufkommen** entwickelt?

Eher gestiegen	keine Veränderung	leicht zurückgegangen	stark zurückgegangen	weiss nicht
❏	❏	❏	❏	❏

Welchen **Einfluss** hat das **UMS** auf diese Entwicklung ?

Keinen Einfluss	unterstützenden Einfluss	entscheidenden Einfluss	weiss nicht
❏	❏	❏	❏

28. Wie hat sich seit Einführung des UMS in Ihrem Unternehmen der Einsatz von **Gefahrstoffen** in Relation zum Umsatz entwickelt?

Eher gestiegen	keine Veränderung	leicht zurückgegangen	stark zurückgegangen	weiss nicht
❏	❏	❏	❏	❏

Wie hat sich seit Einführung des UMS der **absolute** Einsatz von **Gefahrstoffen** entwickelt?

Eher gestiegen	keine Veränderung	leicht zurückgegangen	stark zurückgegangen	weiss nicht
❏	❏	❏	❏	❏

Welchen **Einfluss** hat das **UMS** auf diese Entwicklung?

Keinen Einfluss	unterstützenden Einfluss	entscheidenden Einfluss	weiss nicht
❏	❏	❏	❏

29. Wie haben sich seit Einführung des UMS die produktspezifischen Umweltbelastungen in **vor- bzw. nachgelagerten Stufen** (z.B. Vorproduktion, Konsum, Entsorgung) entwickelt?

Eher gestiegen	keine Veränderung	leicht zurückgegangen	stark zurückgegangen	weiss nicht
❏	❏	❏	❏	❏

Welchen **Einfluss** hat das **UMS** auf diese Entwicklung?

Keinen Einfluss	unterstützenden Einfluss	entscheidenden Einfluss	weiss nicht
❏	❏	❏	❏

IV Wirtschaftliche Leistung des UMS

30. Wo sehen Sie ganz allgemein den **wichtigsten bisherigen Beitrag** des **UMS** zur Erhöhung der **wirtschaftlichen Leistung** Ihres Unternehmens? (Bitte nur eine Angabe)

....

....

....

31. Wo sehen Sie ganz allgemein den wichtigsten **zukünftigen Beitrag** des **UMS** zur Steigerung der Wirtschaftlichkeit in Ihres Unternehmens? (Bitte nur eine Angabe)

....

....

....

32. Wie beurteilen Sie insgesamt die **wirtschaftlichen Wirkungen** des **UMS** für Ihr Unternehmen?

Eher negativ	keinen Einfluss	eher positiv	sehr positiv	Weiss nicht
❑	❑	❑	❑	❑

33. Bitte bewerten Sie den **Nutzen** Ihres UMS für Ihr Unternehmen in folgenden Bereichen:

	kein Nutzen 1	geringer Nutzen 2	grosser Nutzen 3
Erlangung des ISO-14001Zertifikats	❑	❑	❑
Systematisierung bestehender Umweltmassnahmen	❑	❑	❑
Erkennen von Kostensenkungspotentialen	❑	❑	❑
Sicherung der Rechtskonformität/Rechtssicherheit	❑	❑	❑
Steigerung der Mitarbeitermotivation	❑	❑	❑
Risikovorsorge	❑	❑	❑
Stärkung unserer Innovationsfähigkeit	❑	❑	❑
Verbesserung unseres Images in der Öffentlichkeit	❑	❑	❑
Verbesserung unserer Marktposition	❑	❑	❑
Bessere Konditionen bei Banken und Versicherungen	❑	❑	❑
Erleichterungen im Umgang mit Behörden	❑	❑	❑
Sonstige, und zwar: _____	❑	❑	❑

34. Wie hoch waren die durch das UMS entstandenen Kosten (ohne Investitionen)?

Die Kosten sind:

		erfasst	geschätzt
a) Kosten für den **Aufbau** des UMS			
Interne Kosten	_____Fr	❏	❏
Beraterkosten	_____Fr	❏	❏
b) Kosten der **Zertifizierung**	_____Fr	❏	❏
c) Jährliche **Betriebskosten des UMS**	_____Fr	❏	❏

35. Wie hoch ist der **jährliche Nutzen** des UMS in Franken (z.B: Kosteneinsparungen, Risikosenkungen, Ertragssteigerungen)?

Der Nutzen ist:

	erfasst	geschätzt
_____Fr	❏	❏

Bemerkungen: _____

36. Welche **Einzelmassnahme,** die im Rahmen des UMS realisiert wurde, hat aus Ihrer Sicht den grössten **Nutzen für das Unternehmen** gebracht? (Bitte nennen Sie nur eine konkrete Massnahme).

_____

Welcher Nutzen wurde erzielt? _____

_____

37. Wie schätzen Sie **Kosten** und **Nutzen** Ihres Umweltmanagementsystems im Vergleich zu Ihrem **Qualitätsmanagementsystem (QMS)** ein?

	kleiner als QMS	gleich QMS	grösser als QMS	weiss nicht
Kosten Umweltmanagementsystem	❏	❏	❏	❏
Nutzen Umweltmanagementsystem	❏	❏	❏	❏

V Ökologische Entwicklungsprozesse

38. Wie gross schätzen Sie **zukünftige** Wirkungen und **weiteres Verbesserungspotential** Ihres UMS ein?

❑ klein   ❑ eher klein   ❑ eher gross   ❑ gross

39. Welche Voraussetzungen müssen für eine weitere Verbesserung Ihres UMS und seiner Umweltleistung gegeben sein?

1..

2..

3..

40. Haben Sie bei den bisherigen Zertifizierungsaudits Anregungen für die weitere Entwicklung Ihres UMS erhalten?   Ja ❑   nein ❑

41. Wie bewerten Sie in diesem Zusammenhang Arbeitsweise und Nutzen Ihres **Zertifizierungsauditors** bzw. des **Auditorenteams**?

	trifft nicht zu	trifft eher nicht zu	trifft eher zu	trifft zu
Gaben wichtige Impulse für weitere Verbesserungen der Umweltleistung	❑	❑	❑	❑
Besassen die notwendige Branchenkenntnisse	❑	❑	❑	❑
Überprüften die ökologischen Schwachstellen des Unternehmens umfassend	❑	❑	❑	❑
Legten Wert auf den Nachweis der Rechtskonformität	❑	❑	❑	❑
Steigerten die Motivation der Belegschaft	❑	❑	❑	❑
Legten zu viel Wert auf formale Elemente (z.B. Dokumentation)	❑	❑	❑	❑
Erhoben übertrieben strenge Anforderungen	❑	❑	❑	❑
Waren insgesamt von grossem Nutzen für unser Unternehmen	❑	❑	❑	❑
Sonstiges, und zwar:_____	❑	❑	❑	❑

42. Haben Sie weitere Anmerkungen zu den Auswirkungen des Umweltmanagementsystems in Ihrem Unternehmen?

_____

_____

Wir danken Ihnen herzlich für Ihre Mitarbeit!

Anhang 2: Liste der am 31.3.1999 ISO 14001-zertifizierten Unternehmen

Die Liste enthält alle zum 31. 03. 1999 zertifizierten Schweizer Unternehmen. Eine umfassende monatlich aktualisierte Liste aller in der Schweiz nach ISO 14001 zertifizierten Unternehmen findet sich auf dem Website des Instituts für Wirtschaft und Ökologie (IWÖ-HSG) an der Universität St. Gallen unter der Adresse www.iwoe.unisg.ch /forschung/14001/14001.htm. Sie enthält neben zusätzliche Angaben zu Branchen und Kantonszugehörigkeit, zertifiziertem Bereich, Datum der Zertifizierung und Fon/Faxnummern. Ebenfalls finden sich auf dem Website eine Liste aller Umweltberichte, die von Firmen und Institutionen in der Schweiz veröffentlicht werden.

Nr.	Firma	Zertifizierer	Adresse
1.	Aargauer Zentralmolkerei AG	DNV	Helgenfeld 5034 Suhr
2.	ABB CMC Systeme AG	SQS	Fabrikstrasse3 5600 Lenzburg
3.	ABB Hochspannungstechnik AG	SQS	Brown Boveri-Strasse 5 8050 Zürich
4.	ABB Immobilien AG	SQS	5401 Baden
5.	ABB Installationen AG	SGS	Industriestrasse 24 8604 Volketswil
6.	ABB Kraftwerke AG	SQS	Haselstrasse 5400 Baden
7.	ABB Lernzentren	SQS	Bruggerstrasse 5400 Baden
8.	ABB Operation & Maintenance AG	SQS	Haselstrasse 5400 Baden
9.	ABB Proelektra AG	SQS	Herbergstrasse 9524 Zuzwil
10.	ABB-Sécheron SA	TÜV	rue des Sablières 4-6 Satigny 1217 Meyrin
11.	ABB Semiconductors AG	BVQI	Fabrikstrasse 3 5600 Lenzburg
12.	ABB Turbo Systems AG	BVQI	Haselstrasse 16 5400 Baden
13.	ABB Unifer AG	SQS	Haselstrasse 5400 Baden
14.	Adtranz ABB Daimler-Benz Transportation AG	BVQI	Brown Boveri-Strasse 5 8050 Zürich
15.	Aerni Fenster AG	TÜV	Hauptstrasse 173 4422 Arisdorf
16.	Albis Bettwarenfabrik AG	SQS	Alte Obfelderstr. 69 8910 Affoltern am Albis
17.	Alcan Rorschach AG	SQS	Industriestrasse 35 9403 Goldach

Nr.	Firma	Zertifizierer	Adresse
18.	Alcatel Kabel Schweiz AG	SQS	Passwangstrasse 20 4226 Breitenbach
19.	Alesag AG	SQS	Industriestrasse 30 8117 Fällanden
20.	Altola AG	SQS	Gösgerstrasse 154 4600 Olten
21.	Altola Pieterlen AG	SQS	Büttenbergweg 6 2542 Pieterlen
22.	AMD Gebäudereinigung	SGS	Bahnhofstrasse 5 5430 Wettingen
23.	Amstutz Altöl AG	SQS	Bachstrasse 26 8912 Obfelden
24.	Antinsekt AG	SQS	Gutstrasse 2 8055 Zürich
25.	Arbezol AG Bosshard & Co. AG	SQS	Ifangstrasse 97 8153 Rümlang
26.	Ascom Systec AG	SQS	Gewerbepark 5506 Mägenwil
27.	AssiDomän Verpackungen AG	BVQI	Industriestrasse 1 4313 Möhlin
28.	Auto AG Rothenburg	SGS	Stationsstrasse 89 6023 Rothenburg
29.	AV Chemie AG	SQS	Sonnenwiesenstrasse 18 8280 Kreuzlingen
30.	AVD Goldach	SQS	Sulzstrasse 10 9403 Goldach
31.	Avireal AG	SGS	8058 Zürich-Flughafen
32.	4B Bachmann AG	BVQI	An der Ron (7) (6281 Hochdorf)
33.	4B Badmöbel AG	BVQI	An der Ron (7) (6281 Hochdorf)
34.	Baer AG	BVQI	Bahnhofstrasse 67 6403 Küssnacht am Rigi
35.	Baldini Paul AG	SWISO	Kreuzmattstrasse 6460 Altdorf
36.	Basler Ernst+Partner AG Ingenieurunternehmen	SGS	Zollikerstrasse 65 8702 Zollikon
37.	Basler & Hofmann	BVQI	Forchstrasse 395 8029 Zürich
38.	PB Baumann GmbH	SQS	Bahnhofstrasse 24 3457 Wasen im Emmental
39.	Baumgartner Papiers SA	SQS	rue de la Vernie 12 1023 Crissier
40.	Benninger Guss AG	BVQI	Fabrikstrasse 9240 Uzwil
41.	Berna AG	SQS	Industriestrasse 21 4600 Olten
42.	Betonwerk Schlueis AG	SGS	Hauptstrasse 74 7017 Flims
43.	Fritz Bertschi Transporte AG	SQS	Aarburgerstrasse 29 4800 Zofingen

Nr.	Firma	Zertifizierer	Adresse
44.	Biomill SA	BVQI	rte des Moulins 1523 Granges-près-Marnand
45.	Blaser Swisslube AG	SQS	Winterseistrasse 3415 Hasle Rüegsau
46.	W. Blösch AG	BVQI	Moosstrasse 68-78 2540 Grenchen
47.	BLS Lötschbergbahn AG	SQS	Interlakenstrasse 34 3806 Bönigen b. Interl.
48.	Bossard AG	SQS	Steinhauserstrasse 70 6300 Zug
49.	B. Braun Medical AG	SGS	Hauptstrasse 39 6182 Escholzmatt
50.	Broder AG	SQS	St. Gallerstrasse 128 7320 Sargans
51.	Brugg Kabel AG	BVQI	Klosterzelgstrasse 28 5200 Brugg
52.	Brugg Telecom AG	SQS	Klosterzelgstrasse 28 5200 Brugg
53.	Brüggli Produktion und Dienstleistung	SGS	Hofstrasse 5 8590 Romanshorn
54.	Bühler AG	BVQI	9240 Uzwil
55.	Eugène Bühler et fils SA	SQS	rue des Helvètes 2074 Marin-Epagnier
56.	Bürox AG	SQS	Industriestrasse 15 3294 Büren an der Aare
57.	Siemens Building Services AG	SQS	Gubelstrasse 22 6300 Zug
58.	Cablofer Bex SA	SQS	rte St. Maurice 1880 Bex
59.	Cadisa Cleaning Systems W. Meyer & Co.	BVQI	Galgenried 28 6370 Stans
60.	Candreja AG	SGS	7130 Ilanz
61.	Canon (Schweiz) AG	SQS	Industriestrasse 12 8305 Dietlikon
62.	Castelletti Luciano	SGS	Via al Chiosso 15 6900 Lugano
63.	Castrol (Switzerland) AG	SQS	Zürcherstrasse 42 8103 Unterengstringen
64.	Charmilles Technologies	SQS	Ebnatstrasse 91 8200 Schaffhausen
65.	Chemetall (Schweiz) AG	SQS	Silostrasse 7 5606 Dintikon
66.	Cremo SA	BVQI	rte de Moncor 6 1752 Villars-sur-Glâne
67.	Fritz Christen AG	BVQI	Industriestrasse 44 8962 Bergdietikon
68.	CMC Carl Maier + Cie AG	SQS	Fulachstrasse 150 8200 Schaffhausen
69.	Collamat Stralfors AG	SGS	Pfeffingerring 201 4147 Aesch

Nr.	Firma	Zertifizierer	Adresse
70.	Coop Zentralschweiz	SGS	Nidfeldstrasse 1 6010 Kriens
71.	Courvoisier-Attinger Arts Graphiques SA	SQS	rue Jaquet-Droz 31 2300 Chaux-de-Fonds
72.	Credit Suisse Group	SGS	Paradeplatz 8 (CCUE) 8070 Zürich
73.	CSEM Centre Suisse d'Electronique et de Microtechnique SA	SQS	rue Jaquet-Droz 1 2000 Neuchâtel
74.	CTW-Strassenbaustoffe AG	SQS	Bizenenstrasse 55 4132 Muttenz
75.	Däpp Paul AG	EMPA	Romanshornstrasse 8583 Sulgen
76.	De Sede AG	SGS	Oberes Zelgli 2 5313 Klingnau
77.	Diamond SA	SGS	via dei Patrizi 5 6616 Losone
78.	Dietiker Metallhandel AG	SQS	Althardstrasse 345 8105 Regensdorf
79.	Drisa Entsorgungs AG	SQS	Industriestrasse 12 4415 Lausen
80.	Druckbedarf Roggliswil AG	SQS	Schöneich 6265 Roggliswil
81.	Druckerei Feldegg AG	EMPA	Forchstrasse 179 8125 Zollikerberg
82.	Druckerei Flawil AG	SQS	Burgauer Strasse 50 9230 Flawil
83.	Ebiox AG	SGS	Bernstrasse 50 6000 Luzern 11
84.	Egolf Verpackungs AG	SQS	Vulkanstrasse 122 8048 Zürich
85.	Elbus AG	BVQI	Rotzbergstrasse 1 6362 Stansstad
86.	Electrolux AG	BVQI	Badenerstrasse 587 8048 Zürich
87.	Elfa Oxychemie Handels AG		Rohrerstrasse 76 5000 Aarau
88.	Emmi AG	SQS	Habsburgerstrasse 12 6003 Luzern
89.	EMPA	SQS	Lerchenfeldstrasse 5 9014 St. Gallen
90.	Entso Tech AG Gesellschaft für Entsorgungstechnik	SGS	Stierenmattweg 1 4450 Sissach
91.	Epagny SA	SGS	1664 Epagny
92.	Ernst Schweizer AG Metallbau	SGS	Bahnhofsplatz 11 8908 Hedingen
93.	Estoppey-Reber AG	SGS	Schwadernaustrasse 61 2558 Aegerten
94.	Farebo AG	SQS	Dorfstrasse 19 4612 Wangen b. Olten

Nr.	Firma	Zertifizierer	Adresse
95.	Feyco AG	BVQI	Industriestrasse 11 9430 St. Margrethen
96.	Fietz AG Bauingenieure	SGS	Fraumünsterstrasse 9 8022 Zürich
97.	Georg Fischer Kunststoffarmaturen AG	SQS	Seewis 7302 Landquart
98.	Fonderie de Moudon SA	BVQI	Place de la gare 1510 Moudon
99.	Forbo-CTU AG	BVQI	Parkstrasse 5012 Schönenwerd
100.	Forbo-Repoxit AG	BVQI	Helgenstrasse 21 8404 Winterthur
101.	Forbo-Stamoid AG	SQS	Bauelenzelgstrasse 20 8193 Eglisau
102.	Forbo Teppichwerke AG	BVQI	Industrie Süd 8755 Ennenda
103.	Fortisa AG	SGS	Langfeldstrasse 22 4528 Zuchwil
104.	Franke AG	SQS	4663 Aarburg
105.	Frey & Götschi AG	BVQI	Zürichstrasse 178 8910 Affoltern am Albis
106.	Frigo Contact	SGS	Latte Caldo 6835 Morbio Superiore
107.	Frischbeton Thun AG	TÜV	Militärstrasse 5 3600 Thun
108.	Frostag Food-Centrum AG	BVQI	Salvatorenstrasse 96 7000 Chur
109.	Früchtetrans AG	SQS	Grüssenweg 4 4133 Pratteln
110.	ftt ag	SGS	Zollhaus 1711 Schwarzsee
111.	GABA AG	SQS	Grabetsmattweg 4106 Therwil
112.	Gallus Ferd. Rüesch AG	SQS	Harzbüchelstrasse 34 9016 St. Gallen
113.	Gallo Reinigungen AG	SGS	Weststrasse 182 8003 Zürich
114.	W. Gassmann AG	SQS	Längfeldweg (ch. du Long-Champ) 135 2504 Biel/Bienne
115.	Gautschi Bau AG	BVQI	Alte Obfelderstrasse 57 8910 Affoltern am Albis
116.	Geberit AG	SGS	Schachenstrasse 77 8645 Jona
117.	Gottfried Keller AG	BVQI	Zürichstrasse 176 8910 Affoltern am Albis
118.	Gravière de la Bourgeoisie de Sion	SQS	les Iles 1950 Sion
119.	J. Grimm AG	SQS	Holzhausen 8618 Oetwil am See

Nr.	Firma	Zertifizierer	Adresse
120.	Grob Kies AG	SQS	Oberer Flooz 9620 Lichtensteig
121.	Gysi AG Chocolatier Suisse	SQS	Morgenstrasse 134 3018 Bern
122.	AG Ernst Hablützel + Co.	SQS	Unterneuhaus 269 8217 Wilchingen
123.	Haco AG	BVQI	Worbstrasse 262 3073 Gümligen
124.	Dr. Roger Harr Zahnarztpraxis	SQS	Hauptstrasse 49 4435 Niederdorf
125.	Hartchrom AG	SQS	Schulstrasse 70 9323 Steinach
126.	Hasler Fensterfabrik AG	SGS	Oberwilerstrasse 73 4106 Therwil
127.	Max Hauri AG	SQS	Weidstrasse 16 9220 Bischofszell
128.	Hächler-Reutlinger AG	SQS	Industriestrasse 19 8952 Schlieren
129.	Hänni Kanalunterhalt AG	SQS	Industriestrasse 30 8117 Fällanden
130.	"HCB Zementwerk Rekingen	SQS	5332 Rekingen
131.	HDM AG	SGS	Zollhaus 1711 Schwarzsee
132.	Herberts Polymer Powders SA	SQS	rue St-Joseph 15 1630 Bulle
133.	Hidrostal AG	BVQI	Gigering 27 8213 Neunkirch
134.	Hochstrasser Bau AG	BVQI	Im Wiesengrund 18 8907 Wettswil am Albis
135.	Holenstein AG	BVQI	Wilerstrasse 214 9500 Wil
136.	Holz Zollhaus AG	SGS	Zollhaus 1711 Schwarzsee
137.	Honeywell Lucifer SA	SQS	Ch. Faubourg-Cruseilles 16 1227 Carouge
138.	Hunziker + Co	SQS	Tösstalstrasse 88 8411 Winterthur
139.	HUPAC S.A.	BVQI	viale Manzoni 6 6830 Chiasso
140.	F. Hügler AG	TÜV	Usterstrasse 99 8600 Dübendorf
141.	Hykopa AG	SQS	Tiergartenwege 1 4710 Balsthal
142.	Hydrotech Vermietungs AG	BVQI	Austrasse 2 5313 Klingnau
143.	Indermühle Transport und Reisen AG	BVQI	Zürcherstrasse 15 5330 Zurzach
144.	Infras AG	SQS	Gerechtigkeitsgasse 20 8002 Zürich
145.	Institut de Microtechnique, Université de Neuchâtel	SQS	rue A.-L.-Breguet 2 2007 Neuchâtel

Nr.	Firma	Zertifizierer	Adresse
146.	Schweizerische Isola-Werke AG	SQS	Passwangstrasse 20 4226 Breitenbach
147.	Isover SA	SQS	rte de Payerne 1522 Lucens
148.	Ixlogic Ag	SGS	Badenerstrasse 808 8048 Zürich
149.	Joseph Jehle AG	BVQI	Büntenstrasse 180 5275 Etzgen
150.	Jura-Cement-Fabriken	SQS	Talstrasse 13 5103 Wildegg
151.	Juracime SA	SQS	2087 Cornaux
152.	Kästli AG Bauunternehmung	SGS	Grubenstrasse 12 Ostermundigen
153.	Kaufmann Malerei + Gipserei AG	SQS	Austrasse 2 5313 Klingnau
154.	K + D AG Karton + Design	SQS	Schuppistrasse 6 9016 St. Gallen
155.	Keller AG Ziegeleien	BVQI	Neu Paradies 8252 Schlatt
156.	Keller Erich AG	SGS	Romanshornstrasse 17 8583 Sulgen
157.	Keller Otto AG	SQS	Romanshorner Strasse 101 9320 Arbon
158.	Keller Siegfried AG	SGS	Industriestrasse 45 8304 Wallisellen
159.	Kieswerk Schlueis AG	SGS	7130 Ilanz
160.	Kieswerk Untervaz AG	SQS	Kieswerkstrasse 7204 Untervaz
161.	KIW Kupferdraht-Isolierwerk AG	BVQI	Hornimattstrasse 22 5130 Wildegg
162.	Kriegel & Co.	BVQI	St. Jakobs-Strasse 40 4132 Muttenz
163.	Kriegel & Schaffner AG	BVQI	Jacob Burckhardt-Str.86 4052 Basel
164.	Kronospan AG Umweltmanagement	TÜV	Willisauerstrasse 6122 Menznau
165.	Lagerhaus Lohn AG	Elektrowatt	Solothurnstrasse 3 4573 Lohn
166.	Lamprecht Werner	SQS	Horben 8308 Illnau
167.	Lande Wellpappen AG	SQS	Industriestrasse 11 5102 Rupperswil
168.	Landolt Transporte	SGS	Eisenstrasse 12 8808 Pfäffikon
169.	Lang Mineralöl AG	SGS	Seestrasse 13 8280 Kreuzlingen
170.	Lange AG	SQS	Steinackerstrasse 31 8902 Urdorf
171.	LAO Lastauto AG	SQS	Industriestrasse 7 7000 Chur

Nr.	Firma	Zertifizierer	Adresse
172.	Laubscher Korrosions- & Bautenschutz AG	SGS	Eichenstrasse 12 8808 Pfäffikon
173.	Lauener & Cie SA	SGS	rte de l'Europe 11 2017 Boudry
174.	Leica Geosystems AG	SQS	9435 Heerbrugg
175.	Leica Mikroskopie Systeme AG	SQS	9435 Heerbrugg
176.	Leuenberger Küchenfertige Produkte AG	SQS	8114 Dänikon
177.	LH Systems GmbH	SQS	Heinrich-Wild-Strasse 9435 Heerbrugg
178.	Limmatdruck AG	BVQI	Pfadackerstrasse 10 8957 Spreitenbach
179.	Lista Degersheim AG	SQS	Kähstrasse 8 9113 Degersheim
180.	Maestrani Schweizer Schokoladen AG	BVQI	St. Georgenstrasse 105 9011 St. Gallen
181.	Kurt Marti Transporte AG	BVQI	Luzernstrasse 23 6144 Zell
182.	Medical Imaging	SGS	Theaterstrasse 7 6003 Luzern
183.	E. Meier Fahrzeugtechnik AG	SGS	Althardstrasse 174 8105 Regensdorf
184.	Merisa AG	BVQI	Industriestrasse 8 6285 Hitzkirch
185.	Merkur-SKR AG	AB Conseil	Bernstrasse 168 3052 Zollikofen
186.	Mesotex AG	BVQI	Alpenblickstrasse 9 8853 Lachen
187.	Messerli Kieswerk AG	SQS	Murtenstrasse 200 3027 Bern
188.	Mettler-Toledo GmbH	SQS	8606 Nänikon
189.	Micafil AG	SQS	Badenerstrasse 780 8048 Zürich
190.	Microsens SA	SQS	rue Jaquet-Droz 1 2000 Neuchâtel
191.	Mikron SA Agno	SQS	via Ginnasio 6982 Agno
192.	Minimotor SA	SQS	6981 Croglio
193.	Minoteries de Plainpalais SA	BVQI	rte des Moulins 1523 Granges-près-Marnand
194.	Monopol AG	SGS	Oberrohrdorferstrasse 51 5442 Fislisbach
195.	Montena Automation SA	SQS	1753 Matran
196.	Mooser Francis	BVQI	rue Pierre Sciobéret 31A 1630 Bulle
197.	Moulins de Granges SA	BVQI	rte des Moulins 1523 Granges-près-Marnand
198.	Moulins de Sion SA	BVQI	rue Ste-Marguerite 14 1950 Sion

Nr.	Firma	Zertifizierer	Adresse
199.	K. Müller AG	SQS	Kriesbachstrasse 1 8304 Wallisellen
200.	Max Müller AG	SQS	Martinsbruggstrasse 98 9016 St. Gallen
201.	Müller Stahl und Abkantwerk	SQS	6211 Kaltbach
202.	Nater Nutzfahrzeuge AG	SGS	Hauptstrasse 104 9422 Staad
203.	Neuweiler Arnold AG	BVQI	Glütschbachstrasse 49 3661 Uetendorf
204.	Nitrochemie AG	SGS	Eyfeldweg 3752 Wimmis
205.	Nobs AG t	BVQI	Zürichstrasse 9 8340 Hinwil
206.	Norma Reiden AG	SGS	Hauptstrasse 99 6260 Reiden
207.	AG für die Neue Zürcher Zeitung	SQS	Falkenstrasse 11 8021 Zürich
208.	Nussbaum AG	SQS	M. Disteli-Strasse 26 4600 Olten
209.	Oeko Control GmbH	SGS	Bremgarterstrasse 37 8967 Widen
210.	Oekophil AG	SQS	Blegistrasse 23 6340 Baar
211.	Oerlikon Contraves AG	SQS	Birchstrasse 155 8050 Zürich
212.	Oetker AG	SQS	Schachenstrasse 25 4653 Obergösgen
213.	Optigal SA	SQS	rte d'Oron 2 1010 Lausanne
214.	Ossigeno SA	SQS	6573 Magadino
215.	OTK Oberflächentechnik Klus AG	SQS	Von Roll Areal 3 4710 Klus
216.	Panlog von Moos AG	SQS	Emmenweidstrasse 6020 Emmenbrücke
217.	Papierfabrik Biberist AG	BV+H312QI	Fabrikstrasse 4 4562 Biberist
218.	Petroplast AG	SQS	Feldrietstrasse 8 9204 Andwil
219.	Phoenix Contact AG	SQS	Ringstrasse 26 8317 Tagelswangen
220.	Photronics SA	SQS	rue Jaquet-Droz 7 2007 Neuchâtel
221.	Pinova AG	BVQI	Bielstrasse 4 2545 Selzach
222.	La Plâtrière	SGS	3977 Granges
223.	Poli Bau AG	BVQI	Käppelimattstrasse 3 6052 Hergiswil
224.	Polygon Chemie AG	BVQI	Tellstrasse 28 4601 Olten
225.	Polymeca AG	SQS	Heinrich-Wild-Strasse 9435 Heerbrugg

Nr.	Firma	Zertifizierer	Adresse
226.	Polytype SA	TÜV	rte de la Glâne 26 1701 Fribourg
227.	Pozzi Silvano SA	SGS	via Cereda 9a 6828 Balerna
228.	Prologist AG	BVQI	Steinackerstrasse 56 8302 Kloten
229.	PRO entreprise sociale privée d'intégration et de réinsertion professionnelle	SGS	ch. Louis-Hubert 4 1213 Petit-Lancy
230.	Recycling SA	SQS	rte St. Maurice 1880 Bex
231.	Reutlinger AG	SQS	Industriestrasse 19 8952 Schlieren
232.	Ringier AG Druckzentrum Adligenswil	SQS	6043 Adligenswil
233.	Ringier AG Druckzentrum Zofingen	SQS	Brühlstrasse 5 4800 Zofingen
234.	R. J. Reynolds Tobacco AG	SQS	Baselstrasse 65 6252 Dagmersellen
235.	Rockwell Automation AG	SQS	Buchserstrasse 7+35 5000 Aarau
236.	Rohner Textil AG	LGA Bayern	9435 Heerbrugg
237.	Rohr AG Reinigungen	SQS	Postfach 117 5212 Hausen b. Brugg
238.	Romer's Hausbäckerei AG	SQS	Neubruchstrasse 8717 Benken
239.	Roth + Co AG	SGS	Täschmatte 6015 Reussbühl
240.	Ruepp Unternehmens- beratung	SGS	Grossäckerstrasse 8 5644 Auw
241.	Sand Neuheim AG	SQS	Sihlbruggstrasse 6345 Neuheim
242.	Sanherb	SGS	Baselstrasse 4242 Laufen
243.	Sax-Farben AG	SGS	Stationsstrasse 41 8902 Urdorf
244.	Schärer & Schläpfer AG	SGS	Juraweg 45 4852 Rothrist
245.	Schelbert AG	BVQI	Stalden 6436 Muotathal
246.	Schenectady Pratteln AG	SQS	Kästeliweg 74133 Pratteln
247.	Markus Schiess AG	SQS	Gruebenstrasse 9244 Niederuzwil
248.	Schläpfer Altmetall AG	SQS	Martinsbruggstrasse 109 9016 St. Gallen
249.	Schmid Bauunternehmung AG	BVQI	Buchrain Neuhaltenring 1 6030 Ebikon
250.	Schmid Rhyner AG	SGS	Industriering 29 8134 Adliswil
251.	Schmid Textilrewashing AG	SQS	Alter Badiweg 1 5034 Suhr

Nr.	Firma	Zertifizierer	Adresse
252.	Schreinerei-Innenausbau Christian Brändli	SQS	Müllerstrasse 2 8280 Kreuzlingen
253.	Schurter AG	SQS	Werkhofstrasse 8-12 6002 Luzern
254.	Schweizerische Kaffeeröstereien AG	SGS	Bernstrasse 168 3052 Zollikofen
255.	Schweizerische Munitionsunternehmung SM	SGS	Allmendstrasse 74 3600 Thun
256.	Serbeco	SGS	chemin Pré-Salomon 25 1242 Satigny
257.	Sersa AG	BVQI	Brauerstrasse 126 8004 Zürich
258.	Setz Gütertransport AG	SQS	Lagerstrasse 12 5606 Dintikon
259.	Seven-Air Gebr. Meyer AG	SGS	Seetalstrasse 6285 Hitzkirch
260.	SFS-Industrie Holding AG	SQS	Nefenstrasse 30 9435 Heerbrugg
261.	Siegfried AG	BVQI	Brühlstrasse 4 4800 Zofingen
262.	Siemens Metering AG	BSI	Feldstrasse 1 6300 Zug
263.	Siemens Schweiz AG	SQS	Freilagerstrasse 40 8047 Zürich
264.	Sika AG	SQS	Tüffenwies 16-22 8064 Zürich
265.	Simplex AG	SQS	Bernstrasse 223 3052 Zollikofen
266.	Sonderegger & Co.	SQS	Dorfstrasse 19 4612 Wangen b. Olten
267.	Soprema	SQS	Härdlistrasse 1 8957 Spreitenbach
268.	SOVAG Sonderabfallverwertungs AG	TÜV	Bernstrasse 5 3110 Münsingen
269.	Spleiss AG	SQS	Rheinweg 5 8200 Schaffhausen
270.	Stadtmühle CMZ Zürich	SQS	Sihlquai 306 8005 Zürich
271.	Städtische Verkehrsbetriebe Bern (SVB)	SQS	Eigerplatz 3 3007 Bern
272.	Staefa Control System SCS AG	BVQI	Laubisrütistrasse 50 8712 Stäfa
273.	Stahel & Co. AG	SGS	Wülflingerstrasse 209 8408 Winterthur
274.	Stahl Schweiz AG	TÜV	Bahnhofstrasse 4563 Gerlafingen
275.	Steffen-Ris AG	SGS	Bahnhofstrasse 2 3427 Utzenstorf
276.	Stirnimann Transport AG	SGS	Lihrenmoos 3 6122 Menznau

Nr.	Firma	Zertifizierer	Adresse
277.	Strabag	BVQI	Waffenplatzstrasse 18 8002 Zürich
278.	Strafanstalt Saxerriet	EmpA	9465 Salez
279.	Stramax AG	SGS	Brauerstrasse 4 8004 Zürich
280.	Strub & Co. AG	SWISO	Mühlemattstrasse 5 6260 Reiden
281.	René Suard SA	BVQI	1687 Vuisternens-devant-Romont
282.	Sulzer Hexis AG	SQS	Zürcherstrasse 12 8400 Winterthur
283.	Sulzer Hydro AG	SQS	Obernauerstrasse 4 6010 Kriens
284.	Sulzer Innotec AG	SQS	Zürcherstrasse 12 8400 Winterthur
285.	Swisscom AG Marketing und Produkte Geschäftsstelle Basel	SQS	Wallstrasse 22 4051 Basel
286.	Swisscom AG Customer Service, Bern	SQS	Vikoriastrasse 21 3050 Bern
287.	Swisscom AG Headquarters, Bern	SQS	Viktoriastrasse 21 3050 Bern
288.	Swisscom AG Operations, Bern	SQS	Vikoriastrasse 21 3050 Bern
289.	Swisscom AG Management Units, Bern	SQS	Vikoriastrasse 21 3050 Bern
290.	Swisscom AG Produkthaus Data & Multimedia (Schweiz), Bern	SQS	Vikoriastrasse 21 3050 Bern
291.	Swisscom AG Produkthaus Voice, Bern	SQS	Vikoriastrasse 21 3050 Bern
292.	Swisscom AG Corporate Technology	SQS	Viktoriastrasse 21 3050 Bern
293.	Swisscom Immobilien AG	SQS	Ostermundigenstrasse 99 3050 Bern
294.	Swisscom Immobilien Invest AG	SQS	Ostermundigenstrasse 99 3050 Bern
295.	Swisscom AG Marketing und Produkte Geschäftsstelle Bern	SQS	Viktoriastrasse 21 3050 Bern
296.	Swisscom AG Marketing und Produkte Geschäftsstelle Biel	SQS	Aarbergstrasse 94/ rue d'Aarberg 2501 Biel/Bienne
297.	Swisscom AG Marketing und Produkte Geschäftsstelle St. Gallen	SGS	Schochengasse 6 9000 St. Gallen
298.	Swisscom AG Marketing und Produkte Geschäftsstelle Luzern	SQS	Weinberglistrasse 4 6005 Luzern
299.	Swisscom AG Marketing und Produkte Geschäftsstelle Olten	SQS	Telecom Gasse 4600 Olten

Nr.	Firma	Zertifizierer	Adresse
300.	Swisscom AG Marketing und Produkte Geschäftsstelle Rapperswil	SGS	Alte Jonastrasse 24 8640 Rapperswil
301.	Swisscom AG Marketing und Produkte Geschäftsstelle Thun	SQS	Aarestrasse 38 B 3600 Thun
302.	Swisscom AG Marketing und Produkte Geschäftsstelle Winterthur	SGS	Wartstrasse 2 8401 Winterthur
303.	Swisscom AG Multinational Corporations MNC	SQS	3048 Worblaufen
304.	Swisscom AG Network Services Region Mitte	SQS	Wallstrasse 22 4051 Basel
305.	Swisscom AG Network Services Region Ost	SGS	Neugasse 18 8021 Zürich
306.	Swisscom Network Services Région Ouest	SGS	rte de Meyrin 49 1211 Genève 2
307.	Swisscom S.A. Regione Sud	SQS	via Vela 6 6500 Bellinzona
308.	Logistik Swisscom	SQS	Bolligenstrasse 52 3050 Bern
309.	SwissOptic AG	SQS	Heinrich-Wild-Strasse 9435 Heerbrugg
310.	Syma-System AG	SGS	Panoramastrasse 19 9533 Kirchberg
311.	Tela Papierfabrik AG	SQS	Tiergartenweg 1 4710 Balsthal
312.	Telecom PTT/SCR, Thun	TÜV	Aarer Strase 38 b 3600 Thun
313.	Tensol Rail SA	BVQI	6776 Piotta
314.	Tetra Pak (Suisse) SA	SQS	1680 Romont
315.	Theler AG	TÜV	Bahnhofstrasse 3942 Raron
316.	Therma AG	BVQI	Sernftalstrasse 34 8762 Schwanden
317.	Theurillat Bau AG Holzbau	BVQI	Sperrstrasse 42 4057 Basel
318.	Thurpapier Model AG	SQS	Industriestrasse 30 8570 Weinfelden
319.	TMF Extraktionswerk AG	SQS	Zwizach 9602 Bazenheid
320.	Toni Holding AG	SQS	Forelstrasse 1 Postfach 3072 Ostermundigen 1
321.	Tonwerke Keller AG	BVQI	Ziegeleistrasse 5070 Frick
322.	Translait SA	BVQI	rte de Corminboeuf 65 1720 Chésopelloz

Nr.	Firma	Zertifizierer	Adresse
323.	UGE AG für Umweltgerechte Entsorgung	SQS	Althardstrasse 345 8105 Regensdorf
324.	Ultra-Brag AG	SQS	Südquaistrasse 55 4057 Basel
325.	VBRF E. Meier AG	SGS	Althardstrasse 345 8105 Regensdorf
326.	Verkehrs-Sicherheits-Zentrum Veltheim	SQS	5106 Veltheim
327.	Verzinkerei Wollerau AG	SQS	Tambourstrasse 6 8833 Samstagern
328.	Von Roll Armaturen AG	SQS	4702 Oensingen
329.	Von Roll Betec AG	BVQI	Allmendstrasse 86 3602 Thun
330.	Von Roll Druckrohre AG	BVQI	2830 Choindez
331.	Von Roll Fonderie des Rondez SA	BVQI	rte de Moutier 109 2800 Delémont
332.	Von Roll Handling Systems Ltd.	BVQI	route de Moutier 109 2800 Delémont
333.	V-Zug AG	SQS	Industriestrasse 66 6300 Zug
334.	Widmer-Walty AG	SQS	4665 Oftringen
335.	Wiedag Recycling und Deponie AG	SQS	8618 Oetwil am See
336.	Wiltronic AG	SQS	Heinrich-Wild-Strasse 9435 Heerbrugg
337.	Willi Daniel SA	SGS	Grand-Rue 90 1820 Montreux
338.	Günter Witz AG	SQS	Althardstrasse 83 8105 Regensdorf
339.	Wyss Kieswerk AG	SQS	Baselstrasse 8 4532 Feldbrunnen
340.	Xerox AG	SQS	Thurgauerstrasse 40 8050 Zürich
341.	Zentralwäscherei Bern AG	SGS	Murtenstrasse 149 3008 Bern
342.	Ziegelei Oberdiessbach AG	TÜV	Ziegelei 1 3672 Oberdiessbach
343.	ZKRI Zweckverband für die Kehrichtbeseitigung (Deponie Zingel)	SGS	Riedstrasse 7 6430 Schwyz
344.	Zuckerfabriken Aarberg und Frauenfeld AG	SQS	3270 Aarberg
345.	Züco Bürositzmöbel AG	SQS	Staatsstrasse 77 9445 Rebstein
346.	Maler Zünd AG	SGS	Mellingerstrasse 20 5400 Baden

Anhang 3: Literaturverzeichnis

Ankele, K./Fichter, K./Heuvels, K./Rehbinder, E./Schebek, L. (1998): Fachwissenschaftliche Untersuchung der Wirksamkeit der EG–Öko-Audit-Verordnung, in: Umweltwirtschaftsforum, 6. Jg., H. 4, S.38-44.

AWEL (1998): Leitfaden für den Abschluss von Branchenvereinbarungen im Kanton Zürich, herausgegeben vom Amt für Abfall, Wasser, Energie und Luft (AWEL) des Kantons Zürich, Zürich.

Baumast, A./Dyllick, Th. (1998): Umweltmanagement-Barometer Schweiz 1997/98, IWÖ-HSG Diskussionsbeitrag Nr. 59, St. Gallen.

Berrett, S./Poltermann, G. (1998): ISO 14000ff. und Öko-Audit – Methodik und Umsetzung, Stuttgart.

Bleicher, K. (1992): Das Konzept integriertes Management, Frankfurt.

Brunner, U. (1998): Staatliche Rechtsetzung contra Selbstregulierung, in: Neue Zürcher Zeitung, Nr. 134, 13./14. Juni, S. 87.

Bundesamt für Statistik (1999): Beschäftigungsstatistik. 1. Quartal 1999/Statistique de l'emploi. 1er trimestre 1999. Neuchâtel.

Butz, C./Plattner A. (1999): Nachhaltige Aktienanlagen: Eine Analyse der Rendite in Abhängigkeit von Umwelt- und Sozialkriterien, Sarasin Studie, Basel.

CEPAA (1997): International Standard Social Accountability 8000, Council on Economic Priorities Accreditation Agency: New York.

De Simone, L./Popoff, F. (1997): Eco-Efficiency – The Business Link to Sustainable Development, Boston.

Dyllick, T. (1999): Wirkungen und Weiterentwicklungen von Umweltmanagementsystemen. In: Seidel, E. (1999): Umweltmanagement im 21. Jahrhundert, Heidelberg.

Dyllick, T. (1997): Von der Debatte EMAS vs. ISO 14001 zur Integration von Managementsystemen. Themenwechsel in der Umweltmanagementsystem-Diskussion, Editorial in: UmweltWirtschaftsForum, 5. Jg., Nr. 1, S. 3-9.

Dyllick, T. (1996): Managementsysteme für Qualität und Umwelt - Integration oder Separation?, in: SNV Bulletin, 45. Jg., Nr. 12, Dez., S. 112-115. Ebenfalls abgedruckt in: IdU-news, Köln, Dez. 1996, S. 7-10.

Dyllick, T. (1995): Vom technischen Umweltschutz zum Umweltmanagement. Grundlegende Wandlungen der Umweltschutzfunktion im Unternehmen, in: Thommen, J.-P. (Hrsg.): Management-Kompetenz. Die Gestaltungsansätze des NDU/Executive MBA der Hochschule St. Gallen, Versus Verlag Zürich und Gabler Verlag Wiesbaden, S. 171-182.

Dyllick, T. (1995b): Die EU-Verordnung zum Umweltmanagement und zur Umweltbetriebsprüfung (EMAS-Verordnung) im Vergleich mit der geplanten ISO-Norm 14001: Eine Beurteilung aus Sicht der Managementlehre, in: Zeitschrift für Umweltpolitik und Umweltrecht, Nr. 3, S. 299-339.

Dyllick, T. (1992): Ökologisch bewusste Unternehmungsführung: Bausteine einer Konzeption, in: Die Unternehmung, 46. Jg., Nr. 6, S. 391-413.

Dyllick, T./Hamschmidt, J. (1999): Wirkungen von Umweltmanagementsystemen. Eine Bestandsaufnahme empirischer Studien. In: Zeitschrift für Umweltpolitik und Umweltrecht, 22. Jg., Heft 4/99, S. 507-540.

Dyllick, T./Seghezzi, H.D. (1998): Integrating standardized quality and environmental management systems: A look at the current situation, in: CEMS Business Review, Vol. 2, No. 3, S. 157-165.

Dyllick, T./Belz, F./Schneidewind, U. (1997): Ökologie und Wettbewerbsfähigkeit, München, Zürich.

Dyllick, T./Hummel, J. (1997): Integriertes Umweltmanagement im Rahmen des St. Galler Management-Konzepts, in: Steger, U. (Hrsg.), Handbuch des integrierten Umweltmanagements, München/Wien, S. 137-154.

Dyllick, T./Hummel, J. (1995): EMAS und/oder ISO 14001? Wider das strategische Defizit in den Umweltmanagementsystemnormen, in: Umweltwirtschaftsforum, 3. Jg., Nr. 3, September 1995, S. 24-28.

Eidgenössische Koordinationskommission für Arbeitssicherheit (EKAS) (1996): Spezial-Richtlinie Nr. 6508 über den Beizug von Arbeitsärzten und anderen Spezialisten der Arbeitssicherheit, Luzern.

Elsener, B. et al. (1998): Die ökonomischen Wirkungen von EMAS, in: Forschungsgruppe Evaluierung Umweltaudit (FEU): Umweltmanagement in der Praxis, Teile V und VI, Texte 52/98, Umweltbundesamt: Berlin 1998, S. 37-72.

EMAS-Verordnung (1993): Verordnung (EWG) Nr. 1836/93 des Rates vom 29. Juni 1993 über die freiwillige Beteiligung gewerblicher Unternehmen an einem Gemeinschaftssystem für das Umweltmanagement und die Umweltbetriebsprüfung, in: Amtsblatt der Europäischen Gemeinschaften, Nr. L 168 vom 10.7.1993, S. 1-18.

Felix, R. (1999): Beziehungen und Synergien von Managementsystemen am Beispiel der Integration von Qualitäts- und Umweltmanagementsystemen, Dissertation Nr. 2156 an der Universität St. Gallen, Bamberg.

FEU (Hrsg.) (1998): Vorläufige Untersuchungsergebnisse und Handlungsempfehlungen zum Forschungsprojekt „Evaluierung von Umweltmanagementsystemen zur Vorbereitung der 1998 vorgesehenen Überprüfung des gemeinschaftlichen Öko-Audit-Systems" der Forschungsgruppe Evaluierung von UMS (FEU), Tagungsreader der Veranstaltung „Umweltmanagement in der Praxis" vom 12. Mai 1998, Frankfurt.

Freimann, J. (1998): EMAS – was wissen wir wirklich über seine Umsetzung in der Unternehmenspraxis, in: UmweltWirtschaftsForum, 6. Jg., H. 4, S.73-79.

Freimann, J. (1997): Öko-Audit. Normiertes Managementsystem zur umwelttechnischen Selbstkontrolle oder Einstieg in die ökologische Organisationsentwicklung?, in: Weber, J. (Hrsg.): Umweltmanagement. Aspekte einer umweltbezogenen Unternehmensführung, Stuttgart, S. 159-178.

Hamschmidt, J. (1998): Auswirkungen von Umweltmanagementsystemen nach EMAS und ISO 14001 in Unternehmen – Eine Bestandsaufnahme empirischer Studien, IWÖ-HSG Diskussionsbeitrag Nr. 65, St. Gallen.

Hartmann, W.D. (1998): Öko-Audit: Ein Dutzend Erfahrungen aus der Unternehmenspraxis, in: UmweltWirtschaftsForum, 6. Jg., H. 1, S. 32-36.

Hessisches Ministerium für Wirtschaft, Verkehr und Landesentwicklung (Hrsg.) (1995): Pilot-Öko-Audit in Hessen - Erfahrungen und Ergebnisse. Ein Forschungsbericht, Wiesbaden.

Hillary, R. (1998): An Assessment of the Implementation Status of Council Regulation (No 1836/93) Eco-Management and Audit Scheme in the Member States, (AIMS-EMAS) Project No. 97/630/3040/DEB/E1), London.

Huber-Wälchli, V. (1997): Umweltmanagementsysteme, Öko-Audit und Legal Compliance: Wie kann die Verwaltung darauf reagieren? in: Umweltrecht in der Praxis, Band 11, Heft 5, August, S. 431-456.

IHK Dortmund/Umweltakademie Fresenius (1996): Kopplung von Qualitäts- und Umweltmanagement - Auswertung einer Befragung von 3000 Unternehmen in Nordrhein-Westfalen, Dortmund.

ISO 14001 (1996): Umweltmanagementsysteme - Spezifikation mit Anleitung zur Anwendung, Europäische Norm (EN), Schweizerische Normenvereinigung: Zürich.

ISO (1999): The ISO Survey of ISO 9000 and ISO 14000 Certificates, Eigth cycle 1998, Geneva 1999. Download unter http://www.iso.ch.

IWÖ-HSG (1999): Schweizer Firmen mit ISO 14001 Zertifikat, Stand Dezember 1999, Download unter http://www.iwoe.unisg.ch.

Jäger, Th./Wellhausen, A./Birke, M./Schwarz, M.(1998): Umweltschutz, Umweltmanagement und Umweltberatung - Ergebnisse einer Befragung in kleinen und mittleren Unternehmen, ISO Bericht 55, Köln.

Jürgens, G./Liedtke, C./Rohn, H. (1997): Zukunftsfähiges Unternehmen (2) - Beurteilung des Öko-Audits im Hinblick auf Ressourcenmanagement in kleinen und mittleren Unternehmen - Eine Untersuchung von 13 Praxisbeispielen, Wuppertal Papers Nr. 72, Wuppertal Institut.

Kamiske, G. et al. (1994): Qualifizierung, Auditierung und Zertifizierung im Meinungsspektrum zertifizierter Unternehmen – Resultate und Konsequenzen einer empirischen Studie. In: Riekhof, H.-C. (Hrsg.): Praxis der Strategieentwicklung, Stuttgart, S. 357-385.

Liniger, H.U. (1997): Branchenvereinbarungen – Ein Beispiel aus der Praxs, in: Umweltrecht in der Praxis, Band 11, Heft 5, August, S. 384-401.

Kuijjer, H. (1998): Niederland: Vom natiaoneln Umweltplan zum betrieblichen Umweltmanagementsystem, in. Fichter, K./Clausen, J. (Hg.): Schritte zum nachhaltigen Unternehmen, Berlin/Heidelberg, S. 63-77.

Lovins, A./von Weizsäcker, E. U. (1995): Faktor 4. Doppelter Wohlstand – Halbierter Umweltverbrauch, Der neue Bericht an den Club of Rome, München.

Maegli, R. (1997): Vereinbarungen zwischen Staat und Wirtschaft im Umwetlschutz – Möglichkeiten und Grenzen, in: Umweltrecht in der Praxis, Band 11, Heft 5, August, S. 363-383.

Mettler-Toledo (1999): Umweltbericht 1998, Greifensee.

Ministry of Housing, Spatial Planning and the Environment (1995): Company environmental management as a basis for a different relationship between companies and governmental authorities, Distribution No. 20603/201, The Hague, October 1995.

Osterloh, M./Frost, J. (1998): Prozessmanagement als Kernkompetenz, 2. erweiterte Auflage, Wiebaden.

Pischon, A. (1999): Integrierte Managementsysteme für Qualität, Umweltschutz und Arbeitssicherheit, Berlin, Heidelberg.

Prakash, A. (1999): A New-Institutionalist Perspective on ISO 14000 and Responsible Care, in: Business Strategy and the Environment, Vol. 8, S. 322-335.

Prehn, M. et al. (1998): „Auswertung der Ergebnisse von Modellprojekten zur Umsetzung der EG-Umwelt-Audit-Verordnung" in: UBA (Hrsg.): Texte 20/1998.

de Quervain, B. (1997): Umweltmanagement: Welche Erwartungen hat die Wirtschaft?, in: Umweltrecht in der Praxis, Band 11, Heft 5, August 1997, S. 384-401.

RisCare AG (1996): Modell für eine Kooperationsvereinbarung für Solothurner Unternehmen, vervielfältigter Bericht, Entwurf Oktober 1996, Gerlafingen.

Schaltegger, S./Müller, K. (1997): Calculating the True Profitability of Pollution Prevention. In: Greener Management International, 17/1997, p. 53-68.

Schaltegger, S./Kubat, R./Hilber, C. (1996): Innovatives Management staatlicher Umweltpolitik. Das Konzept des New Public Environmental Management, Basel.

Schmidt-Bleek, F. (1998): Das MIPS-Konzept. Weniger Naturverbrauch – mehr Lebensqualität durch Faktor 10, München.

Schwaderlapp, R. (1999): Umweltmanagementsysteme in der Praxis, München/Wien

Schwedt, B. (1998): Evaluierung von Umweltmanagmentsystemen - Überblick über ein Forschungsvorhaben und erste Ergebnisse, in: UmweltWirtschaftsForum, 6. Jg., H. 1, S. 12-15.

Schwerdtle, H. (1999): Prozessintegriertes Management. Ein Modell für effizientes Qualitäts-, Umwelt- und Arbeitsschutzmanagement, Berlin, Heidelberg.

Schweizerischer Bundesrat (1999): Verordnung über die Lenkungsabgabe auf flüchtigen organischen Verbindungen (VOCV) vom 12. November 1997 (Stand 9. Februar 1999), Bern.

Schwotzer, W. (1999): Umweltgerechte Produktgestaltung als Erfolgsfaktor – Praxisbeispiel: Ökologisierung von Bodenklebestoffen, Referat, 1. September 1999, Zürich,via http://www.collano.com/

Seghezzi, H.D. (1996): Integriertes Qualitäsmanagement. Das St. Galler Konzept, München/Wien.

Seghezzi, H.D./Caduff, D. (1997): Aufbau integrierter Führungssysteme, Die Orientierung, Nr. 106, Credit Suisse, Zürich.

SNV (2000): SN ISO/DIS 9001 – 2000. Qualitätsmanagementsysteme – Forderungen, Schriftenreihe QMS Nr. 2, Schweizerische Normen-Vereinigung: Zürich.

SNV (1998a): Umweltmanagementsysteme und Ausbildung in der Schweiz, Schriftenreihe Umweltmanagementsysteme, Publikation 2, Schweizerische Normen-Vereinigung (SNV): Zürich.

SNV (1998b): Forderungen der SN EN ISO 14001 Umweltmanagementsysteme und Hinweise zu deren Umsetzung, Schriftenreihe Umweltmanagementsysteme, Publikation 3, Schweizerische Normen-Vereinigung (SNV): Zürich.

SNV (1998c): Leitfaden zur Integration von Umwelt- und Qualitätsmanagementsystem, Schriftenreihe Umweltmanagementsysteme, Publikation 4, Schweizerische Normen-Vereinigung (SNV): Zürich.

SNV (1997): Richtlinien zur Einhaltung des Umweltrechts, Schriftenreihe Umweltmanagementsysteme, Publikation 1, Schweizerische Normen-Vereinigung (SNV): Zürich.

Steger, U. (2000): Environmental Management Systems: Empirical Evidence and Further Perspectives, in. European Management Journal, Vol. 18, No. 1, 2000.

Steger, U. (Hrsg.) (1997): Handbuch des integrierten Umweltmanagements, München/Wien.

Swiss Re, Umweltbericht 1998, Zürich 1999, Download via http://www.swissre.com/e/publications/publications/about1/envrep98.html.

Umweltbundesamt (Hrsg.) (1999): EG-Umweltaudit in Deutschland. Erfahrungsbericht 1995 bis 1998, Berlin.

UNI-ASU (Hrsg.) (1997): Öko-Audit in der mittelständischen Praxis – Evaluierung und Ansätze für eine Effizienzsteigerung von Umweltmanagementsystemen in der Praxis, Unternehmerinstitut e.V., Arbeitsgemeinschaft Selbständiger Unternehmer, Bonn.

Wagner, H./Budde, A. (1997): Erfahrungen mit dem Umwelt-Audit-System in Deutschland, in: Zeitschrift für Umweltrecht, Heft 5, S. 254-260.

Walgenbach, P. (1998): Zwischen Showbusiness und Galeere. Zum Einsatz der DIN EN ISO 9000er Normen in Unternehmen. In: Industrielle Beziehungen, 2/1998, Mering, S. 135-164.

Weber, F./Seidel, E. (1998): Die EMAS-Praxis in Deutschland – Ergebnisse einer kritischen Bestandsaufnahme, in: UmweltWirtschaftsForum, 6. Jg., H. 1, S.22-27.

Würth, S. (1993): Umwelt-Auditing, Dissertation Nr. 1474 an der HSG, Winterthur; zugleich erschienen als Band 118, Schriftenreihe der Treuhand-Kammer, Zürich.

Zahner, Th. (1998): ISO 9000 – 2. Revision – die dynamische Weiterentwicklung, in: SNV Bulletin, 3/1998, S. 21-25.